Österreichs politisches System

Reinhold Gärtner, Lore Hayek

Österreichs politisches System

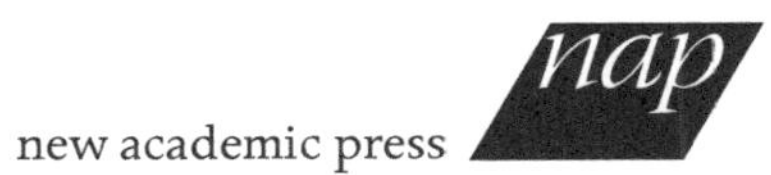

Bibliografische Information der Deutschen Nationalbibliothek
Die Deutsche Nationalbibliothek verzeichnet diese Publikation in der Deutschen Nationalbibliografie; detaillierte bibliografische Daten sind im Internet über http://dnb.de abrufbar.

www.newacademicpress.at
ISBN: 978-3-7003-2211-5

Druck: Prime Rate, Budapest

Inhalt

1. Einleitung

Das politische System Österreichs war von Beginn der Zweiten Republik bis in die 1980er Jahre äußerst stabil. Zwei starke Volksparteien, die gemeinsam oder jeweils alleine regierten, ein umfassender Wohlfahrtsstaat und die Sozialpartnerschaft als konsensförderndes Instrument sorgten für Stabilität und Kontinuität in der und um die Politik. Seit Mitte der 1980er Jahre verändern sich die Grundlinien des Politischen in Österreich. Die Bildung der rot-blauen Koalition im Jahr 1983 und jene der schwarz-blauen Koalition im Jahr 2000 machten diesen Bruch als Abweichen von der bisher üblichen Praxis deutlich. Die Konsensdemokratie österreichischen Stils ist zu Ende, es kam zu einer „self elimination by success: Im Lauf der Zeit war dieser Konsens offenbar nicht mehr notwendig, die Zweite Republik brauchte ihn nicht (mehr)".[1]

Die geänderten und sich nach wie vor ändernden (Rahmen)Bedingungen des österreichischen politischen Systems sind Gegenstand dieses Buches, es soll einen Überblick über Geschichte, Struktur und Funktionen, Institutionen, Akteure und einige Policyfelder des österreichischen politischen Systems bieten.

Kapitel 2 beleuchtet in Streiflichtern die Geschichte der Ersten und Zweiten Republik und erklärt die Entstehung politischer Normen und Institutionen. Kapitel 3 widmet sich dem Fundament der Demokratie und erklärt die Funktion und den Ablauf von Wahlen sowie das Verhalten von Wählerinnen und Wählern. In den Kapiteln 4, 5 und 6 werden die drei Säulen Legislative, Exekutive und Judikative erläutert: das Parlament mit seinen beiden Kammern und seinen zentralen Funktionen, der Gesetzgebung und der Kontrolle; die Bundesregierung und der Bundespräsident als Exekutivorgane; und das unabhängige Justizsystem. Kapitel 7 erläutert die Entwicklung des Parteiensystems und skizziert die Geschichte der prägenden Parlamentsparteien. Kapitel 8 behandelt den Föderalismus und Österreich als Teil eines Mehrebenensystems. Kapitel 9 wiederum widmet sich dem Thema Verbände und Sozialpartnerschaft.

Kapitel 10 beschäftigt sich mit dem österreichischen Mediensystem sowie Praktiken der politischen Kommunikation in und außerhalb von Wahlkämpfen. Kapitel 11 beleuchtet die Rolle von Frauen in der Politik und Frauenpolitik in Österreich. Kapitel 12 schließlich zeigt, wie sich die österreichische Bevölkerung zusammensetzt, wie sich diese verändert hat und welche Faktoren das Zusammenleben von Menschen in Österreich bestimmen.

---

1 Gärtner (2019), S. 22

Das einführende Buch richtet sich in erster Linie an Studierende der Politikwissenschaft, aber natürlich auch an alle anderen, die sich für Grundlagen und Zusammenhänge österreichischer Politik interessieren. Es versucht eine Brücke zu schlagen zwischen historischem Überblick, einem Einblick in Rechtsnormen, Daten und Fakten, sowie den Erkenntnissen aus aktueller politikwissenschaftlicher Forschung zum politischen System Österreichs.

2. Historischer Rückblick

Erste Republik

„Von außen erzwungen, von den in politischen Parteien organisierten Lagern geschaffen, von diesen aber nie geliebt, glich das Österreich der Ersten Republik einer staatlichen Hülle, in der eine tief zerklüftete Gesellschaft eigentlich nicht so recht wusste, was sie mit ihrer Staatlichkeit anzufangen hätte“, schreibt Anton Pelinka in seinem 2017 erschienenen Buch „Die gescheiterte Republik“ (S. 45).

Die Erste Republik „wurde nur als Schatten wahrgenommen; oder als Bühne, auf der andere, viel wichtiger wahrgenommene Akteure sich Kämpfe lieferten. Die Republik der Jahre 1918–1934 war ein Vorspiel zum autoritären Staat von 1934 bis 1938 und dieser ein Vorspiel zur totalitären Herrschaft der Jahre 1938 bis 1945. Die Republik, das war irgendetwas zwischen dem einen, dem 1918 aufgelösten Reich – und dem Triumph des schrecklichsten aller Reiche zwei Jahrzehnte danach“, so Pelinka abschließend (S. 290).

Ob die Erste Republik den Zeitraum zwischen 1918 und 1938 oder jenen zwischen 1918 und 1934 umfasste, wird unterschiedlich definiert. Österreich war von 1918 bis 1938 eine Republik, wenn Republik minimalistisch als nichtmonarchische Staatsform definiert wird. Demokratisch war diese Republik allerdings nur bis zum Beginn der Dollfuß-Schuschnigg-Diktatur 1933/34; wesentliche Elemente einer Demokratie wurden bereits mit der Ausschaltung des Parlaments im März 1933 ausgehebelt. Die Dollfuß-Schuschnigg-Diktatur wird ebenso unterschiedlich bezeichnet: als „Ständestaat“; als Diktatur des Ständestaates, als Austrofaschismus oder eben als Dollfuß-Schuschnigg-Diktatur.

Der Erste Weltkrieg endete formell mit dem Waffenstillstand von Compiègne am 11.11.1918; bereits am 03.11. wurde der Waffenstillstand in der Villa Giusti geschlossen. Am 11.11.1918 trat auch Kaiser Karl zurück und am 12.11.1918 erfolgte die Ausrufung der Republik Deutsch-Österreich durch die Provisorische Nationalversammlung. Die Bezeichnung „Deutsch-Österreich“ wurde im Friedensvertrag von St. Germain 1919 verboten. Südtirol kam zu Italien, Südkärnten blieb bei Österreich (Kärntner Volksabstimmung am 10.10.1920) und auch das Burgenland wurde Österreich zugesprochen, Sopron/Ödenburg blieb aber bei Ungarn.

Mit dem Ende des Ersten Weltkriegs war nicht nur die Monarchie beendet und die neue Republik an ihre Stelle getreten, sondern auch die regionale Größe war damit zu Ende. Dem französischen Ministerpräsidenten Georges Clemenceau wird das Zitat „der Rest ist Österreich“ zugeschrieben, er soll das bei den Friedensverhandlungen in St. Germain 1919 gesagt haben. Dementsprechend war die Anschlusssehnsucht weit verbreitet; nicht der spätere Anschluss an das nationalsozialistische Dritte Reich, sondern an die Weimarer Republik.

Für eine kurze Zeit zu Beginn der Ersten Republik gab es eine Koalition zwischen Sozialdemokraten und Christlichsozialen, und obwohl diese bereits im Juni 1920 zerbrach, wurde am 01.10.1920 die Bundesverfassung, die vom Rechtswissenschaftler Hans Kelsen federführend ausgearbeitet worden war, beschlossen. 1925 und 1929 gab es umfangreichere Novellierungen und bis heute ist diese Bundesverfassung in Kraft, wenngleich gelegentlich eine gründliche Überarbeitung diskutiert wird (z. B. beim Österreich-Konvent 2003–2005). Es sind vor allem vier Prinzipien, die in dieser Bundesverfassung festgelegt sind:

Demokratisches Prinzip: Art. 1 B-VG: „Österreich ist eine demokratische Republik, ihr Recht geht vom Volk aus.“ Dabei stellt sich die Frage, wer nun das *Volk* ist? Bei der Nationalratswahl 2019 durften in etwa 15% der rechtmäßig und dauerhaft in Österreich lebenden Menschen an dieser Wahl nicht teilnehmen, weil sie nicht die österreichische Staatsbürgerschaft besitzen. Bei der Wahl in Wien im Oktober 2020 waren es ungefähr 30%. Gehören diese Menschen „zum Volk“ oder nicht? Der Ausschluss von elementaren politischen Rechten suggeriert eher, dass sie nicht dazu gezählt werden (und Österreich ist in dieser Frage nicht allein).

Republikanisches Prinzip: ebenso Art. 1 B-VG: „Österreich ist eine demokratische Republik“ – in einer deutlichen Abgrenzung zur Monarchie und zu ehemaligen Herrscherhäusern. Das sogenannte (und mittlerweile obsolete) Habsburgergesetz[2] wurde bereits 1919 beschlossen.

Bundesstaatliches Prinzip: Art. 2 B-VG: „Österreich ist ein Bundesstaat“ – gebildet aus den neun selbständigen Bundesländern. Inwieweit der Bundesstaat diese neun Bundesländer umfassen würde, war damals nicht völlig geklärt; in Vorarlberg gab es 1919 eine Volksabstimmung über die Einleitung von Verhandlungen über einen Anschluss an die Schweiz (deshalb der abschätzige Begriff „Kanton Übrig“); in Salzburg (1919) und Tirol (1921) Abstimmungen über einen möglichen Anschluss an Deutschland; in Kärnten die Volksabstimmung vom 10.10.1920 und in Burgenland 1921 die Abstimmung darüber, ob das Gebiet rund um Sopron/Ödenburg nun bei Ungarn bleiben oder zu Österreich kommen sollte.

2 „Gesetz vom 3. April 1919, betreffend die Landesverweisung und die Übernahme des Vermögens des Hauses Habsburg-Lothringen“.

Rechtsstaatliches Prinzip: Art. 18 B-VG: „Die gesamte staatliche Verwaltung darf nur auf Grund der Gesetze ausgeübt werden". Daneben gibt es auch zusätzliche Rechtsstaatsvorstellungen wie z. B. Gerechtigkeit, Humanität, Freiheit, Ordnung oder Friede. Die Frage dabei ist, wie diese Vorstellungen definiert werden – was ist konkret z. B. Gerechtigkeit oder Ordnung. In diesem Zusammenhang seien zwei Zitate der jüngeren Zeit erwähnt: Im Jänner 2019 meinte die FPÖ-Abgeordnete Dagmar Belakowitsch: „Niemals haben wir uns damit abzufinden, dass Gesetze uns in unserem Handeln behindern."[3] Und ebenso im Jänner 2019 zeigte ihr Parteikollege Herber Kickl mit der Aussage, dass das Recht der Politik folgen müsse und nicht die Politik dem Recht, eine spezielle Interpretation von Rechtsstaatlichkeit.

Vier Mal wurde in der Ersten Republik der Nationalrat gewählt, 1930 konnte die Sozialdemokratische Arbeiterpartei (SDAP) erstmals seit der Wahl zur Konstituierenden Nationalversammlung im Februar 1919 die relative Mehrheit erringen (SDAP 69 Mandate, Christlichsoziale [CS] 63 Mandate, Deutschnationale 25 Mandate). Gewählt wurde der Nationalrat nach dem Verhältniswahlrecht; anfangs bestand er aus 183 Abgeordneten, ab 1923 waren es 165 Abgeordnete in 25 Wahlkreisen. Das Ermittlungsverfahren erfolgte auf zwei Ebenen (Wahlkreise, vier Wahlkreisverbände). Der Bundesrat wurde von den Ländern beschickt (Grundlage dafür war das Ergebnis der jeweiligen Landtagswahl).

Tabelle 1: Mandatsverteilung nach Nationalratswahlen in der Ersten Republik

	Sozialdemokraten	Christlichsoziale	Deutschnationale Parteien	andere
17.10.1920	69	85	28	1
21.10.1923	68	82	15	
27.04.1927	71	73	21	
09.11.1930	72	66	19	8

Quelle: https://www.bmi.gv.at/412/Nationalratswahlen/Historischer_Rueckblick.aspx

Der Bundespräsident wurde durch die Bundesversammlung gewählt, erst in der Novelle des Bundesverfassungsgesetzes von 1929 wurde die Direktwahl des Bundespräsidenten festgelegt (der erste direkt gewählte Bundespräsident war 1951 Theodor Körner). 1929 wurde auch die Amtszeit von vier auf sechs Jahre verlängert.

3 Vgl. dazu die Medienberichterstattung vom 31.01.2019

Tabelle 2: Bundespräsidenten Erste Republik

Karl Seitz	1918–1920
Michael Hainisch	1920–1928
Wilhelm Miklas	1928–1938

Quelle: https://www.bundespraesident.at/aktuelles/detail/bisherige-amtsinhaber

Tabelle 3: Bundeskanzler Erste Republik

Karl Renner	1918–1920	Ernst Streeruwitz	1929
Michael Mayr	1920–1921	Johann Schober	1929–1930
Johann Schober	1921–1922	Karl Vaugoin	1930
Walter Breisky	1922 (26.01.–27.01.)	Otto Ender	1930–1931
Johann Schober	1922	Karl Buresch	1931–1932
Ignaz Seipel	1922–1924	Engelbert Dollfuß	1932–1934
Rudolf Ramek	1924–1926	Kurt Schuschnigg	1934–1938
Ignaz Seipel	1926–1929		

Quelle: https://www.oesterreich.gv.at/themen/leben_in_oesterreich/demokratie/4/Seite.22300022.html

Die Anzahl von 15 Bundeskanzlern in nur 20 Jahren zeigt die extreme Labilität der Regierungen der Ersten Republik. Die kaum mehr zu unterbietende kürzeste Amtszeit von zwei Tagen wies Walter Breisky 1922 auf. In den mittlerweile 76 Jahren der Zweiten Republik gab es 18 Bundeskanzler (mitgezählt sind dabei Reinhold Mitterlehner [09.05.2016–17.05.2016] und Hartwig Löger [28.05.2019–03.06.2019]).

Prägend für die politische und soziale Geschichte der Ersten Republik waren die politischen Lager, das christlich-sozial-konservative Lager, das sozialdemokratische und das dritte Lager. Politisches Lager bezeichnet die politische und gesellschaftliche Zugehörigkeit zu einer Partei (CS, SDAP oder Großdeutsche/Landbund/NSDAP) die möglichst viele Aspekte des Lebens umfasste: „von der Wiege bis zur Bahre“ war man einem politischen Lager zugehörig, vom Kindesalter bis zum Ende des Lebens; Sport- bzw. Freizeitvereine waren ebenso parteipolitisch getrennt wie Kulturvereine. Dass der spätere ÖAMTC eine Nähe zur Christlichsozialen Partei hatte, ist vielen ebenso wenig in Erinnerung wie die Gründung des ARBÖ (ursprünglich Arbeiter-Radfahrer-Bund Österreichs) und dessen Verbindung zur Sozialdemokratie – beide wurden bereits Ende des 19. Jahrhunderts gegründet.

Bereits in den frühen 1920er Jahren gründeten die politischen Parteien zudem paramilitärische Vorfeldorganisationen, einerseits den Republikanischen

Schutzbund (SDAP), andererseits die Heimwehr (CS); später folgten SA und SS (bereits 1926 wurde der Nationalsozialistische Deutsche Arbeiterverein – Hitlerbewegung in Wien gegründet). Die Zusammenstöße und Kämpfe zwischen diesen paramilitärischen Verbänden hatten immer wieder tödliche Folgen – am bekanntesten ist Schattendorf und, damit zusammenhängend, ein halbes Jahr später der Justizpalastbrand.

In Schattendorf fand am 30. Jänner 1927 eine Kundgebung des Schutzbundes statt. Als sich die Teilnehmer nach der Kundgebung auf den Weg zum Bahnhof machten, wurden aus einem Gasthaus heraus, in dem ehemalige Frontkämpfer versammelt waren, zwei Menschen erschossen. Mitte Juli wurden im Prozess gegen die mutmaßlichen Täter diese freigesprochen:

> „Den Startschuss zum Protest gegen das [von vielen, Anm.] als Unrecht empfundene Urteil geben die Elektrizitätsarbeiter, die am 15. Juli, nach Verkündung des Urteils, den Strom abschalten. Nachdem die aufgebrachte Arbeiterschaft den Justizpalast in Brand gesetzt hat und sich inzwischen viele Schaulustige um das Gebäude versammelt haben, beginnt die Polizei in die Menge zu schießen. Zu dieser Zeit ist Johann Schober Polizeipräsident von Wien. Er gibt mit Bewilligung von Bundeskanzler Seipel den Befehl für die bewaffnete Räumung. 89 Tote und über 1.600 Verletzte sind die Folge der Zusammenstöße zwischen Polizei und den protestierenden Menschen an diesem Tag."[4]

Der Höhepunkt dieser Auseinandersetzungen war zweifellos der Bürgerkrieg vom 12.–14. Februar 1934, der mit der Zerschlagung und dem anschließenden Verbot der Sozialdemokratie endete. Von insgesamt 24 durch Standgerichte zum Tode verurteilten Sozialdemokraten wurden 15 begnadigt und 9 hingerichtet. Hunderte Menschen starben während dieses Bürgerkrieges.

Bereits ein Jahr zuvor, am 04.03.1933, wurde mit der Ausschaltung des Parlaments ein entscheidender Schritt in Richtung Diktatur vollzogen. Als im Zuge einer Abstimmung während einer außerordentlichen Nationalratssitzung alle drei Nationalratspräsidenten zurücktraten, wurde die Sitzung unterbrochen. Am 15. März wollten die Abgeordneten wieder zusammentreten, wurden aber von der Regierung Dollfuß bzw. von Polizisten am Betreten des Parlaments gehindert: „Die parlamentarische Demokratie in Österreich war damit de facto ausgeschaltet."[5] Von der Regierung wurde das Kriegswirtschaftliche Ermächtigungsgesetz von 1917 wiederbelebt;

---

4 https://www.politik-lexikon.at/oesterreich1918plus/1927/

5 Vgl. dazu https://www.parlament.gv.at/PAKT/AKT/SCHLTHEM/SCHLAG/J2013/2013_03_04_Ausschaltung_Parlament.shtml

„sie schaltete den Verfassungsgerichtshof aus und schränkte liberale Freiheitsreche ein: Die Vorzensur, ein Versammlungs- und Aufmarschverbot wurden eingeführt. In Folge wurden auch soziale Rechte wie das Streikrecht oder das Kollektivvertragsrecht aufgehoben. Die politischen Gegner bekamen den Druck des Regimes ebenfalls bald zu spüren. Noch im März wurde der den Sozialdemokraten nahestehende Republikanische Schutzbund aufgelöst, im Mai die Kommunistische Partei und im Juni die Nationalsozialistische Arbeiter Partei verboten.“[6]

Am 11. September 1933 präzisierte Dollfuß bei der Trabrennplatzrede seine Vorstellungen der neuen politischen Ordnung („Wir wollen den sozialen, christlichen, deutschen Staat Österreich auf ständischer Grundlage, unter starker, autoritärer Führung!“[7]). Darin sind zahlreiche Anlehnungen an den Korneuburger Eid der Heimwehren vom 18.05.1930 feststellbar.

Am 01.05.1934 wurde die neue Verfassung (Maiverfassung) verabschiedet, ein „Christlich deutscher Bundesstaat Österreich auf berufsständischer Grundlage“ wurde ins Leben gerufen. Anstelle der unterschiedlichen und weitgehend bereits verbotenen politischen Parteien gab es die schon im Mai 1933 gegründete Vaterländische Front als zentrale Organisation des diktatorischen Regimes.

Bundeskanzler Dollfuß wurde wenige Monate nach Installierung der neuen Verfassung beim NSDAP-Putschversuch (Juliputsch) im Juli 1934 ermordet. Sein Nachfolger Schuschnigg blieb Kanzler bis 11.03.1938 – am nächsten Tag erfolgte der Anschluss an das Deutsche Reich.

Dass die Erste Republik scheiterte, lag zu einem großen Teil am ausgeprägten Antiparlamentarismus vieler der damaligen Parteien. Dieser begann mit der Geschichte der – einander unversöhnlich gegenüberstehenden – politischen Lager, setzte sich fort mit der Gründung paramilitärischer Verbände und fand den fatalen Höhepunkt in der Ausschaltung des Parlaments. Die politischen Lager waren auch Ausdruck der von Pelinka zitierten extrem fragmentierten Gesellschaft. Menschen wurden in ein Lager hineingeboren und sie blieben – „von der Wiege bis zur Bahre“ – diesem Lager treu. Wer in eine Bauernfamilie im Ötztal geboren wurde, bleib zeitlebens im christlich-konservativen Lager wie jemand, der in eine Arbeiterfamilie in der Obersteiermark geboren wurde, im sozialdemokratischen Lager verankert war. Dasselbe galt für Deutschnationale, z. B. in Teilen Oberösterreichs oder Kärntens.

6 https://www.parlament.gv.at/PAKT/AKT/SCHLTHEM/SCHLAG/J2013/2013_03_04_Ausschaltung_Parlament.shtml

7 https://austria-forum.org/af/Wissenssammlungen/Symbole/Faschismus_-_die_Symbole/Trabrennplatzrede_1933

Die Demokratie fand zu wenig Unterstützung, vor allem war die Vorstellung einer Demokratie als win-win-Option nicht verbreitet, sondern wurde Politik als Nullsummenspiel gesehen – wenn einer gewinnt, muss der andere verlieren. Die Sozialdemokratie wollte einen Sozialismus auf parlamentarischem Wege erreichen, die Christlichsozialen demgegenüber einen ständisch aufgebauten Staat mit einer starken Führung.

Dass Demokratie und Parlamentarismus von Christlichsozialen bzw. Deutschnationalen als Bedrohung gesehen wurden, zeigt ein Blick auf den schon erwähnten Korneuburger Eid ("Wir verwerfen den westlichen demokratischen Parlamentarismus und den Parteienstaat"[8]) oder die Maiverfassung. Die Zeit bis von 1933–1938 zeigte eine fortschreitende Entwicklung einer Diktatur – über politischen Terror bzw. Anhaltelager für politische Kontrahenten (zunächst in Kaisersteinbruch, später in Wöllersdorf) und die Ausschaltung der Opposition im Einparteiensystem bis hin zur Kontrolle der Medien und des Bildungsbereichs.

Das Ende des „Ständestaats" kam im März 1938. Im Februar 1938 traf Schuschnigg auf dem Obersalzberg mit Hitler zusammen. Hitler damals:

> „Ich sage Ihnen, ich werde die ganze sogenannte österreichische Frage lösen, und zwar so oder so! ... Ich brauche nur einen Befehl zu geben, und über Nacht ist der ganze lächerliche Spuk an der Grenze zerstoben. Sie werden doch nicht glauben, dass Sie mich auch nur eine halbe Stunde aufhalten können? Wer weiß – vielleicht bin ich über Nacht auf einmal in Wien; wie der Frühlingssturm! Dann sollen Sie etwas erleben! Ich möchte es den Österreichern gerne ersparen; das wird viele Opfer kosten; nach den Truppen kommt dann die SA und die Legion; und niemand wird die Rache hindern können, auch ich nicht!"[9]

Am 12. März marschierte die deutsche Wehrmacht in Österreich ein – der stille „Anschluss" in zahlreichen Orten war da durch österreichische Nationalsozialisten bereits vollzogen worden. Damit war Österreich für die nächsten sieben Jahre von der Landkarte verschwunden, zahlreiche Österreicher*innen machten steile Karriere im nationalsozialistischen Reich. Wenige von ihnen wurden nach 1945 zur Verantwortung gezogen.

Zahlreiche andere Österreicher*innen wurden Opfer der Nationalsozialisten: darunter Zehntausende Juden und Jüdinnen, Roma und Sinti, politisch Verfolgte oder Menschen mit Behinderung, um nur einige zu nennen.

8 https://www.hdgoe.at/korneuburger-eid

9 Hitler zu Schuschnigg: „Ich bin entschlossen, ein Ende zu machen"; Der Standard, 11.03.2018; https://www.derstandard.at/story/2000075764557/schuschniggs-gespraech-mit-hitler-ich-bin-entschlossen-ein-ende-zu

Zweite Republik

Das Kriegsende und die „langen 50er Jahre"

Am 27. April 1945, zwei Wochen vor dem Ende des Zweiten Weltkrieges, hatte sich unter Karl Renner die provisorische Staatsregierung gebildet, die die Unabhängigkeit Österreichs proklamierte. In der Unabhängigkeitserklärung manifestierte sich schon, was für viele Jahre das österreichische Geschichtsverständnis prägen sollte, nämlich dass Österreich das „erste Opfer" des Nationalsozialismus gewesen sei: „Art. II: Der im Jahre 1938 dem österreichischen Volke aufgezwungene Anschluss ist null und nichtig." Bis zur Nationalratswahl im Herbst 1945 regierte eine Konzentrationsregierung aus SPÖ, ÖVP und KPÖ; diese Koalition wurde nach der Nationalratswahl fortgesetzt, die KPÖ schied aber 1947 aus der Regierung aus. Die ersten Jahre der Arbeit der Bundesregierung drehten sich um den Wiederaufbau, eine Verstaatlichung der Industrie, um sie dem Zugriff der UdSSR zu entziehen, und die Annahme und Umsetzung des European Recovery Program („Marshall-Plan"). Daneben galt es dafür Sorge zu tragen, dass in der Zweiten Republik nicht die Fehler der vergangenen Jahrzehnte wiederholt würden.

Die Alliierten USA, Frankreich, Großbritannien und UdSSR unterzeichneten am 15. Mai 1955 gemeinsam mit Außenminister Leopold Figl den Staatsvertrag betreffend die Wiederherstellung eines unabhängigen und demokratischen Österreich. Stolperstein bei den Verhandlungen im Vorfeld war die Frage, ob die Neutralität Österreichs im Staatsvertrag festgehalten werden solle. Schlussendlich einigte man sich auf ein eigenes Gesetz, mit dem sich Österreich selbst für neutral erklärte, nachdem die Alliierten Österreich verlassen hatten: Am 26. Oktober 1955 beschloss der Nationalrat mit den Stimmen von SPÖ, ÖVP und KPÖ das Gesetz über die immerwährende Neutralität Österreichs und wenige Monate später trat Österreich der UNO bei. Zehn Jahre später wurde der 26. Oktober zum Nationalfeiertag erklärt.[10]

1957 wurde die Paritätische Kommission für Preis- und Lohnfragen gegründet und damit die Sozialpartnerschaft endgültig begründet, nachdem bereits 1947 von den Sozialpartnern eine ständige gemeinsame Wirtschaftskommission gegründet worden war. Die Sozialpartnerschaft sollte als Forum zum Austausch zwischen Arbeitnehmer- und Arbeitgeberverbänden sowie Vertreter*innen der Regierung dienen, und gleichzeitig Konflikten zwischen ÖVP

10 Der Ratifizierungsvertrag durch Frankreich wurde am 27.07.1955 hinterlegt und damit war der Staatsvertrag rechtskräftig; 90 Tage später (am 25.10.1955) musste der letzte alliierte Soldat abgezogen sein; deshalb wurde das Neutralitätsgesetz am 26. Oktober 1955 beschlossen.

und SPÖ durch das Proporzprinzip vorbeugen. Diese enge Zusammenarbeit sorgte für Stabilität und trug mit dazu bei, dass es in den 1950er und 1960er Jahren zu einem wirtschaftlichen Aufschwung kam.

ÖVP-Alleinregierung Klaus

Bei der Nationalratswahl 1966 erreichte die ÖVP zum ersten Mal seit 1945 wieder die absolute Mehrheit und stellte mit Josef Klaus den Bundeskanzler in einer Alleinregierung. Der Gewerkschafter Franz Olah hatte sich im Vorfeld mit seiner Demokratischen Fortschrittspartei von der SPÖ abgespaltet und den Sozialdemokraten damit entscheidende Stimmen gekostet. Das Ende der Großen Koalition nach über 20 Jahren brachte beiden Parteien eine Schärfung ihres Profils und insgesamt eine Rückbesinnung auf die Rollen von Regierung und Opposition, die in der Anfangszeit der Zweiten Republik wenig vorhanden waren. Die SPÖ stellte sich in der Opposition neu auf und machte 1967 Bruno Kreisky zum Parteivorsitzenden. Bei der Nationalratswahl 1970 erreichte die SPÖ die relative Mehrheit und bildete eine Minderheitsregierung unter Duldung und mit Unterstützung der Freiheitlichen. SPÖ und FPÖ hatten sich über eine Wahlrechtsreform geeinigt, welche kleinere Parteien in Zukunft bei der Mandatsvergabe besserstellen sollte.

Die Ära Kreisky

Bereits ein Jahr später kam es zu Neuwahlen, bei denen die SPÖ dann die absolute Mehrheit erringen konnte. Die Ära Kreisky war geprägt von breiter Zustimmung zur Person Bruno Kreisky, der einen bislang ungekannten Stil von politischem Aktionismus pflegte und sich neuer Formen der politischen Kommunikation bediente, wie zum Beispiel einer engen Medienkooperation mit der *Kronen Zeitung*. Zu den politischen Errungenschaften der Ära Kreisky gehören der Ausbau des Wohlfahrtsstaates mit der Einführung des Mindesturlaubs und der Erhöhung von Familienbeihilfen und Pensionen, die Verkürzung der wöchentlichen Arbeitszeit, die Verkürzung des Wehrdienstes, die Reform des Familien- und Strafrechts, kostenlose Schulbücher und Freifahrten sowie die Abschaffung der Studiengebühren und eine aktive Außenpolitik. Der Regierung Kreisky kam dabei zugute, dass die ÖVP-Vorgängerregierung einen Sparkurs gefahren hatte und ein geringes Budgetdefizit hinterließ. Während der 13 Jahre der Regierung Kreisky stieg die Staatsverschuldung von 12% auf 32% des Bruttoinlandsprodukts.

Bei den Nationalratswahlen 1975 und 1979 konnte die SPÖ ihre absolute Mehrheit wiederholen. Jedoch begann das Ansehen Kreiskys langsam zu bröckeln: vor der Volksabstimmung um die Inbetriebnahme des Atomkraftwerks Zwentendorf hatte sich Kreisky ganz entschieden für die Nutzung der Atomkraft ausgesprochen. Der knappe Ausgang der Abstimmung gegen Zwentendorf (50,5%) versetzte ihm dennoch nur kurzfristig einen Dämpfer. Kreisky war in den letzten Jahren seiner Amtszeit bereits schwer krank und hielt sich den Großteil der Zeit in seinem Feriendomizil auf Mallorca auf – das letzte Steuerpaket, das er zu Umsetzung bringen wollte, wurde dementsprechend „Mallorca-Paket" getauft. Trotz seiner Krankheit trat Kreisky 1983 noch einmal als Spitzenkandidat an. Nach dem Verlust der absoluten Mehrheit übergab er den SPÖ-Vorsitz jedoch an Fred Sinowatz.

Die kleine Koalition

An den Koalitionsverhandlungen war Kreisky noch aktiv beteiligt; er war es auch, der die FPÖ als Koalitionspartner präferierte und diese Koalition schlussendlich durchsetzte. Sinowatz musste einerseits in die großen Fußstapfen Kreiskys treten, andererseits diese nicht bei allen beliebte Koalition mit dem neuen FPÖ-Chef Norbert Steger führen. Auch diese Regierungsperiode war von Umweltprotesten geprägt: Was für Kreisky Zwentendorf war, wurde das geplante Donaukraftwerk bei Hainburg für Sinowatz. Die Hainburger Au wurde zum Sinnbild der möglichen Zerstörung einer unbelasteten Naturlandschaft. Die Umweltbewegung erstarkte an diesen Protesten um den Jahreswechsel 1984/85 noch weiter, was dazu führte, dass 1986 die Grünen erstmals ins Parlament einzogen.

Norbert Steger hatte als FPÖ-Obmann versucht, seiner Partei ein wirtschaftsliberaleres Image zu geben, um damit neue Wähler*innenschichten in Richtung Mitte erschließen zu können. Allerdings waren damit nicht alle in der Partei einverstanden: Am Bundesparteitag in Innsbruck 1986 gewann der junge Kärntner Landesparteiobmann Jörg Haider mit Hilfe des deutschnationalen Flügels der Partei eine Kampfabstimmung um den Parteivorsitz gegen Steger. Bundeskanzler Franz Vranitzky, der das Amt kurz davor von Sinowatz nach dessen Rücktritt im Zuge der Waldheim-Affäre übernommen hatte, kündigte die Koalition mit der FPÖ daraufhin auf. Alle anderen Parteien formierten einen *cordon sanitaire* um die FPÖ – ein Bekenntnis, nicht mit der rechtspopulistischen Partei koalieren zu wollen, welches bis 2000 anhielt.

Der Aufstieg Jörg Haiders

Jörg Haider konnte bei den folgenden Neuwahlen den Stimmenanteil der FPÖ verdoppeln und sollte fortan für zwei Jahrzehnte die innenpolitische Debatte maßgeblich mitbestimmen. Von 1989 bis 1991 war er das erste Mal Landeshauptmann in Kärnten, bis er nach einer NS-verherrlichenden Äußerung während einer Debatte über Arbeitslosigkeit im Kärntner Landtag ein

Misstrauensvotum erhielt und das Amt wieder verlor[11]. Während der 1990er Jahre war Haider Klubobmann der FPÖ im Parlament. Er thematisierte einerseits die „Privilegienwirtschaft" und das herrschende politische System, andererseits brachte er als erster das „Ausländerthema" in die innenpolitische Debatte ein. Haider tätigte immer wieder fremdenfeindliche und antisemitische Äußerungen, so über den Wahlkampfberater Stanley Greenberg, den Präsidenten der israelitischen Kultusgemeinde Ariel Muzicant oder den Präsidenten des Verfassungsgerichtshofes, Ludwig Adamovich. Als einer der ersten erfolgreichen Rechtspopulisten Europas wurde sein politischer Werdegang auch außerhalb Österreichs genau beobachtet. 1993 spaltete sich eine Gruppe rund um Heide Schmidt aufgrund des rechtspopulistischen Kurses von der FPÖ ab und gründete das Liberale Forum, welchem 1994 und 1995 der Einzug ins Parlament gelang.

In den 1990er Jahren erfuhr Österreich zudem eine Reihe von terroristischen Anschlägen, die als „Briefbomben-Attentate" subsumiert werden und bei denen vier Menschen starben und 15 verletzt wurden. In mehreren Serien wurden Briefbomben an Personen verschickt, die sich in Migrations- oder anderen sozialen Angelegenheiten engagierten, beispielsweise Maria Loley und Franz Janisch, die ORF-Journalistin Silvana Meixner oder den Wiener Bürgermeister Helmut Zilk, der dabei zwei Finger der rechten Hand verlor. Die auftauchenden Bekennerschreiben trugen den Absender „Bajuwarische Befreiungsarmee" und zeugten vom rassistischen Hintergrund der Anschläge. Beim schwersten Anschlag der Serie wurden in Oberwart (Burgenland) vier Angehörige der Volksgruppe der Roma durch eine Rohrbombe getötet. Eine weitere Rohrbombe verletzte einen Kärntner Polizisten schwer. Erst 1997 konnte Franz Fuchs festgenommen werden, ein Einzeltäter, der sich bei seiner Festnahme selbst beide Hände wegsprengte und sich kurz nach dem bizarren Gerichtsprozess in der Haftanstalt das Leben nahm. Das politische Klima der späten 1990er Jahre war auch wegen dieser Anschläge immer mehr geprägt durch Angst und Spaltung; der Boden für den Erfolg rechtspopulistischer Politik war bereitet.

Am 01.01.1995 trat Österreich nach zweijährigen Beitrittsverhandlungen der Europäischen Union bei. Eine Volksabstimmung über den Beitritt hatte eine Zustimmung von 66% erbracht. Die Europäische Union wuchs damit auf 15 Mitgliedsstaaten an.

11 Haider im Kärntner Landtag am 13. Juni 1991: „Na, das hat's im Dritten Reich nicht gegeben, weil im Dritten Reich haben sie ordentliche Beschäftigungspolitik gemacht, was nicht einmal Ihre Regierung in Wien zusammenbringt. Das muss man auch einmal sagen."

Die schwarz-blaue Wende

Bei der Nationalratswahl 1999 – Jörg Haider war kurz zuvor zum zweiten Mal Landeshauptmann in Kärnten geworden – konnte die FPÖ ihr bisher bestes Ergebnis erzielen und wurde hinter der SPÖ und ganz knapp vor der ÖVP zweitstärkste Kraft. Die anschließende Regierungsbildung gestaltete sich schwierig: Bundespräsident Klestil wollte die FPÖ unbedingt aus der Regierung heraushalten, notfalls mit der Bildung einer SPÖ-Minderheitsregierung. ÖVP und FPÖ einigten sich jedoch hinter den Kulissen auf eine Regierungszusammenarbeit. Wolfgang Schüssel wurde Bundeskanzler, obwohl er vor der Wahl noch angekündigt hatte, die ÖVP werde in Opposition gehen, wenn sie nur den dritten Platz erreiche. Jörg Haider selbst unterzeichnete zwar den Koalitionsvertrag, wurde jedoch nicht Teil der FPÖ-Regierungsmannschaft, sondern war fortan nur mehr „einfaches Parteimitglied" (Eigendefinition). FPÖ-Vizekanzlerin wurde Susanne Riess-Passer; sie war damit die erste Frau in diesem Amt.

Die anderen 14 EU-Mitgliedsstaaten reagierten auf die Regierungsbeteiligung der FPÖ damit, dass sie die bilateralen Beziehungen zur österreichischen Bundesregierung auf diplomatischer Ebene auf ein Mindestmaß reduzierten – ein Vorgang, der von der Bundesregierung selbst als „EU-Sanktionen gegen Österreich" bezeichnet wurde. Innenpolitisch kam es zu heftigen Protesten, in Wien etablierten sich wöchentliche „Donnerstags-Demos" gegen die Bundesregierung. Währenddessen versuchte die Regierung, ihr umfassendes Reformprogramm umzusetzen; innerhalb der FPÖ-Regierungsriege kam es aber von Anfang an zu Problemen. Einerseits, weil einige der Minister*innen ihrer Aufgabe nicht gewachsen schienen – noch während des ersten Regierungsjahres kam es zu drei Rücktritten – andererseits, weil das „einfache Parteimitglied" in Kärnten von der Seitenlinie aus weiterhin mitmischte. Auf Jörg Haiders Betreiben hin wurde dann beim Knittelfelder Parteitag der FPÖ im Herbst 2002 ein Kompromiss zur Verschiebung der geplanten Steuerreform, den die Parteispitze mit der ÖVP ausgehandelt hatte, abgelehnt, was zum Rücktritt Riess-Passers und weiterer Protagonisten führte und in weiterer Folge Neuwahlen auslöste.

Nach diesen Nationalratswahlen 2002 regierte die schwarz-blaue Koalition unter Wolfgang Schüssel weiter, jedoch mit stark geänderten Kräfteverhältnissen: Während die ÖVP ihr bestes Wahlergebnis seit den 1980er Jahren erreicht hatte, hatte die FPÖ zwei Drittel ihrer Wähler*innen verloren. Die Turbulenzen auf Seiten der FPÖ hielten indes an: Nach dem Absturz bei der Europawahl 2004 wurden Stimmen laut, die Unzufriedenheit mit der Regierungsbeteiligung und dem Kurs der Partei zeigten. Die Regierungs-Befürworter*innen in der FPÖ traten die Flucht nach vorne an: unter der Führung Jörg Haiders gründeten sie im April 2005 das Bündnis Zukunft Österreich (BZÖ), zu dem sich alle FPÖ-Regierungsmitglieder (sowie als einziger Landesverband die FPÖ Kärnten) zugehörig erklärten. Somit wurde das BZÖ im fliegenden Wechsel neuer Regierungspartner der ÖVP. Die FPÖ verlor quasi ihre Bundesorganisation und musste vom bisherigen Wiener Landesparteiobmann Heinz-Christian Strache wiederaufgebaut werden. Das BZÖ versuchte sich als wirtschaftsliberale Partei und abgenabelt vom deutschnationalen Lager der FPÖ darzustellen, was jedoch durch die Aussagen einiger Funktionäre bald widerlegt wurde.

Bei der Nationalratswahl 2006 konnte die bisherige Regierung nicht mehr die Mehrheit der Stimmen erreichen. Wolfgang Schüssel trat nach verlorener Wahl zurück, sein Nachfolger an der ÖVP-Spitze wurde Wilhelm Molterer, der als Vizekanzler in eine erneute SPÖ-geführte große Koalition mit Bundeskanzler Alfred Gusenbauer eintrat. Diese Regierungszusammenarbeit war von Anfang an von Streit und Blockade geprägt, und nach nur zwei Jahren kündigte Molterer die Zusammenarbeit auf und es kam 2008 zu Neuwahlen. Kurz vor der Wahl kam es zu einem „freien Spiel der Kräfte" im Nationalrat, bei dem mehrere „Wahlzuckerln" beschlossen wurden, so z. B. die Abschaffung der Studiengebühren oder die Erhöhung des Pflegegelds. Das BZÖ trat mit Jörg Haider als Spitzenkandidat an und erreichte über 10 Prozent der Stimmen. Zwei Wochen nach der Wahl verunglückte Haider stark alkoholisiert bei einer Autofahrt tödlich.

Finanz- und Flüchtlingskrisen

Mit Werner Faymann als Spitzenkandidat gewann die SPÖ die Neuwahl – und wieder kam es zur großen Koalition, diesmal mit Josef Pröll als ÖVP-Vizekanzler. Die weltweite Wirtschaftskrise 2008 hatte auch in Österreich ihre Auswirkungen. Und wieder hatte es mit Jörg Haider zu tun: die Kärntner Bank Hypo Alpe Adria wurde nach massiven Expansionen und Investitionen insolvent und musste verstaatlicht werden. Anstelle von Steuersenkungen folgte ein weiteres Sparpaket. Pröll musste 2011 gesundheitsbedingt zurücktreten, ihm folgte Michael Spindelegger an der ÖVP-Spitze. Auch nach der Nationalratswahl 2013, bei der zudem die NEOS erstmals ins Parlament einzogen, regierte eine rot-schwarze Koalition. Außenminister wurde der 27-jährige Sebastian Kurz, bislang Integrationsstaatssekretär im Innenministerium.

Im Herbst 2015 wurde Österreich zum Ziel- und Durchzugsland der Flüchtlingsbewegung nach Europa, während derer in den Jahren 2015 und 2016 über zwei Millionen Menschen vor allem aus Syrien, Afghanistan, Somalia und Irak nach Europa kamen. Die sogenannte „Balkanroute" führte die Flüchtenden von der Türkei über Griechenland nach Mitteleuropa. Viele von ihnen saßen vorerst in Ungarn fest und versuchten, mit Hilfe von Schlepperorganisationen weiterzureisen. Nachdem in einem abgestellten LKW bei Parndorf im Burgenland 71 Tote gefunden wurden, die bei einer solchen Schlepperfahrt erstickt waren, öffneten Deutschland und damit auch Österreich ihre Grenzen. Die ersten Tage des September 2015 werden mit dem Begriff „Willkommenskultur" bezeichnet: Menschen aus der Zivilbevölkerung unterstützten die Ankommenden an Bahnhöfen und in Flüchtlingsheimen, es wurde Kleidung gesammelt, Deutschkurse organisiert und die Integration in den Gemeinden vorangetrieben. Mit steigenden Flüchtlingszahlen wandelte sich die Stimmung jedoch. Die FPÖ gewann in Umfragen stark dazu und belegte zeitweise Platz eins. Außenminister Sebastian Kurz trieb massiv die „Schließung der Balkanroute" voran.

Die Bundespräsidentenwahl, die „Neue Volkspartei" und türkis-blau

Mit dem Jahreswechsel 2015/16 begann der Wahlkampf um das Bundespräsidentenamt. Im ersten Wahlgang im April 2016 schnitten die Kandidaten Rudolf Hundstorfer (SPÖ) und Andreas Khol (ÖVP) so schlecht ab, dass dies auch zu Auseinandersetzungen innerhalb der Regierungsparteien führte. Werner Faymann trat schließlich als Bundeskanzler zurück; sein Nachfolger wurde der bisherige Vorstandsvorsitzende der Österreichischen Bundesbahnen, Christian Kern. Kern versuchte gemeinsam mit ÖVP-Vizekanzler Mitterlehner, das Regierungsübereinkommen aufzufrischen und der Koalition einen neuen Start zu ermöglichen. Mitterlehner sah sich jedoch einer immer breiter werdenden innerparteilichen Opposition gegenüber.

Wenige Monate nachdem Alexander Van der Bellen nach zweimaliger Verschiebung der Stichwahl zum Bundespräsidenten[12] gewählt und angelobt worden war, trat Mitterlehner im Mai 2017 von seinen Ämtern zurück. Neuer ÖVP-Chef wurde Sebastian Kurz, der allerdings nicht das Amt des Vizekanzlers übernehmen wollte, jedoch Neuwahlen forderte. Zudem änderte Kurz den Namen der ÖVP auf „Liste Sebastian Kurz – die Neue Volkspartei", die Parteifarbe vom traditionellen schwarz auf türkis und ließ sich als Parteiobmann mit weitgehenden Rechten ausstatten[13]. Bei der Neuwahl im Herbst 2017 konnte die ÖVP erstmals seit 2002 wieder Platz 1 erreichen und bildete eine Koalition mit der FPÖ, „türkis-blau". Neben Vizekanzler Heinz-Christian Strache wurde der umstrittene FPÖ-Generalsekretär Herbert Kickl Innenminister; der gescheiterte Bundespräsidentschaftskandidat Norbert Hofer übernahm die Infrastruktur-Agenden. Die Grünen schafften es bei der Wahl 2017 erstmals seit ihrem Bestehen nicht, in den Nationalrat einzuziehen.

12 Siehe Kapitel 5
13 Siehe Kapitel 7

Ibiza

Im Mai 2019 veröffentlichten die Süddeutsche Zeitung und der SPIEGEL ein sechs Minuten langes Video, welches die österreichische Innenpolitik nachhaltig erschüttern sollte. Die geheim gefilmten Aufnahmen aus dem Sommer 2017 zeigten den damaligen FPÖ-Chef Heinz-Christian Strache sowie den Obmann der FPÖ Wien, Johann Gudenus, in einer Finca auf der Baleareninsel Ibiza. Sie befanden sich in mehrstündigen Gesprächen mit einer angeblichen „russischen Oligarchennichte", in Wahrheit einem bezahlten Lockvogel, und deren Mittelsmann. Die Oligarchennichte versuchte Strache ein Bekenntnis zur Bestechlichkeit zu entlocken, indem sie unter anderem eine Investition in öffentliche Bauaufträge oder in die *Kronen Zeitung* in Aussicht stellte. Obwohl Strache diese Bestrebungen mehrfach zurückwies, beschädigte der offensichtlich alkoholisierte Auftritt im Video seine politische Karriere endgültig.

Am Tag nach dem Erscheinen traten Strache und Gudenus von ihren Ämtern zurück. Bundeskanzler Sebastian Kurz schlug Bundespräsident Van der Bellen zunächst die Entlassung von Innenminister Kickl vor, da eine Ermittlung rund um die Ibiza-Affäre nicht unter einem FPÖ-Innenminister erfolgen könne. Ausgelöst durch diese Entlassung traten auch die anderen FPÖ-Regierungsmitglieder zurück und die FPÖ unterstützte am 27. Mai gemeinsam mit SPÖ und Liste JETZT einen Misstrauensantrag gegen die übriggebliebene ÖVP-Regierung – der bislang einzige mehrheitlich angenommene Misstrauensantrag der Zweiten Republik. Bundespräsident Van der Bellen ernannte die ehemalige Präsidentin des VfGH, Brigitte Bierlein, zur Bundeskanzlerin einer Übergangsregierung, bestehend großteils aus hochrangigen Beamt*innen. Aufgrund der Dauer der Regierungsverhandlungen nach der Neuwahl des Nationalrats im September blieb die Übergangsregierung mehr als ein halbes Jahr im Amt.

Türkis-grün und Corona

Bei der Neuwahl konnten die Grünen, die die vergangenen zwei Jahre in der außerparlamentarischen Opposition verbracht hatten, auf der Welle der Klimaschutzbewegung „Fridays for Future" wieder ins Parlament einziehen und dabei gleich ihr bestes Ergebnis aller Zeiten erzielen. Für Sebastian Kurz, der mit der ÖVP ebenfalls zulegen konnte, war eine Koalition mit allen Parteien außer NEOS rechnerisch möglich. Nach kurzen Sondierungen trat die ÖVP in Regierungsverhandlungen mit den Grünen ein und am 7. Januar 2020 wurde die erste türkis-grüne Koalition angelobt. Zwei Monate später wurde Österreich, wie der Rest der Welt, von der Corona-Pandemie zum Stillstand gezwungen. Für die Regierung bedeutete die Pandemie den Beschluss von rigiden Maßnahmen: Neben den Maßnahmen des sogenannten „Lockdown" (Ausgangssperre, Schließung von Schulen, Universitäten, Gastronomie und Geschäften, Maskenpflicht, Grenzschließungen) wurden eine Reihe von Gesetzen beschlossen, um die Auswirkungen dieser Maßnahmen zu lindern. So wurde die Möglichkeit zur Kurzarbeit ausgedehnt oder ein Unterstützungsfonds für Umsatzentgänge für Unternehmen geschaffen. Mit Fortgang der Pandemie wurde für die Teilnahme am öffentlichen Leben eine weitgehende Verpflichtung für Corona-Tests verordnet; die Impfungen gegen das Virus sind seit Anfang 2021 verfügbar. Insgesamt wurden über 450[14] Gesetze, Gesetzesnovellen und Verordnungen beschlossen, um unterschiedlicher Aspekte der Pandemie Herr zu werden.

Im Oktober 2021 wurde Sebastian Kurz ein zweites Mal zum Ex-Kanzler. Er trat nach Hausdurchsuchungen und Korruptionsvorwürfen am 09.10.2021 zurück. Der bisherige Außenminister Alexander Schallenberg wurde am 11.10. als neuer Bundeskanzler angelobt. Schallenberg sollte als kürzester Bundeskanzler der Zweiten Republik in die Geschichte eingehen: Er trat nach nur 56 Tagen vom Amt zurück, nachdem Sebastian Kurz – er war zwischenzeitlich zum Klubobmann der Volkspartei im Nationalrat geworden – seinen vollständigen Rückzug aus der Politik bekanntgegeben hatte. Am 6. Dezember 2021 wurde der bisherige Innenminister Karl Nehammer als neuer Bundeskanzler angelobt.

14 Stand September 2021.

3. Wahlen und Wählerverhalten, direkte Demokratie

Wahlrecht und Wahlrechtsentwicklung

Seit mehr als hundert Jahren sind Frauen in Österreich wahlberechtigt; das allgemeine Männerwahlrecht wurde bereits 1907 eingeführt, jenes für Frauen folgte 1918.

Die Anfänge des Wahlrechts gehen ins 19. Jahrhundert zurück: Im Revolutionsjahr 1848 forderten Bürger*innen, Studierende und Arbeiter*innen die Wahl einer Volksvertretung. Die damals erkämpfte Wahl fand jedoch nicht direkt, sondern indirekt statt. Gewählte Wahlmänner wählten ihrerseits die Vertretung des Reichstags. Ausgeschlossen von dieser Wahl waren u. a. Frauen, Dienstleute, Arbeiter und Personen, die vom Staat abhängig waren. Mit diesem rudimentären Wahlrecht war es im nachfolgenden absolutistischen Jahrzehnt aber rasch wieder vorbei; erst im Februarpatent von 1961 wurde das Kurienwahlrecht festgelegt: Landtage wurden über vier Kurien gewählt (Großgrundbesitz; Städte, Märkte und Industrieorte; Handels- und Gewerbekammern; Landgemeinden). Wahlberechtigt waren Männer über 24 Jahre, und die Landtage ihrerseits beschickten den Reichstag. Das Wahlrecht in den Kurien war überdies an Bildungsgrad bzw. Steuerleistung gekoppelt.

Eine weitere Reform fand 1873 statt. In drei Kurien wurden die Abgeordneten direkt gewählt; die Gewichtung der Stimmen war aber vom Steueraufkommen abhängig. 85 Abgeordnete wurden von den wenigen (ca. 5.000) Großgrundbesitzern gewählt, 131 von den ca. 18 Millionen Wahlberechtigten der Landgemeinden, die nach wie vor indirekt über Wahlmänner wählten. Insgesamt konnten aufgrund der geforderten Steuerleistung nur ca. 6% der Männer wählen.[15] Der Zensus lag unterschiedlich hoch – im Wien und in den Landgemeinden z. B. bei 10 Gulden, in Graz bei 15 und in Prag bei 20. 1882 wurde der Zensus schließlich auf 5 Gulden herabgesetzt.

Die Badenische Wahlrechtsreform (benannt nach Kasimir Felix Badeni, Ministerpräsident des österreichischen Teils der k. u. k. Monarchie von 1895–1897) brachte 1896 eine fünfte Kurie. Wahlberechtigt waren dadurch alle Männer, die in keiner anderen Kurie wahlberechtigt und seit mindestens einem Jahr in einer

15 Vgl. dazu http://www.demokratiezentrum.org/wissen/timelines/wahlrechtsentwicklung-in-oesterreich-1848-bis-heute.html bzw. https://www.parlament.gv.at/PERK/PARL/DEM/ENTW/

Gemeinde wohnhaft waren. Mehr als 5 Millionen in dieser allgemeinen Klasse konnten aber lediglich 72 von 425 Abgeordneten wählen.

Das allgemeine Männerwahlrecht wurde schließlich 1907 eingeführt; die Wahlkreiseinteilung brachte aber enorme Unterschiede und Ungleichheiten mit sich (in nicht-deutschsprachigen Gebieten waren wesentlich mehr Stimmen für ein Mandat notwendig als in deutschsprachigen). Das Frauenwahlrecht folgte dann, wie erwähnt, 1918.

Bis 1918 gab es also massive soziale und geschlechtsspezifische Beschränkungen. 1923 wurde das Wahlalter dann auf 20 Jahre gesenkt; ab 1923 bestand der Nationalrat aus 165 Abgeordneten, die in 25 Wahlkreisen gewählt wurden (die Erweiterung auf 183 Abgeordnete folgt 1971).

Nach wenigen Jahren waren demokratische Wahlen mit der Errichtung der Dollfuß-Schuschnigg-Diktatur 1933 wieder zu Ende, die nächste Nationalratswahl fand erst wieder nach der Befreiung vom Nationalsozialismus im Dezember 1945 statt.

Bislang war bzw. ist das Wahlrecht weitgehend auch eine Frage der Staatsbürgerschaft. Entkoppelt von der Staatsbürgerschaft sind in Österreich Kommunalwahlen (mit der Ausnahme Wien) und Wahlen zum Europäischen Parlament. In beiden Fällen dürfen EU-Bürger*innen wählen. Dass ansonsten Nicht-EU-Bürger*innen das Wahlrecht verwehrt ist, führt dazu, dass bei Wahlen ein erheblicher Teil der Wohnbevölkerung vom Wahlrecht ausgeschlossen bleibt: Bei der Nationalratswahl 2019 waren das in etwa 15%, bei der Wien-Wahl 2020 in etwa 30% der Bevölkerung. Damit ist Österreich kein Ausnahmefall.

In mehreren Ländern dürfen Nicht-Staatsbürger*innen bei Regional- oder Kommunalwahlen wählen; ein Wahlrecht auf nationaler Ebene ist allerdings äußerst selten (z. B. in Chile, Neuseeland oder Uruguay).

Die Diskussion darüber, wie das Wahlrecht geändert werden könnte, um nicht eine immer größere Zahl an Menschen von diesem demokratischen Grundrecht auszuschließen, ist bereits seit Jahrzehnten im Gange. Einer der ersten, die dieses Thema zur Diskussion stellten, war Tomas Hammar, der 1990 vorschlug, anstatt des Kriteriums citizen/Staatsbürger*in das Kriterium denizen/Wohnbürger*in zu überlegen. Gedacht war dabei, dass Menschen, die in einem bestimmten Gebiet, in einer bestimmten Gemeinde leben, unabhängig von ihrer Staatsbürgerschaft das Wahlrecht bekommen. Dadurch könnte dem demokratischen Prinzip, dass jemand, der von Entscheidungen betroffen ist, auch am Zustandekommen dieser Entscheidungen beteiligt wird, Rechnung getragen werden. Auf EU-Ebene könnte durchaus überlegt werden, ob nicht eine EU-Bürgerschaft ähnlich wie eine Staatsbürgerschaft eines der 27 Mitgliedsländer gesehen werden könnte.

Grundsätzlich haben demokratische Wahlen mehrere Voraussetzungen zu erfüllen: Sie müssen zunächst allgemein, frei, geheim und persönlich, gleich und unmittelbar (direkt) sein. **Allgemein** heißt, dass sämtliche Staatsbürger*innen mit Erreichen des festgelegten Alters aktiv (in Österreich 16 Jahre) und passiv (in Österreich 18 Jahre; für das Bundespräsident*innenamt 35 Jahre) wahlberechtigt sein müssen. Eine Ausnahme ist, dass in Österreich Personen, die zu einer Haftstrafe von mehr als fünf Jahren verurteilt worden sind (in bestimmten Fällen zu mehr als einem Jahr) nicht wählen dürfen. **Frei** bedeutet, dass niemand gezwungen werden darf, für eine bestimmte Partei bzw. eine bestimmte Person wählen zu müssen. **Geheim** ist eine Wahl dann, wenn die individuelle Wahlentscheidung auch individuell bleibt, d. h. nicht öffentlich wird. Dieses Kriterium wurde wiederholt bei der Frage nach der Briefwahl diskutiert. Wenngleich bei dieser die Geheimhaltung nicht garantiert werden kann, überwiegt der Vorteil, dass durch die Briefwahl auch jene Menschen an einer Wahl teilnehmen können, die zum Zeitpunkt der Wahl nicht zu dem für sie vorgesehenen Wahllokal gehen können. Zur geheimen Wahl gehört auch, dass diese persönlich ist, d.h. dass niemand beauftragt werden darf, stellvertretend für jemand anderen zu wählen. Ausgenommen davon sind lediglich Personen, denen das Ausfüllen des Stimmzettels ohne fremde Hilfe nicht zugemutet werden kann. **Gleich** bedeutet, dass alle Stimmen gleich viel zählen – unabhängig von Kriterien wie Besitz, Geschlecht, sozialem Status oder ähnlichem. Umstritten ist bei dieser Frage, ob Zweitwohnsitzinhaber*innen bei bestimmten Wahlen (z.B. Kommunalwahlen) nicht nur am Ort ihres Hauptwohnsitzes, sondern auch am Ort ihres Zweitwohnsitzes wählen dürfen. Diese Praxis wurde in den vergangenen Jahren v.a. in Niederösterreich intensiv diskutiert, eine zufriedenstellende Lösung aber bis dato noch nicht festgelegt. Ein weiterer Aspekt im Zusammenhang mit dem gleichen Wahlrecht ist die in den vergangenen Jahren diskutierte Variante eines sogenannten „Kinderwahlrechts“: gemeint war damit, dass die Stimmen von Eltern entsprechend ihrer noch nicht wahlberechtigten Kinder gewichtet werden. Dies würde den Gleichheitsgrundsatz erheblich verletzen; überdies wird bei dieser Argumentation vergessen, dass die Mandatszuteilung nach der Bevölkerungszahl erfolgt, dass also Mandate in jenen Wahlkreisen, in denen mehr Noch-Nicht-Wahlberechtigte leben, entsprechend billiger sind, weil sie eben in der Mandatszuteilung berücksichtigt werden. Und schließlich bedeutet **unmittelbar**, dass Stimmen direkt in Mandate umgerechnet werden. Ein Anachronismus wie das Wahlmännersystem in den USA, ist damit in Österreich ausgeschlossen.

Neben diesen allgemeinen und im Bundesverfassungsgesetz festgelegten Kriterien gilt es noch einige weitere zu beachten: Eine Wahl muss **kompetitiv** sein. Das bedeutet, dass eine Auswahlmöglichkeit zwischen zumindest zwei

Personen oder zwei Parteien geben sein muss. Speziell bei Kommunalwahlen kommt es immer häufiger vor, dass nur eine Person für das Amt des*der Bürgermeister*in kandidiert oder dass nur eine einzige Liste zur Wahl antritt. Dies geschieht aber nicht durch Unterdrückung oder Verbot anderer Parteien bzw. Personen, sondern aus Mangel an Alternativen. Daneben müssen für alle Parteien oder Personen, die zu einer Wahl antreten möchten, dieselben Bedingungen bzw. Voraussetzungen gelten. So gibt es in Österreich genau festgelegte Kriterien, die eine Kandidatur möglich machen (z. B. eine bestimmte Anzahl an Unterstützungserklärungen).

Wahlen sollten auch **repräsentativ** sein. Dabei ist kein Quorum festgelegt, ab dem eine Wahl gültig ist, die Wahlbeteiligung ist aber dennoch ein Indikator für Repräsentativität:

Tabelle 4: Wahlbeteiligung Bundespräsidentschaftswahen/Nationalratswahlen/ EU-Parlamentswahlen

BP 1998	74,4%	NR 1999	80,5%
BP 2004	74,6%	NR 2002	84,2%
BP 2010	53,6%	NR 2006	78,5%
BP 2016*	68,5%/72,7%/74,2%	NR 2008	78,9%
		NR 2013	74,9%
EU 1996	67,7%	NR 2017	80,0%
EU 1999	49,4%	NR 2019	75,6%
EU 2004	42,2%		
EU 2009	46,0%		
EU 2014	45,4%		
EU 2019	59,8%		

* BP 2016: erster Durchgang/Stichwahl 22.05.2016/Wiederholung 04.12.2016

Eine Wahlbeteiligung (bei der EU-Parlamentswahl 2014) von 13,05% (Slowakei), 18,3% (Tschechien) oder 23.82% (Polen) sollte jedenfalls Anlass zu Besorgnis sein. In alle drei Ländern stieg allerdings die Wahlbeteiligung bei der folgenden Wahl 2019 doch an, blieb aber in der Slowakei mit 22,74% und in Tschechien mit 28,72% relativ schwach, in Polen stieg sie deutlich an (45,68%). Generell ist die Wahlbeteiligung auch vom Grad der Ideologisierung und von der politischen Kultur eines Landes abhängig. Und dass eine hohe Wahlbeteiligung nicht per se eine Garantie für eine hohe Demokratiequalität sein muss, zeigt das Beispiel 1932: am 06.11.1932 wurde im Deutschen Reich gewählt, die Wahlbeteiligung lag bei über 80%. Am 08.11.1932 wurde bei der Präsidentschaftswahl in den USA eine Wahlbeteiligung von knapp 60% erreicht. Wie die Geschichte in beiden Ländern weiterging, kann als bekannt vorausgesetzt werden.

Eine demokratische Wahl muss auch die Frage der **Partizipation** beantworten: Wer von den Bürger*innen eines Landes darf an Wahlen teilnehmen und wer ist davon ausgeschlossen (z. B. auf Grund einer anderen Staatsbürgerschaft). Und schließlich muss eine Wahl ein **legitimes**, d. h. ein von allen akzeptiertes Ergebnis mit sich bringen. Massive Wahlfälschungen (wie 2020 in Weißrussland) sind mit demokratischen Kriterien nicht vereinbar. Selbstverständlich sind aber Einsprüche gegen Wahlergebnisse zulässig. So wurden z. B. die Wahlergebnisse der Nationalratswahl 1995 in Reutte und in Donnerskirchen für ungültig erklärt und die Wahl in diesen Gemeinden wegen Unregelmäßigkeiten wiederholt.

Entscheidend für die Mandatszuteilung ist auch, ob nach dem Mehrheits- oder dem Verhältniswahlrecht gewählt wird. In Österreich gilt – von einigen Ausnahmen abgesehen – das Verhältniswahlrecht. Hier geht man davon aus, dass x Prozent der gültig abgegebenen Stimmen in etwa x Prozent der zu vergebenden Mandate bedeuten. So bekam die ÖVP bei der Nationalratswahl 2019 mit 37,5% der Stimmen 71 der zu vergebenden 183 Mandate, das entspricht einem Prozentsatz von 38,8%; die SPÖ bekam mit 21,2% der Stimmen 40 Mandate (21,9%); die FPÖ mit 16,2% 31 Mandate (16,9%), die Grünen mit 13,9% 26 Mandate (14,2%) und die NEOS mit 8,2% der Stimmen 15 Mandate (8,2%). Parteien, die weniger als 4% der abgegebenen Stimmen erreichen, bleiben unter der notwendigen Prozenthürde und kommen für die Mandatsverteilung nicht in Betracht (außer sie können in einem Regionalwahlkreis ein Grundmandat erringen, was bisher keiner Partei gelungen ist, die nicht auch bundesweit über 4% gelegen war). Die Verhältniswahl gilt auch bei Regional- und Kommunalwahlen.

Mehrheitswahl bedeutet, dass der*die Stimmenstärkste im betreffenden Wahlkreis gewinnt – in Österreich ist dazu die absolute Mehrheit nötig, ansonsten kommt es zu einer Stichwahl zwischen den beiden Personen, die im ersten Wahlgang die meisten Stimmen erreicht haben. Dieses Prinzip kommt bei Bundespräsidentschaftswahlen und Bürgermeister*innendirektwahlen zur Anwendung. Werden Parlamentswahlen (z. B. in Großbritannien; dort gilt allerdings die relative Mehrheitswahl) nach dem Mehrheitswahlrecht entschieden, so ist in den meisten Fällen eine Regierungsbildung einfacher, da eine Partei mit deutlich weniger als 50% der Stimmen eine deutliche absolute Mehrheit an Mandaten erreichen kann.

Das Wahlalter ist in Österreich seit 2007 auf 16 Jahre (aktiv) bzw. 18 Jahre (passiv) festgelegt, für die Bundespräsidentschaftswahl liegt das passive Wahlalter bei 35 Jahren. Zu Beginn der Ersten Republik lag das Wahlalter bei 20 (aktiv) bzw. 24 Jahren (passiv), 1929 wurde es auf 21 bzw. 29 Jahre hinaufgesetzt.[16] 1949 folgte eine neuerliche Senkung auf 20 bzw. 26 Jahre, 1968 auf 19 bzw. 25 Jahre und 1992 auf 18 bzw. 19 Jahre.

Wahlen in Österreich

Um bei einer Wahl kandidieren zu können, muss eine Partei bzw. eine Person Unterstützungserklärungen vorlegen. Bei Nationalratswahlen können die Unterschriften von drei Abgeordneten dieses Sammeln von Unterstützungserklärungen ersetzen, ansonsten sind für eine österreichweite Kandidatur 2.600 Unterschriften nötig, die allerdings im gesamten Bundesgebiet gesammelt werden müssen:

Tabelle 5: Notwendige Anzahl an Unterstützungserklärungen

Burgenland	100	Oberösterreich	400	Tirol	200
Kärnten	200	Salzburg	200	Vorarlberg	100
Niederösterreich	500	Steiermark	400	Wien	500

Quelle: Nationalratswahlordnung; BGBl. Nr. 471/1992; i.d.F. 2.12.2021 § 42 Abs. 2

Kann eine Partei in einem Bundesland die erforderliche Anzahl an Unterschriften nicht erreichen, so darf sie in diesem Bundesland nicht zur Wahl antreten. Dies führt dazu, dass bei Nationalratswahlen immer wieder Kleinstparteien in nur einem oder in nur wenigen Bundesländern antreten (können).

Eine ähnliche Situation gilt für Landtagswahlen, auch hier müssen Parteien in den einzelnen Bezirken Unterschriften sammeln; die Anzahl ist in der jeweiligen Landtagswahlordnung festgelegt (in Tirol z. B. 1% der Wahlberechtigen, in Oberösterreich mindestens 80 Wahlberechtigte pro Wahlkreis). Auch bei Gemeinderatswahlen (in Salzburg und Vorarlberg Gemeindevertretungswahlen) müssen Unterstützungserklärungen vorgelegt werden; in Vorarlberg z. B. 1%, wenigstens aber 10 der Wahlberechtigen der entsprechenden Gemeinde.

Der Nationalrat – als erste Kammer des Parlaments – wird regelmäßig nach dem Verhältniswahlrecht gewählt. Zu Beginn der Zweiten Republik gab es 165 Abgeordnete, die in 25 Wahlkreisen gewählt wurden. Voraussetzung für den

16 Vgl. dazu http://www.demokratiezentrum.org/wissen/timelines/wahlrechtsentwicklung-in-oesterreich-1848-bis-heute.html

Einzug in den Nationalrat war das Erringen eines Grundmandates in einem dieser 25 Wahlkreise. 1970 erfolgte eine erste Wahlrechtsreform: Es gab ab nun 183 Abgeordnete, die in 9 Regionalwahlkreisen (identisch mit den Bundesländern) gewählt wurden. Für Kleinparteien war es somit leichter, ein Grundmandat zu erringen. Diese Reform war als Zugeständnis der damaligen SPÖ-Minderheitsregierung an die FPÖ gedacht, die ihrerseits die Minderheitsregierung Kreisky I (1970–1971) unterstützt hatte. Eingeführt wurde 1970 auch das Vergeben von Vorzugsstimmen.

Eine weitere Wahlrechtsreform wurde 1992 durchgeführt. Die Anzahl der Mandate bleibt zwar gleich, es gibt aber seither mit den Regionalwahlkreisen eine weitere – unterste – Ebene der Mandatsverteilung. Insgesamt gab es 43 Regionalwahlkreise (seit der Verwaltungsreform in der Steiermark 2015 nur mehr 39), als zweite Ebene jene der neun Bundesländer (in beiden System Hare) und die Restmandate werden schließlich auf Bundesebene vergeben (System d'Hondt).

Zu Erläuterung des Ermittlungsverfahrens der Ablauf 2017 bzw. 2019 in Tirol: Tirol hat aufgrund der Bürgerzahl 15 Mandate zu vergeben. Diese sind den fünf Regionalwahlkreisen wie folgt zugeteilt:

• 7 A Innsbruck Stadt – 3 Mandate (Bezirk Innsbruck Stadt)	2017/2019	2 Mandate
• 7 B Innsbruck Land – 5 Mandate (Bezirke Schwaz, IBK-Land)	2017/2019	5 Mandate
• 7 C Unterland – 3 Mandate (Bezirke Kufstein, Kitzbühel)	2017/2019	4 Mandate
• 7 D Oberland – 3 Mandate (Bezirke Landeck, Imst, Reutte)	2017/2019	3 Mandate
• 7 E Osttirol – 1 Mandat (Bezirk Lienz)	2017/2019	1 Mandat

2019 Wahlzahl 25.811 (385.644 gültige Stimmen; 15 Mandate)

Regionalwahlkreis 7 B Innsbruck Land	ÖVP	62.028
	SPÖ	18.862
	FPÖ	21.771
	Grüne	20.198
	NEOS	12.822

Im Wahlkreis 7 B Innsbruck Land erreicht die ÖVP mit 62.028 Stimmen zwei Grundmandate, sämtliche anderen Parteien liegen unter der Wahlzahl von 25.811. Deren Stimmen wandern auf die zweite, die Landesebene. Von der ÖVP verbleiben 10.406 Stimmen für die zweite Ebene.

2019 (2017): Mandate in Regionalwahlkreisen:

7 A: **0** (0)
7 B: **2 ÖVP** (2 ÖVP, 1 SPÖ, 1 FPÖ)
7 C: **ÖVP** (ÖVP)
7 D: **ÖVP** (ÖVP)
7 E: **0** (0)

Von den insgesamt 15 Mandaten, die in Tirol vergeben werden können, werden lediglich vier im ersten Ermittlungsverfahren zugeteilt, die anderen elf kommen auf der zweiten Ebene zur Umrechnung in Mandate.

Die gesamte Mandatszuteilung bei den NRW-Wahlen 2013/2017 und 2019 sah folgendermaßen aus:

Tabelle 6: Mandatszuteilung bei den NRW-Wahlen 2019 und 2017/2013

	Regional	Land	Bund	Gesamt
SPÖ	**16** (32/32)	**19** (13/13)	**5** (7/7)	**40** (52/52)
ÖVP	**48** (38/25)	**15** (16/13)	**8** (10/9)	**71** (62/47)
FPÖ	**10** (29/16)	**16** (13/16)	**5** (9/8)	**31** (51/40)
NEOS	**0** (0/0)	**10** (5/6)	**5** (5/3)	**15** (10/8)
Grüne	**5** (0/2)	**17** (0/16)	**4** (0/6)	**26** (0/24)

Quelle: bmi – eigene Zusammenstellung

Erwartungsgemäß erreichen auf der Regionalwahlkreisebene ÖVP und SPÖ die meisten Grundmandate, generell schwieriger ist dies für kleinere Parteien, v. a. für die NEOS, aber auch für die Grünen.

2007 wurde das Wahlrecht erneut geändert: Erstmals wurde bundesweit das aktive Wahlalter auf 16 Jahre gesenkt, das passive auf 18 Jahre. Daneben wurde die Briefwahl eingeführt und die Legislaturperiode des Nationalrates um ein Jahr auf nunmehr fünf Jahre verlängert. Obwohl eine breite Diskussion zur Wahlaltersenkung nicht in Gang kam, waren als Gegenargumente die möglicherweise noch nicht ausgeprägte politische Mündigkeit der 16-jährigen und ein ebenso möglicherweise vorhandenes Wissensdefizit angeführt worden. Demgegenüber wurde argumentiert, dass durch die Wahlaltersenkung 16–18-jährige interessanter für politische Parteien würden, die sich ihrerseits um diese Stimmen bemühen müssten. Betont wurde auch, dass der individuelle Wahlakt auch ein wichtiges Element politischer Sozialisation sei. Um dem angesprochenen Wissensdefizit vorzubeugen, wurde das Schulfach Politische Bildung in der Sekundarstufe I verankert.[17]

17 U. a. entstand das Politiklexikon für junge Leute: www.politik-lexikon.at das sich nach wie vor enormer Beliebtheit erfreut.

Einige Wahlergebnisse bei Nationalratswahlen waren bemerkenswert: Zweimal, 1953 und 1957, konnte zwar die SPÖ die Stimmenmehrheit erreichen, die ÖVP bekam dennoch die Mehrheit der Mandate:

NRW 1953:	ÖVP 1.781.777	–74 Mandate	
	SPÖ 1.818.517	–73 Mandate	Differenz 36.740
NRW 1959:	ÖVP 1.928.034	–79 Mandate	
	SPÖ 1.953.935	–78 Mandate	Differenz 25.901

Die ÖVP erzielte also einen Großteil ihrer Mandate in jenen Regionen, in denen Mandate billiger waren, d.h. aufgrund der Mandatszuteilung (wie erwähnt, nach Bürgerzahl) weniger Stimmen für ein Mandat notwendig waren, als in jenen Regionen, in denen die SPÖ die Mehrzahl ihrer Mandate erzielte.

1999 war insofern außergewöhnlich, als die FPÖ mehr Stimmen als die ÖVP erzielen konnte. Im Vorfeld der Wahl hatte der ÖVP-Spitzenkandidat und spätere Bundeskanzler Wolfgang Schüssel betont, dass seine Partei, sollte sie Dritter werden, in Opposition ginge. Er konnte mit dieser Aussage zwar noch zahlreiche Wähler*innen dazu animieren, doch noch ÖVP zu wählen, der zweite Platz blieb der ÖVP aber verwehrt (dennoch ging sie nicht in Opposition, sondern stellte in einer FPÖ-ÖVP Koalitionsregierung den Bundeskanzler):

NRW 1999:	FPÖ	1.244.087	
	ÖVP	1.243.672	Differenz 415 Stimmen

2006 konnten die Grünen – erstmals in der Geschichte – den dritten Platz vor der FPÖ erreichen.

NRW 2006:	Grüne	520.130	
	FPÖ	519.598	Differenz 532 Stimmen

Der dritte Platz ist insofern von Bedeutung, als damit das Amt des*der dritten Nationalratspräsident*in und jenes eines der drei Volksanwälte verknüpft ist.

Im Zeitverlauf wird deutlich ersichtlich, dass zunehmend mehr Parteien zu Nationalratswahlen antreten und dass damit auch mehr Parteien den Sprung in den Nationalrat schaffen. In den zehn Jahren von 1949 bis 1959 waren es vier Parteien, nach dem Ausscheiden der KPÖ von 1959 bis 1986 drei Parteien. 1986 kam mit den Grünen erstmals eine Partei in den Nationalrat, die sich langfristig verankern konnte (mit Ausnahme der Wahl 2017). Auch mehrere Kleinparteien konnten kurzfristig in den Nationalrat einziehen (LiF, BZÖ, Team Stronach, Liste Pilz), lediglich die NEOS schafften dies bisher aber bei mehr als zwei aufeinanderfolgenden Wahlen (2013, 2017, 2019). Neben den österreichweit kandidierenden Parteien versuchen immer wieder auch Kleinstparteien in einem oder in einigen wenigen Wahlkreisen anzutreten (2019 z. B. Wandl, BZÖ, Bier, CPÖ, GILT, SLP).

Tabelle 7: Nationalratswahlen – Parteien

Jahr	Anzahl (Ö)	mehr als 1%	Mandate	
1945	4	3	3	ÖVP, SPÖ, KPÖ
1949	10	4	4	ÖVP, SPÖ, KPÖ, VdU
1953	11	4	4	ÖVP, SPÖ, KPÖ, VdU
1956	10	4	4	ÖVP, SPÖ, KPÖ, FPÖ
1959	5	4	3	ÖVP, SPÖ, FPÖ
1962	5	4	3	ÖVP, SPÖ, FPÖ
1966	7	4	3	ÖVP, SPÖ, FPÖ
1970	7	4	3	ÖVP, SPÖ, FPÖ
1971	5	4	3	ÖVP, SPÖ, FPÖ
1975	6	4	3	ÖVP, SPÖ, FPÖ
1979	5 (4)	4	3	ÖVP, SPÖ, FPÖ
1983	8 (6)	5	3	ÖVP, SPÖ, FPÖ
1986	8 (5)	4	4	SPÖ, ÖVP, FPÖ, Grüne
1990	11 (6)	4	4	SPÖ, ÖVP, FPÖ, Grüne
1994	13 (6)	5	5	SPÖ, ÖVP, FPÖ, Grüne, LiF
1995	9 (7)	6	5	SPÖ, ÖVP, FPÖ, Grüne, LiF
1999	9 (7)	6	4	SPÖ, ÖVP, FPÖ, Grüne
2002	9 (6)	4	4	SPÖ, ÖVP, FPÖ, Grüne
2006	12 (7)	7	5	SPÖ, ÖVP, FPÖ, Grüne, BZÖ
2008	15 (10)	7	5	SPÖ, ÖVP, FPÖ, Grüne, BZÖ
2013	14 (9)	8	6	SPÖ, ÖVP, FPÖ, Grüne, TS, NEOS
2017	16 (10)	6	5	SPÖ, ÖVP, FPÖ, NEOS. Liste Pilz
2019	13 (7)	6	5	SPÖ, ÖVP, FPÖ, Grüne, NEOS

Quelle: http://www.bmi.gv.at/cms/BMI_wahlen/nationalrat/start.aspx, eigene Zusammenstellung

Interessant, wenngleich wenig überraschend ist auch ein Blick auf die Parteienkonzentration: Bis 1986 war die Übermacht von SPÖ und ÖVP sehr deutlich. Diese beiden erreichten in der Anfangszeit jeweils mehr als 80%, von 1966 bis 1983 sogar mehr als 90% (1975: 93,4%). Dementsprechend schwach vertreten waren andere Parteien, in erster Linie betraf dies die FPÖ bzw. deren Vorgängerpartei VdU (und kurz, wie gesagt, die KPÖ). Ab 1986 und dann vor allem nach 1990 trat ein deutlicher Wandel ein. Erstmals konnten ÖVP und SPÖ gemeinsam weniger als zwei Drittel der Mandate erringen, damit war eine Verfassungsmehrheit dieser beiden nicht mehr gegeben. Nach sporadischen Zunahmen (1995, 2002 und 2006) sanken die beiden unter 60%, mit dem bisherigen Tiefststand 2013 (50,8%).

Tabelle 8: Parteienkonzentration

NRW	SPÖ und ÖVP	andere	NRW	SPÖ und ÖVP	andere
1949	82,7	17,3	1986	84,4	15,6
1953	83,4	16,6	1990	74,9	25,1
1956	89,0	11,0	1994	62,6	37,4
1959	89,0	11,0	1995	66,4	33,6
1962	89,4	10,6	1999	60,1	39,9
1966	90,9	9,1	2002	78,8	21,2
1970	93,1	6,9	2006	69,6	29,4
1971	93,1	6,9	2008	55,3	44,7
1975	93,4	6,6	2013	50,8	49,2
1979	92,9	7,1	2017	58,4	41,6
1983	90,9	9,1	2019	56,7	43,3

Quelle: http://www.bmi.gv.at/cms/BMI_wahlen/nationalrat/start.aspx, eigene Zusammenstellung

Dieser Erosionsprozess in den Jahren seit 1986 wird auch deutlich, wenn man sich einige ausgewählte Wahlergebnisse genauer ansieht:

Tabelle 9: NRW: ausgewählte Wahlergebnisse

	SPÖ	ÖVP	FPÖ	Grüne	BZÖ	TS	NEOS	Pilz
1986	**43,1**	**41,3**	**9,7**	**4,8**				
1990	42,8	32,1	16,6	4,8				
1994	34,9	27,7	22,5	7,3				
1995	38,1	28,3	21,9	4,8				
1999	33,2	26,9	26,9	7,4				
2002	**36,5**	**42,3**	**10,0**	**9,5**				
2006	**35,3**	**34,3**	**11,035**	**11,047**	**4,1**			
2008	**29,3**	**26,0**	**17,5**	**10,4**	**10,7**			
2013	**26,8**	**24,0**	**20,5**	**12,4**	**3,5**	**5,7**	**5,0**	
2017	**26,9**	**31,5**	**26,0**	**3,8**			**5,3**	**4,4**
2019	**21,2**	**37,5**	**16,2**	**13,9**			**8,1**	**1,9**

Quelle: eigene Zusammenstellung

1986–2019:	SPÖ	–21,9%
	ÖVP	–3,8%
	FPÖ	+6,5%
	Grüne	+9,1%

Die SPÖ verlor in diesen Jahren –21,9%, die ÖVP trotz des Höhenflugs 2019 –3,8%. Die FPÖ lag 2019 zwar deutlich schlechter als bei ihrem bislang besten

Ergebnis von 1999 (damals 26,9%), konnte aber im Zeitverlauf ein Plus von +6,5% erreichen, die Grünen eines von +9,1%.

Unterhalb der Bundesebene finden in Österreich Regionalwahlen – die Landtagswahlen – und Kommunalwahlen – Gemeinderatswahlen – statt.

Der Landtag wird in Oberösterreich alle sechs Jahre neu gewählt, in den anderen acht Bundesländern dauert die Legislaturperiode fünf Jahre. Landtagswahlergebnisse zeigen eine relativ hohe Kontinuität der jeweils dominierenden Partei: in Wien konnte die SPÖ bei allen Wahlen seit 1945 die Mehrheit, bis 1991 die absolute Mandatsmehrheit, erreichen. In Vorarlberg, Tirol und Niederösterreich hatte die ÖVP durchwegs die (lange Zeit absolute) Mehrheit. In Salzburg und der Steiermark konnte zwischenzeitlich kurz die SPÖ die Mehrheit erzielen, in Oberösterreich war die SPÖ bislang einmal (1967, Mandatsgleichstand mit der ÖVP) zumindest stimmenstärkste Partei. In Kärnten war die FPÖ 1999 und 2004 stärkste Partei, 2009 das BZÖ und sonst immer die SPÖ. Und im Burgenland schließlich ist seit 1964 die SPÖ stärkste Partei, bis dahin war es die ÖVP.

Durch die Landtagswahlergebnisse werden auch andere Entscheidungen indirekt getroffen: Die Landesschulratspräsident*innen wurden durch die stärkste Partei bestimmt, durch die Änderung in Bildungsdirektionen wurde an diesem Bestellmodus nicht Wesentliches geändert. Die Landtage entscheiden auch über die Besetzungen von Spitzenpositionen in landeseigenen Unternehmen. Und die jeweiligen Bundesratsabgeordneten werden ebenso nach jeder Landtagswahl neu entsandt.

Die Landtage wählen die Landeshauptleute und entscheiden auch über die Zusammensetzung der Landesregierung.

Bemerkenswert war die Landtagswahl 2010 im Burgenland: Es wurden 188.960 gültige Stimmen abgegeben und von diesen entfielen auf die damals zum ersten Mal kandidierende (und mittlerweile aus dem Landtag wieder verschwundene) Liste Burgenland 7.559 Stimmen – ein Prozentsatz von 4,00031% und damit das Überspringen der 4%-Hürde. Mit nur einer Stimme weniger (7.558) wäre diese Liste mit 3,99978% an der 4%-Hürde gescheitert

Die Gemeinderats- bzw. Gemeindevertretungswahlen finden alle fünf bzw. sechs Jahre (Kärnten, Oberösterreich, Tirol) statt. In sechs Bundesländern werden Bürgermeisterdirektwahlen durchgeführt (nicht in Niederösterreich, der Steiermark und Wien). Der Gemeindevorstand wird nach dem Proporzprinzip bestellt, d.h. dass prinzipiell alle Parteien, die im Gemeinderat (der Gemeindevertretung) vertreten sind, auch im Gemeindevorstand sitzen. Abhängig von der Zahl der Gemeindevorstandsmitglieder kann aber sein, dass kleine Parteien keinen Sitz im Gemeindevorstand haben.

Tabelle 10: Wahlergebnisse Landtagswahlen

	SPÖ	ÖVP	FPÖ	Grüne	andere
Burgenland 2005	52,2% +6,6%	36,4% +1,0%	5,7% -6,9%	5,2% -0,3%	
Burgenland 2010	48,3% -3,9%	34,6% -1,8%	9,0% +3,2%	4,1% -1,1%	Liste B 4,0%
Burgenland 2015	41,9% -6,4%	29,2% -5,5%	15,0% +6,1%	6,4% +2,3%	Liste B 4,8% +0,8% neos 2,3%
Burgenland 2020	49,9% +8,4%	30,6% +1,5%	9,8% -5,2%	6,7% +0,3%	Liste B 1,3% -3,6% neos 1,7% -0.6%
Kärnten 2004	38,4% +5,6%	11,6% -9,1%	42,4% +0,4%	6,7%	
Kärnten 2009	28,7% -9,7%	16,8% +5,2%	3,8% Spaltung 2005	5,2% -1,2%	BZÖ 44,9% Spaltung 2005
Kärnten 2013	37,1% +8,4%	14,4% -2,4%	16,8% -28%	11,1% +6,9%	BZÖ 6,4% Team S. 11,2%
Kärnten 2018	47,9% +10,8%	15,5% +1,1%	23,0% +6,2%	3,1% -9,0%	Team K. 5,7% -5,5%
NÖ 2003	33,5% +3,1%	53,3% +8,4%	4,5% -11,6%	7,2% +2,7%	
NÖ 2008	25,5% -8,0%	54,4% +1,1%	10,5% +6,0%	6,9% -0,3%	0,7%
NÖ 2013	21,6% -3,9%	50,8% -3,6%	8,2% -2,3%	8,1% +1,2%	Team S. 9,8%
NÖ 2018	23,9% +2,3%	49,6% -1,2%	14,8% +6,6%	6,4% -1,7%	neos 5,2%
OÖ 2003	38,3% +10,3%	43,4% +0,7%	8,4% -12,2%	9,1% +3,3%	
OÖ 2009	24,9% -13,4%	46,8% +3,4%	15,3% +6,9%	9,2% +0,1%	BZÖ 2,8%
OÖ 2015	18,4% -6,6%	36,4% -10,4%	30,4% +15,1%	10,3% +1,1%	neos 3,5%
OÖ 2021	18,6% +0,2%	37,6% +1,2%	19,8% -10,6%	12,3% +2,0%	neos 4,2% +0,7% MFG 6,2%
Salzburg 2004	45,4% +13,1%	37,9% -0,9%	8,7% -10,9%	8,0% +2,6%	

Salzburg 2009	39,5% -6%	36,5% -1,4%	13,0% +4,3%	7,4% -0,6%	
Salzburg 2013	23,8% -15,6%	29,0% -7,5%	17,0% +4,0%	20,2% +12,8%	Team S 8,3%
Salzburg 2018	20,0% -3,8%	37,8% +8,8%	18,8% +1,8%	9,3% -10,3%	neos 7,3%
Steiermark 2005	41,7% +9,4%	38,7% -8,6%	4,6% -7,8%	4,7% -0,9%	KPÖ 6,3% +1,0%
Steiermark 2010	38,3% -3,3%	37,2% -1,5%	10,7% +6,1%	5,7% -0,7%	KPÖ 4,4% -1,9%
Steiermark 2015	29,3% -9,0%	28,5% -8,8%	26,7% +16,1%	6,7% +1,1%	KPÖ 4,2% -0,2% neos 2,6%
Steiermark 2019	23,0% -6,8%	36,1% +7.6%	17,5% -9,3%	12,1% +5,4%	KPÖ 6,0% +1,7% neos 5,4% +2,7%
Tirol 2003	25,9% +4,1%	49,9% +2,7%	8,0% -11,6%	15,6% +7,6%	
Tirol 2008	15,5% -10,4%	40,5% -9,4%	12,4% +4,4%	10,7% -4,9%	
Tirol 2013	13,7% -1,7%	39,4% -1,2%	9,3% -3,1%	12,6% +1,9%	
Tirol 2018	17,3% +3,5%	44,3% +4,9%	15,5% +6,2%	10,7% -1,9%	neos 5,2%
Vorarlberg 2004	16,9% +3,9%	54,9% +9,1%	12,9% -14,5%	10,2% +4,2%	
Vorarlberg 2009	10,0% -6,8%	50,8% -4,1%	25,1% +12,1%	10,6% +0,4%	
Vorarlberg 2014	8,8% -2,2%	41,8% -9,0%	23,4% -1,7%	17,1% +6,5%	neos 6,9%
Vorarlberg 2019	9,5% +0,7%	43,5% +1,7%	13,9% -9,5%	18,9% +1,8%	neos 8,5% +1,6%
Wien 2005	49,1% +2,2%	18,8% +2,4%	14,8% -5,3%	14,6% +2,2%	
Wien 2010	44,3% -4,7%	14,0% -4,8%	25,8% +10,9%	12,6% -2,0%	
Wien 2015	39,6% -4,7%	9,2% -4,8%	30,8% +5,0%	11,8% -0,8%	neos 6,2%
Wien 2020	41,6% +2,0%	23,4% +11,2%	7,1% -23,7%	14,8% -3,0%	neos 7,5% +1,3%

Quelle: Eigene Zusammenstellung

Auch hier zwei bemerkenswerte Ergebnisse: 2015 wurden in der Gemeinde Oberschlierbach (OÖ) 163 Stimmen für die ÖVP und ebenso 163 Stimmen für die SPÖ abgegeben. Da im Gemeinderat 13 Sitze zu vergeben waren, wurde der 13. Sitz ausgelost – und diesen erhielt die ÖVP. Und 2021 gab es bei der Bürgermeisterdirektwahl in der Gemeinde Königswiesen (OÖ) einerseits 999 Stimmen für den ÖVP-Kandidaten Johann Holzmann, andererseits 1.000 Stimmen für seinen Kontrahenten, Roland Gaffl, von der Liste FÜRKW (Bürgerliste Für Königswiesen), der damit neuer Bürgermeister wurde.

Gewählt werden in Österreich auch 19 (von insgesamt 705) Abgeordnete des EU-Parlaments. Diese Wahl findet alle fünf Jahre statt; die Anzahl der österreichischen Abgeordneten war im Zeitverlauf unterschiedlich. 1996 wurden diese Abgeordneten erstmals gewählt, ab 1999 dann im EU-üblichen Fünfjahresrhythmus. Die Wahlbeteiligung war 1996 mit 67,7% relativ hoch, sank dann aber auf den bisherigen Tiefststand von 42,4% (2004) und stieg erst 2019 wieder deutlich an (59,8%). Bei der Wahl zum EU-Parlament ist Österreich ein einziger Wahlkreis.

Um bei Bundespräsidentschaftswahlen kandidieren zu können, benötigt man mindestens 6.000 Unterstützungserklärungen, das passive Wahlalter liegt bei 35 Jahren. Bislang wurden nur Männer in dieses Amt gewählt.

Bundespräsidentschaftswahlen finden alle sechs Jahre statt, verstirbt allerdings ein amtierender Bundespräsident während seiner Amtszeit, so werden umgehend Bundespräsidentschaftswahlen abgehalten. Ein amtierender Bundespräsident darf für eine weitere Amtszeit zur Wahl antreten – bislang wurden sämtliche Bundespräsidenten, die sich einer zweiten Wahl stellten, auch wiedergewählt. Für internationale Aufmerksamkeit sorgte die Bundespräsidentschaftswahl 1986, als Kurt Waldheim für dieses Amt kandidierte und im Zuge dessen – anders als bei seinem ersten Antreten bei einer Bundespräsidentschaftswahl 1971 – seine Vergangenheit bei der Deutschen Wehrmacht thematisiert wurde.[18] Waldheim verzichtete 1992 auf ein Antreten zur Wiederwahl. Ebenso für Aufsehen sorgte die BP-Wahl 1980, als mit Norbert Burger ein ausgewiesener Neonazi zur Wahl antrat und immerhin 3,2% der Stimmen erreichen konnte.

Schließlich gibt es in Österreich Wahlen in den Kammern (z. B. bei Dienstnehmer*innen im öffentlichen Bereich Personalvertretungswahlen, bei jenen im privaten Sektor Betriebsratswahlen; Wahlen für die Vertretung in der WKO oder LK oder in den Kammern der freien Berufe; auf universitärer Ebene ÖH-Wahlen).

---

18 Vgl. dazu u. a. Ruth Beckermanns Film „Waldheims Walzer“ (2018).

Andere Instrumente der direkten Demokratie

Neben Wahlen sind hier in erster Linie Volksabstimmung, Volksbegehren und Volksbefragung zu nennen, daneben das Instrument der Bürger*innenräte.

In einer **Volksabstimmung** wird auf Bundesebene ein bereits vom Gesetzgeber beschlossenes Gesetz den Wähler*innen zur endgültigen Entscheidung vorgelegt. Das Ergebnis einer Volksabstimmung ist bindend, d.h. es kann bei Ablehnung nicht nachträglich durch einen neuerlichen Beschluss des Parlaments revidiert werden. Eine Volksabstimmung ist ein so genanntes top-down Instrument, d.h. sie wird vom Nationalrat beschlossen.

Bei Volksabstimmungen unterscheidet man zwischen fakultativen und obligatorischen. Fakultativ bedeutet, dass keine rechtliche Vorgabe zu einer Volksabstimmung besteht, dass aber der Nationalrat mehrheitlich eine solche verlangt. Formell wird die Volksabstimmung dann durch den Bundespräsidenten angeordnet. Obligatorisch bedeutet, dass eine Volksabstimmung gesetzlich vorgesehen ist. Dies kommt in erster Linie bei einer Gesamtänderung der Verfassung zum Tragen, oder aber, wenn die Bundesversammlung mehrheitlich eine Volksabstimmung zur Absetzung des Bundespräsidenten fordert.

In Österreich fanden bislang zwei bundesweite Volksabstimmungen statt: 1978 über die friedliche Nutzung der Kernenergie (Inbetriebnahme von Zwentendorf; fakultativ) und 1994 jene über den Beitritt zur EU (obligatorisch). In Zwentendorf steht das einzige Atomkraftwerk Österreichs, das allerdings nie in Betrieb gegangen ist. Begonnen wurde mit dem Bau Anfang der 1970er Jahre, im Laufe der folgenden Jahre aber wurde das Thema Kernenergie zunehmend kontroverser diskutiert. Schließlich versuchte die damalige SPÖ-Alleinregierung unter Bundeskanzler Kreisky, das Thema durch eine – erhoffte – Bestätigung seitens der Wähler*innen vom Tisch zu bekommen und ordnete für 05.11.1978 eine Volksabstimmung über „Ein Bundesgesetz zur friedlichen Nutzung der Kernenergie in Österreich (Inbetriebnahme von Zwentendorf)“ an:

> „Bei Kreisky war ein spannendes Ereignis Zwentendorf. Man baut ein Atomkraftwerk, nimmt es nicht in Betrieb, es steht das 1:1-Modell. Kreisky setzt in dieser Angelegenheit relativ viel auf eine Karte.
>
> Das ist ein weiteres Beispiel dafür wie Parteien bei Bedarf ihre Positionen ändern. Die ÖVP hat mit Zwentendorf begonnen, die Regierung Klaus hat bereits die Weichen gestellt für die Atomenergie. Die Vereinigung Österreichischer Industrieller war massiv für Zwentendorf. Die ÖVP hat dann aus Gründen der Oppositionsopportunität gesagt, wir stimmen im Nationalrat dagegen, obwohl alles von der ÖVP begonnen worden war. Schweden war damals als Vorbild sehr

wichtig und in Schweden hatte gerade die Sozialdemokratie mit einem Wahlkampf, der primär ein Wahlkampf für oder gegen die Atomenergie war, verloren.[19] Eine Allianz aus konservativen Liberalen und Bauernpartei in Schweden hatte als Antiatomkoalition der Sozialdemokratie deutlich zugesetzt. Und Kreisky hat gesagt, das passiert mir nicht. Entweder stimmt die ÖVP mit oder ich mache auf Volksabstimmung, ich mache keinen Wahlkampf als Atompartei. Nicht aus Überzeugung, sondern aufgrund der schwedischen Erfahrung. Aus dem gleichen Grund war die ÖVP entgegen der Vorgeschichte gegen die Inbetriebnahme von Zwentendorf. Und Kreisky hat verloren. Was er dann aber macht, ist meisterhaft. Er stellt seinen Rücktritt in Aussicht und wird von der Partei postwendend gebeten, das bitte nicht zu tun. Na gut, so Kreisky, dann machen wir ein Atomsperrgesetz; wenn, dann machen wir es gründlich. So hat er für alle Zeiten Österreich zur atomfreien Zone erklärt. Er hat 1979 den größten Wahlerfolg der Geschichte eingefahren. Meisterhaft."[20]

Dass die ÖVP-Haltung – die Volksabstimmung zu einem Anti-Kreisky-Referendum umzudeuten – mitentscheidend für den Ausgang der Volksabstimmung war, zeigen die Bundesländerergebnisse vor allem in den westlichen Bundesländern Salzburg, Tirol und Vorarlberg. Die deutlichste Gegenposition war in Vorarlberg festzustellen (84,4%); gefolgt von Tirol (66,8%) und Salzburg (56,7%). Auch in Oberösterreich war eine Mehrheit gegen die Inbetriebnahme (52,8%). Alle vier Bundesländer waren in der Zweiten Republik bis dahin ÖVP-dominiert. In Niederösterreich und der Steiermark, ebenso mit ÖVP-Landeshauptmännern, blieb die Ablehnung knapp unter 50%, in den drei SPÖ-dominierten Bundesländern Burgenland (deutlichste Zustimmung mit 59,8%), Kärnten und Wien gab es klare Mehrheiten für die Inbetriebnahme.

Die zweite bundesweite Volksabstimmung war jene über den EU-Beitritt am 12.06.1994. Da durch den EU-Beitritt und die Übernahme des EU-Gesetzeswerks eine Gesamtänderung der Verfassung gegeben war, war diese Volksabstimmung obligatorisch. In sämtlichen Bundesländern mit Ausnahme Tirols (Zustimmung 56,7%) waren Mehrheiten jenseits von 65% für den EU-Beitritt (die größte Mehrheit im Burgenland mit 74,7%).

Volksabstimmungen sind in einzelnen Bundesländern auch auf Gemeinde- und/oder Landesebene möglich.

---

19 Bei der Reichstagswahl 1970 blieb die Sozialdemokratische Partei zwar mit Abstand stärkste Partei (45,3%), verlor aber knapp 5% und damit die absolute Mehrheit. Die Zentrumsdemokraten konnten mit ihrem atomkraftkritischen Wahlkampf knapp 4% dazugewinnen.

20 Aus: Gärtner, Reinhold (2019): Anton Pelinka: That's Politics. Gedanken zur Zweiten Republik, Wien, nap; 51

Ein weiteres top-down Instrument ist die **Volksbefragung**. Eine bundesweite Volksbefragung wird vom Nationalrat angeregt und vom Bundespräsidenten angeordnet. Auf Landes- oder Gemeindeebene werden Volksbefragungen – mit leichten Unterschieden von Bundesland zu Bundesland (z. B. bestimmte Anzahl von Wahlberechtigen einer Gemeinde) – nach entsprechenden Initiativen vom Landtag bzw. Gemeinderat angeordnet. Die Ergebnisse von Volksbefragungen sind für den Gesetzgeber nicht bindend.

Bundesweit wurde in der Zweiten Republik erst eine Volksbefragung durchgeführt; im Jänner 2013 über die Frage Wehrpflicht oder Berufsheer. Interessant war dabei zum einen die Fragestellung: jeweils zwei Fragen waren in einen Lösungsvorschlag verpackt und diese beiden Fragen konnten nur gemeinsam mit ja oder nein beantwortet werden, die Beteiligung lag bei 52,4%:

Lösungsvorschlag **a)** Sind Sie für die Einführung eines Berufsheeres und eines bezahlten freiwilligen Sozialjahres? **40,3%**

Lösungsvorschlag **b)** Sind Sie für die Beibehaltung der allgemeinen Wehrpflicht und des Zivildienstes? **59,7%**

Umfragen zeigten, dass Lösungsvorschlag 2 vor allem von älteren Personen deshalb unterstützt wurde, weil Ängste wegen möglicher Verluste der Vorteile des Zivildienstes bestanden.[21]

Zum anderen war diese Volksbefragung auch interessant in Bezug auf die Positionierung der politischen Parteien, in erster Linie von SPÖ und ÖVP: Für die SPÖ war aufgrund der negativen, traumatischen Erfahrungen im Bürgerkrieg von 1934 ein Berufsheer ein absolutes no-go. Plötzlich aber, im Herbst 2010 (die Wiener Wahl stand unmittelbar bevor), trat ein fundamentaler Wechsel ein, als der damalige Wiener Bürgermeister Michael Häupl vorschlug, die allgemeine Wehrpflicht abzuschaffen und darüber Wähler*innen abstimmen zu lassen. Postwendend vollzog die ÖVP ihrerseits einen Wechsel von der Befürwortung eines Berufsheeres zur allgemeinen Wehrpflicht.

Obwohl bisher erst eine bundesweite Volksbefragung durchgeführt wurde, wird dieses direktdemokratische Instrument auf regionaler und kommunaler Ebene sehr häufig eingesetzt.

Dazu einige Beispiele:

- **Molln 05. Juli 1969**: Speicherkraftwerk Krumme Steyrling:
  - Beteiligung 67%; dagegen 66% (935) dafür 34% (478) (dort befindet sich jetzt der Nationalpark Kalkalpen)

---

21 Vgl. dazu https://www.sora.at/fileadmin/downloads/wahlen/2013_Volksbefragung_Wahlanalyse_Grafiken.pdf

- Innsbruck **17. Juni 1973**; Auflassung des Flughafens:
  - Beteiligung 10,6%; dagegen 69,5%; dafür 30,5%
- Wien **14.–16. Mai 1991**: EXPO Wien 1995 und Donaukraftwerk Freudenau
  - Beteiligung 43%; EXPO: dagegen 65%; dafür 35%
  - Donaukraftwerk: dagegen 27%; dafür 73%
- Innsbruck **17. Oktober 1993**: Olympiabewerbung
  - Beteiligung 45%; dagegen 73%; dafür 27%
- Innsbruck/Tirol **09. März 1997**: Olympiabewerbung
  - Beteiligung 36% in IBK, 24% in Tirol;
  - Innsbruck: dagegen 53%; dafür 47 5,%; übriges Tirol dagegen 31%; dafür 69%
- Großpetersdorf **11. April 1999:** Bau eines Flughafens:
  - Beteiligung 80,2%; dagegen 1.233 (50%), dafür 1.235 (50%)
- Großpetersdorf **11. März 2012**: Soll im Hotel GIP ein Pflegeheim errichtet werden?
  - Beteiligung 53,5%; dagegen 80%; dafür 20%
- Großpetersdorf **08. September 2013**: Bau eines Rinderstalls für bis zu 760 Rinder
  - Beteiligung 32%; dagegen 32%; dafür 68%
- Linz **26. November 2000**: „Soll in Linz ein neues Musiktheater gebaut werden?“
  - Beteiligung 50%, dagegen 60%; dafür 40%
  - (Eröffnung des dennoch neu gebauten Musiktheaters im April 2013)
- Telfs **05. Mai 2002**: Bau eines Golfplatzes
  - Beteiligung 36,6%, dagegen 82,1%; dafür 17,9%
- Haiming **11. Jänner 2004**: Bau des Tschirganttunnels
  - Beteiligung 30%; dagegen 83%; dafür 17%
- Salzburg **03.April 2005**: Olympische Winterspiele – Bewerbung:
  - Beteiligung 19%; Land Salzburg: dafür 60%; dagegen 40%, Stadt Salzburg: dafür 39%; dagegen 61%
- Vordernberg **20. Dezember 2009**: Errichtung eines Schubhaftzentrums:
  - Beteiligung 60%; dagegen 30%; dafür 70%
- Eberau **21. Februar 2010:** Asylerstaufnahmezentrum
  - Beteiligung 81%; dagegen 90%, dafür 10%
- Wien **11.–13. Februar 2010**: 5 Themen; Beteiligung 36%
  - Neue Hausbesorger einstellen: dagegen 16%, dafür 84%
  - Flächendeckend Ganztagsschulen: dagegen 23%, dafür 77%
  - Einführung einer Citymaut: dagegen 77%, dafür 23%
  - U-Bahn an Wochenenden auch in der Nacht: dagegen 45%, dafür 55%
  - Hundeführerschein für Kampfhunde: dagegen 11%, dafür 89% ja

- **Neustift**: **13.03.2011** Wasserableitung für Kraftwerkserweiterung Sellrain/Silz
  - Beteiligung 47%; dagegen 85%, dafür 15%
  - **20.03.2011** Neubau Schulzentrum
  - Beteiligung 50%; dagegen 63%, dafür 37%
- **Gföhl/Bezirk Krems, 12. Februar 2012:** Bau eines Stupa (buddhistischer Sakralbau)
  - Beteiligung 52%, dagegen 67%, dafür 33%; im Vorfeld massive Agitation von Pius Bruderschaft und FPÖ bis Bischof Küng und SPÖ (Kurier, 10.02.2012 bzw. meinbezirk.at 14.02.2012) gegen den Stupa
  - Im März 2016 erfolgte dennoch der Spatenstich für einen Stupa in Grafenwörth (NÖ) http://noe.orf.at/news/stories/2764162/ seit 2019 ist der Stupa weitgehend fertig und kann auch besichtigt werden
- **Wien** Abstimmung Fußgängerzone Mariahilferstraße; 6. und 7. Bezirk: März 2014
  - Beteiligung 68%; dagegen 47%, dafür 53%
- **Tirol:** Olympia Bewerbung 15.10.2017
  - Beteiligung 64%; dagegen 53%, dafür 47%[22]
- **Matrei/Pfons/Mühlbachl:** Abstimmung Gemeindezusammenlegung; 20.09.2020
  - Matrei: 95,8% ja; Beteiligung 53,8%
  - Mühlbachl: 77,2%; Beteiligung 47,7%
  - Pfons: 60,9%, Beteiligung: 62%

Ersichtlich wird, dass Volksbefragungen ein durchaus beliebtes und immer wieder verwendetes Instrument zur Meinungsfindung in – vor allem – Gemeinden sind. Interessant aufgrund des Ergebnisses war jene in Großpetersdorf (Burgenland) am 11.04.1999, als bei einer sehr hohen Beteiligung von 80% der Wahlberechtigten jeweils 50% für (1.235) bzw. gegen (1.233) das Projekt stimmten. In Neustift im Stubaital (Tirol) wurden an zwei aufeinanderfolgenden Sonntagen im Mai 2011 Volksbefragungen abgehalten. Immer wieder kommt vor, dass zwar Volksbefragungen mehrheitliche Ergebnisse gegen konkrete Projekte bringen (Fußgängerzone Mariahilferstraße 2014; Musiktheater Linz 2000), die Projekte aber dennoch umgesetzt werden.

22 Die – subjektiv betrachtet doch sehr suggestive – Fragestellung: *Soll das Land Tirol ein selbstbewusstes Angebot für nachhaltige, regional angepasste sowie wirtschaftlich und ökologisch vertretbare Olympische und Paralympische Winterspiele Innsbruck-Tirol 2026 legen?* https://wahlen.tirol.gv.at/volksbefragung_olympia_2026/index.html

Bei der Volksbefragung über den Bau einer Stupa in Gföhl im Jahr 2012 wäre zu diskutieren, inwieweit direktdemokratische Mittel dann passende Instrumente sind, wenn es um fundamentale Rechte von anerkannten Religionsgesellschaften geht. Hier wurde – ebenso wie in Eberau 2010 – die Bevölkerung über ihre Meinung zu einem lokal emotional enorm aufgeladenen Thema befragt.

Das dritte, immer wieder verwendete Beispiel der direkten Demokratie ist das **Volksbegehren**, ein bottom-up Instrument, also ein direktdemokratisches Instrument, welches von der Bevölkerung direkt eingeleitet werden kann. Initiiert wird ein Volksbegehren durch das Einreichen einer bestimmten Anzahl an Unterstützungserklärungen (1 Promille der Bevölkerung[23]) und Thema eines Volksbegehrens muss eine Angelegenheit sein, die durch ein Gesetz geregelt werden kann und soll. Nach diesem Einleitungsverfahren wird der Text der Wahlbevölkerung vorgelegt und jede*r hat die Möglichkeit, innerhalb einer Frist von acht Tagen zu unterschreiben.

Im rechtlichen Sinne erfolgreich ist ein Volksbegehren dann, wenn zumindest 100.000 Unterschriften gesammelt werden können (jene für das Einleitungsverfahren werden mitgezählt). In diesem Fall muss der Nationalrat über das Thema debattieren, ohne aber an eine Vorgabe gebunden zu sein.

Das erste Volksbegehren der Zweiten Republik war jenes über eine ORF-Reform, über die Ent(partei)politisierung des ORF. Unterzeichnet wurde es von mehr als 830.000 Menschen (17,2% der damals Wahlberechtigten). In den 15 Jahren bis 1979 folgten lediglich drei weitere Volksbegehren, ehe in den 1980er und 1990er Jahren jeweils 10 Volksbegehren durchgeführt wurden. Im ersten Jahrzehnt des 21. Jahrhunderts gab es 9 Volksbegehren, von 2011 bis 2021 weitere 24, davon 19 von 2018–2021. Neun dieser 24 konnten die Zahl von 100.000 Unterschriften nicht erreichen, während diese Marke in der Zeit bis 2011 lediglich das Volksbegehren „Pro Motorrad“ unterschritt. Es zeigt sich also im vergangenen Jahrzehnt eine zwar quantitative Zunahme an Volksbegehren, gleichzeitig aber eine – gemessen am verfassungsrechtlichen Erfolg – relativ schwache Ausbeute.

Politisch erfolgreich ist ein Volksbegehren dann, wenn medial darüber entsprechend debattiert und berichtet wird. Es geht also in erster Linie nicht immer darum, ob ein Anliegen umgesetzt wird, sondern um die Themensetzung. Das Volksbegehren gegen das Konferenzzentrum wurde 1982 von mehr als 1,3 Millionen Menschen unterzeichnet und war damit das zahlenmäßig erfolgreichste, dennoch wurde das Konferenzzentrum gebaut: Initiiert wurde dieses Volksbegehren damals von der ÖVP und es war allen klar, dass gegen eine abso-

23 laut Information des bmi 8.401; Stand November 2021

lute SPÖ-Mehrheit im Nationalrat keinerlei Aussicht auf Umsetzung dieses Anliegens bestand. Vielmehr wurde das Volksbegehren als eine Art Stimmungstest der ÖVP über die (Un)Zufriedenheit mit der SPÖ-Alleinregierung gestartet:

> „Der Großbau, heute als Austria Center Vienna bekannt, bediente alle möglichen Feindbilder, die man in der Provinz traditionell gegen den ‚Wasserkopf Wien' gehegt hat: groß, teuer und allenfalls für die Wiener nützlich. ‚In Wahrheit war das natürlich ein Missbrauch des Instruments', erinnert sich Michael Ikrath, damals Graffs[24] Sekretär und heute Verfassungssprecher der ÖVP: ‚Es ging darum, der unter Generalsekretär Sixtus Lanner müde gewordenen Volkspartei einen Wachstumsschub zu geben'"[25]

Die nebenstehende Tabelle 11 stammt vom November 2021. Seit 2019 wurden 13 Volksbegehren durchgeführt, am meisten Unterstützung von diesen fanden das Klimavolksbegehren (2020; 380.590) und das Tierschutzvolksbegehren (2021, 416.229); sieben dieser 13 fanden im Jahr 2021 statt, von diesen sieben konnten zwei die für eine Behandlung im Nationalrat erforderliche Anzahl von 100.000 Unterstützungen nicht erreichen.

Im Rahmen verschiedener Diskussionen über mehr direkte Demokratie wurde auch über eine mögliche Ausweitung der Verbindlichkeit von Volksbegehren debattiert. Die ÖVP-FPÖ Regierung Kurz I (2017–2019) hatte in ihrem Regierungsprogramm zwar einige Punkte festgehalten, diese sollten aber im Wesentlichen erst 2022 (also nach Ablauf der planmäßigen Legislaturperiode, die – Stichwort Ibiza – vorzeitig im Mai/Juni 2019 endete) umgesetzt werden.

Zentrale Frage bei dieser Debatte war, ob einem Volksbegehren mit einer bestimmten Anzahl an Unterschriften (unterschiedliche Vorschläge, zwischen 250.000 und 900.000) eine obligatorische Volksabstimmung folgen sollte. Wenig erörtert wurde, welche Kriterien eine solche Volksabstimmung erfüllen müsse, so wurde z. B. über ein Quorum wenn, dann nur am Rande diskutiert.

In einem Bürgerrat treffen sich etwa 12–16 zufällig (durch Los) ausgewählte Bürger*innen – z. B. einer Gemeinde – zu einem 1½ – 2 tägigen Diskussionsprozess. Grundlage bzw. Themen sind die eigenen Erfahrungen, Bedürfnisse, Wünsche oder Vorschläge. Daraus entstehen konkrete Empfehlungen an die politischen Entscheidungsträger*innen. Durch dieses Zufallsprinzip werden Bürger*innen ohne spezielle Qualifikation oder bestimmtes Vorwissen ausgewählt; sie vertreten ihre persönliche Meinung und nicht jene von konkreten

24 Michael Graff war 1982 der neue ÖVP Generalsekretär

25 Der Standard, 20.01.2013; http://derstandard.at/1358304021660/Nicht-nur-das-Volk-begehrt-gern

Tabelle 11: Alle Volksbegehren der zweiten Republik (1964–2021)

Rang	Jahr	Betreff	Stimmbeteiligung in %	Anzahl gültiger Eintragungen und Unterstützungen
1	1982	Konferenzzentrum- Einsparungsgesetz	25,74	1.361.562
2	1997	Gentechnik-Volksbegehren	21,23	1.225.790
3	2002	Volksbegehren Veto gegen Temelin	15,53	914.973
4	1975	Schutz des menschlichen Lebens	17,93	895.665
5	1969	Schrittweise Einführung der 40-Stunden-Woche	17,74	889.659
6	2018	Volksbegehren „Don't smoke"	13,82	881.692
7	1964	Österreichischer Rundfunk, Gesellschaft m.b.H.	17,27	832.353
8	2002	Volksbegehren „Sozialstaat Österreich"	12,20	717.102
9	1997	Frauen-Volksbegehren	11,17	644.665
10	2004	Pensions-Volksbegehren	10,53	627.559
11	2002	Volksbegehren gegen Abfangjäger	10,65	624.807
12	2017	Volksbegehren „Gegen TTIP / CETA"	8,87	562.379
13	2018	Frauenvolksbegehren	7,56	481.959
14	1996	Tierschutz-Volksbegehren	7,96	459.096
15	1980	Pro-Zwentendorf-Volksbegehren	8,04	421.282
16	1993	Volksbegehren „Österreich zuerst"	7,35	416.531
17	2021	TIERSCHUTZVOLKSBEGEHREN	6,52	416.229
18	2011	Volksbegehren Bildungsinitiative	6,07	383.724
19	2020	Klimavolksbegehren	5,96	380.590
20	1996	Neutralitäts-Volksbegehren	6,21	358.156
21	1985	Konrad-Lorenz-Volksbegehren	6,55	353.906
22	1969	Abschaffung der 13. Schulstufe	6,77	339.407
23	2018	Volksbegehren „ORF ohne Zwangsgebühren"	5,02	320.264
24	2021	Volksbegehren „Impfpflicht: Striktes NEIN"	4,23	269.391
25	2015	EU-AUSTRITTS-VOLKSBEGEHREN	4,12	261.056
26	2021	Volksbegehren „FÜR IMPF-FREIHEIT"	4,06	259.149
27	2006	Volksbegehren „Österreich bleib frei!"	4,28	258.281
28	1997	Volksbegehren „Schilling- Volksabstimmung"	4,43	253.949
29	1987	Anti-Privilegien-Volksbegehren	4,57	250.697
30	1997	Volksbegehren „Atomfreies Österreich"	4,34	248.787
31	1986	Anti-Draken-Volksbegehren im Bundesland Stmk.	4,50	244.254
32	1989	Volksbegehren zur Senkung der Klassenschülerzahl	3,93	219.127
33	1985	Volksbegehren zwecks Verlängerung des Zivildienstes	3,63	196.376
34	2000	Volksbegehren neue EU-Abstimmung	3,35	193.901
35	1999	Familien-Volksbegehren	3,17	183.154
36	2001	Bildungsoffensive- und Studiengebühren Volksbegehren	2,98	173.594
37	2021	Volksbegehren „Ethik für ALLE"	2,51	159.978
38	1980	Anti-Zwentendorf-Volksbegehren	2,80	147.016
39	2021	Volksbegehren „Kauf Regional"	2,30	146.295
40	2009	Volksbegehren „Stopp dem Postraub"	2,22	140.582
41	2020	Volksbegehren „Smoke - NEIN"	2,20	140.526
42	2020	Volksbegehren „Asyl europagerecht umsetzen"	2,12	135.087
43	2003	Volksbegehren „Atomfreies Europa"	2,23	131.772
44	1991	Volksbegehren für eine Volksabstimmung über einen Beitritt zum Europäischen Wirtschaftsraum	2,25	126.834
45	1985	Volksbegehren gg. Abfangjäger - f. e. Volksabstimmung	2,23	121.182
46	1989	Volksbegehren z. Sicherung d. Rundfunkfreiheit in Ö	1,95	109.197
47	2020	Volksbegehren „EURATOM-Ausstieg Österreichs"	1,57	100.482
48	2011	Volksbegehren „RAUS aus EURATOM"	1,56	98.678
49	2021	Volksbegehren „Notstandshilfe"	1,24	79.134
50	1995	Volksbegehren „Pro Motorrad"	1,31	75.525
51	2019	Volksbegehren „Bedingungsloses Grundeinkommen"	1,10	69.939
52	2013	Volksbegehren Demokratie Jetzt!	1,10	69.740
53	2021	Volksbegehren „Impfpflicht: Notfalls JA"	1,03	65.729
54	2013	Volksbegehren gegen Kirchenprivilegien	0,89	56.673
55	2020	Volksbegehren „Smoke - JA"	0,52	33.265
56	2019	Volksbegehren „CETA-Volksabstimmung"	0,45	28.539
57	2019	Volksbegehren „Für verpflichtende Volksabstimmungen"	0,43	27.568

Quelle: BMI, Stand 2021; https://www.bmi.gv.at/411/Alle_Volksbegehren_der_zweiten_Republik.aspx

Tabelle 12: Auslösung ausgewählter Verfahren direkter Demokratie in Österreichs Gemeinden

	Volksbefragung	Volksabstimmung	Volksbegehren
Burgenland	Gemeinderat, Bürgermeister, 20 Prozent der Wahlberechtigten	Gemeinderat, Bürgermeister, 25 Prozent der Wahlberechtigten	20 Prozent der Wahlberechtigten
Kärnten	Gemeinderat	Gemeinderat	5 Prozent der Wahlberechtigten
Niederösterreich	Gemeinderat, 10 Prozent der Wahlberechtigten via Initiative, die eine Volksbefragung verlangt	*nicht vorgesehen* – eine Volksbefragung kann aber„einem Gemeinderatsbeschluss" gleichgehalten werden	mindestens so viele Wahlberechtigte, wie bei der letzten GR-Wahl Stimmen für ein Mandat nötig waren
Oberösterreich	Gemeinderat, Wahlberechtigte gestaffelt nach Gemeindegröße: bis 1.000 18 Prozent und mindestens 50 (oder 150), in Gemeinden von 1.001 bis 10.000 15 Prozent (oder 900), in größeren Gemeinden 9 Prozent (oder 1.400)	*nicht vorgesehen*	2 Prozent der Wahlberechtigten, mindestens 25 Personen
Salzburg	Gemeinderat, Bürgermeister	Gemeinderat, Gemeindevorstand, Ausschuss, Bürgermeister	10 Prozent der Wahlberechtigten
Steiermark	Gemeinderat, 10 Prozent oder 10.000 Wahlberechtigte	Gemeinderat, 25 Prozent der Wahlberechtigten, wenn ein entsprechend unterstütztes Volksbegehren nicht umgesetzt wird	10 Prozent oder 10.000 Wahlberechtigte
Tirol	Gemeinderat, in speziellen Fällen der Bürgermeister, ein Sechstel der Wahlberechtigten	*nicht vorgesehen*	*nicht vorgesehen*

Quelle: https://kommunal.at/direkte-demokratie-den-gemeinden

Interessensgruppen. Hinter der erarbeiteten gemeinsamen Erklärung stehen alle Mitglieder des Bürgerrates.

Es entsteht ein mehrstufiger Prozess, in dem die Beratungsergebnisse an die betroffene Öffentlichkeit und die Entscheidungsträger*innen weitergeleitet und anschließend in offener Debatte nochmals in einem Bürgercafé reflektiert werden. Die politisch Verantwortlichen müssen sich dadurch mit den Ergebnissen auseinandersetzen bzw. eine mögliche Nichtberücksichtigung begründen. Dadurch entstehe ein „Dialog auf Augenhöhe“. [26]

Durch die Bürgerräte werden Politikempfehlungen formuliert; Anregungen an die politischen Entscheidungsträger*innen weitergeleitet und damit sowohl der Zusammenhalt der Gesellschaft gestärkt als auch Konflikte konstruktiv bearbeitet bzw. gelöst.

Grundlage für die Bürgerräte bildet das Konzept der Dynamic Facilitation und des Wisdom Council von Jim Rough in den 1980ern. Es werden strukturiert Beiträge und Argumente gesammelt und gemeinsam Alternativen und Lösungsvorschläge erarbeitet. Jede Art von Beiträgen ist erwünscht und zugelassen; begleitet wird der Prozess durch eine kontinuierliche Dokumentation bzw. Reflexion.

26 Vgl. dazu https://vorarlberg.at/-/buergerraete-in-vorarlberg

4. Parlament und Gesetzgebung

Österreich ist eine parlamentarische Demokratie. Nach dem Prinzip der Gewaltenteilung ruht sie auf den drei Säulen Exekutive (Regierung), Legislative (Parlament) und Judikative (Gerichtsbarkeit). Mit der Gesetzgebung als steuerndem Element der politischen Gestaltung ist das Parlament im Zentrum des politischen Prozesses.

Der Parlamentarismus in Österreich entwickelte sich, wie in vielen anderen europäischen Staaten, in der zweiten Hälfte des 19. Jahrhunderts. In der Märzrevolution 1848 erzwangen die Protestierenden die Einrichtung eines Reichstags, für den nur, aber nicht alle, Männer wahlberechtigt waren. Wenige Monate nach seiner Konstituierung kam es jedoch zu Unruhen, die von den kaiserlichen Truppen Franz Josephs blutig niedergeschlagen wurden. Es folgten mehr als zehn Jahre des Neo-Absolutismus, in denen die Bürger*innen keine Mitbestimmungsrechte hatten. Jedoch musste Kaiser Franz Joseph sich bald Reformen abringen lassen.

Ab dem „Februarpatent" 1861 existierte in der Donaumonarchie der Reichsrat als Zweikammernparlament nach Vorbild des britischen Systems: das Herrenhaus mit Vertretern des Adels und das gewählte Abgeordnetenhaus. Die Parlamentarier des Abgeordnetenhauses wurden von den Landtagen entsandt. Dies bedeutete jedoch, dass nur circa zwölf Prozent der männlichen großjährigen Bevölkerung wahlberechtigt waren. 1873 wurde die Direktwahl des Abgeordnetenhauses eingeführt und das Wahlrecht wurde kontinuierlich erweitert, bis 1907 das allgemeine, direkte und gleiche Männerwahlrecht eingeführt wurde. Die Auseinandersetzung im Abgeordnetenhaus war jedoch wesentlich geprägt durch die Auseinandersetzungen der verschiedenen Nationalitäten im Vielvölkerstaat, und so wurden zahlreiche Gesetzesvorhaben blockiert. Mit der Dezemberverfassung 1867 wurde für den ungarischen Teil des Reiches ein eigenes Parlament geschaffen und damit die Doppelmonarchie begründet. Angelegenheiten wie die Außenpolitik oder das Finanzwesen wurden von Delegationen beider Parlamente gemeinsam bearbeitet.

Das Parlamentsgebäude am Wiener Ring wurde in den 1880er Jahren erbaut und dient in dieser Funktion bis heute. An den Entscheidungen des Ersten Weltkrieges war das Parlament kaum beteiligt, da Ministerpräsident Karl Graf Stürgkh die Session des Reichsrats nach erneuten nationalistischen Auseinandersetzungen geschlossen hatte und fortan mithilfe kaiserlicher Notverordnungen regierte. Die übriggebliebenen Abgeordneten der deutschsprachigen Reichsteile schlossen sich zur Nationalversammlung zusammen, die am 12. November 1918 die Republik Österreich proklamierte (und am selben Tag auch das allgemeine Wahlrecht für alle beschloss). Am 01.10.1920 wurde das

Bundes-Verfassungsgesetz (B-VG) verabschiedet, in welchem Nationalrat und Bundesrat als die beiden gesetzgebenden Kammern verankert sind (Artikel 24 B-VG). Die Bundesverfassung erfuhr 1929 eine größere Änderung, insbesondere wurde die Direktwahl des Bundespräsidenten eingeführt, gleichzeitig aber sichergestellt, dass das Parlament und die politischen Parteien die für das Regieren entscheidenden Instanzen bleiben. In dieser Fassung gilt das Bundesverfassungsgesetz weitgehend bis heute.

Im April 1933 nutzte die Bundesregierung unter Engelbert Dollfuß eine Geschäftsordnungskrise des Nationalrats, ausgelöst durch den Rücktritt der drei Nationalratspräsidenten, um die Ausschaltung – bzw. in der Diktion Dollfuß' „Selbstausschaltung" – des Parlaments zu erklären. Bis 1938 galt nur ein Scheinparlamentarismus, der durch den „Anschluss" im März 1938 beendet wurde. Der am 25.11.1945 gewählte Nationalrat setzte die Bundesverfassung von 1929 wieder in Geltung; seither besteht das heutige österreichische parlamentarische System.

Struktur des Parlaments

Es handelt sich beim österreichischen Parlament um ein „unechtes" Zweikammernsystem. Anders als in den USA oder Italien mit zwei gleich starken Kammern sind die Kompetenzen von Nationalrat und Bundesrat höchst unterschiedlich – dem Nationalrat kommt in der Gesetzgebung viel mehr Macht zu und auch die Bundesregierung ist nur dem Nationalrat politisch verantwortlich. Der Bundesrat soll vor allem die Perspektiven der Bundesländer in den Gesetzgebungsprozess einbringen.

Der Nationalrat setzt sich heute aus 183 Abgeordneten (bis 1971: 165) zusammen und wird für eine fünfjährige (bis 2008: vierjährige) Gesetzgebungsperiode gewählt. Die Abgeordneten werden indirekt – über Parteilisten – durch die Wähler*innen gewählt (siehe Kapitel Wahlen). Die Gesetzgebungsperiode kann vorzeitig enden: durch Auflösung des Nationalrats durch den*die Bundespräsident*in oder durch einen Beschluss zur Auflösung durch den Nationalrat selbst.

An der Spitze stehen drei von den Parteien gewählte Präsident*innen, die üblicherweise von den drei stärksten Fraktionen im Nationalrat nominiert werden. Besonders knapp war diese Auswahl 2006, als die Grünen mit 520.130 Stimmen lediglich um 523 Stimmen vor der FPÖ (519.598) auf dem dritten Platz landeten. Erste (und bisher einzige) Vertreter*in der Grünen im NR-Präsidium wurde damals Eva Glawischnig. Die Präsident*innen leiten die Geschäfte des NR, achten auf die Einhaltung der Geschäftsordnung und erstellen den

Budgetvoranschlag für den NR. Bei Verhinderung des*der Bundespräsident*in übernehmen sie dessen*deren Aufgaben, formell haben sie damit (noch vor dem*der Bundeskanzler*in) die zweithöchste Stelle in der politischen Hierarchie des Landes.

Neben dem Präsidium gibt es die Präsidialkonferenz, die von den Präsident*innen und den Obleuten der im Nationalrat vertretenen Parteien gebildet wird. Die Präsidialkonferenz (häufig auch als Präsidiale bezeichnet) hat Organisations- und Koordinationsfunktion und dient auch als Schlichtungsstelle (v. a. bei Geschäftsordnungskonflikten).

Der Bundesrat besteht aus 61 Abgeordneten, die gemäß den Ergebnissen jeder Landtagswahl nach dem d'Hondtschen System von den Landtagen beschickt werden. Der Bundesrat hat demnach keine eigene Periode; die Funktionsperioden der einzelnen Abgeordneten richten sich nach den Legislaturperioden der Länder. Niederösterreich als größtes Bundesland stellt 12 Bundesratsabgeordnete, Vorarlberg und das Burgenland je 3.

Tabelle 13: Nationalrat: Altersstruktur nach Geschlecht, 1945–2019

	Altersstruktur Männer								
Legislaturperiode	Bis 35		36–50		51–65		65 +		Alters-Durchschnitt
5. (1945–1949)	14	8%	76	46%	69	41%	8	5%	49,5
9. (1959–1962)	0	0%	62	37%	101	60%	4	2%	52,9
14. (1975–1979)	9	5%	86	46%	91	49%	0	0%	49,4
18. (1990–1994)	19	10%	97	52%	69	37%	0	0%	47,4
23. (2006–2008)	13	6%	87	43%	99	49%	4	2%	49,9
27. (2019 – ...)	17	14%	45	38%	56	47%	1	1%	48,4
	Altersstruktur Frauen								
Legislaturperiode	**Bis 35**		**36–50**		**51–65**		**65 +**		**Alters-Durchschnitt**
5. (1945–1949)	1	10%	2	20%	6	60%	1	10%	52,2
9. (1959–1962)	0	0%	3	27%	8	73%	0	0%	54,1
14. (1975–1979)	2	13%	8	50%	5	31%	1	6%	48,8
18. (1990–1994)	15	29%	31	60%	6	12%	0	0%	41,8
23. (2006–2008)	6	6%	54	57%	34	36%	0	0%	47,0
27. (2019 – ...)	17	21%	39	49%	24	30%	0	0%	44,3

Quelle: Parlamentsstatistik

Tabelle 14: Berufe der Nationalratsabgeordneten, 1945–2019

Legislaturperiode	Land- und Forstwirtschaft		Industrie		Dienstleistung		Freie Berufe	
5. (1945–1949)	36	20%	31	18%	19	11%	13	7%
9. (1959–1962)	29	16%	33	19%	23	13%	12	7%
14. (1975–1979)	24	12%	21	10%	20	10%	17	8%
18. (1990–1994)	21	9%	17	7%	26	11%	28	12%
23. (2006–2008)	28	9%	10	3%	35	12%	35	12%
27. (2019 – ...)	16	8%	3	1%	11	5%	42	21%
Legislaturperiode	**Öffentlicher Dienst**		**Interessens-vertretung**		**Politische Funktion**		**Sonstiges**	
5. (1945–1949)	44	25%	11	6%	5	3%	18	10%
9. (1959–1962)	33	19%	24	13%	3	2%	21	12%
14. (1975–1979)	47	23%	38	19%	7	3%	28	14%
18. (1990–1994)	57	24%	26	11%	17	7%	45	19%
23. (2006–2008)	67	23%	31	10%	43	14%	48	16%
27. (2019 – ...)	24	12%	10	5%	61	30%	34	17%

Quelle: Parlamentsstatistik

Der Nationalrat arbeitet während des Arbeitsjahres in einem ungefähren Vierwochenrhythmus. Auf zwei Ausschusswochen folgt eine Plenarwoche, in der an zwei bis drei Tagen Plenarsitzungen angesetzt sind. Zusätzlich können von mindestens 20 Abgeordneten Sondersitzungen beantragt werden (im Rahmen von außerordentlichen Tagungen von einem Drittel der Abgeordneten). Die Ausschuss- und Plenarsitzungen des Bundesrates werden meistens innerhalb einer Woche abgewickelt.

Abgeordnete zum Nationalrat und Bundesrat

Um Abgeordnete*r zum österreichischen Parlament zu werden, muss eine Person außer dem Besitz des passiven Wahlrechts (mindestens 18 Jahre alt, österreichische Staatsbürgerschaft, kein Ausschluss von der Wählbarkeit[27]) keine

27 Personen, die durch ein inländisches Gericht wegen einer oder mehrerer mit Vorsatz begangener und von Amts wegen zu verfolgender gerichtlich strafbarer Handlungen rechtskräftig zu einer mehr als sechsmonatigen unbedingten oder zu einer mehr als einjährigen bedingten Freiheitsstrafe verurteilt wurden, sind von der Wählbarkeit ausgeschlossen.

zusätzlichen Voraussetzungen erfüllen. Kandidat*innen für den Nationalrat werden von den Parteien nominiert, diesen kommt damit eine wesentliche Rekrutierungsfunktion und auch eine Selektionsfunktion mit Hinblick auf Merkmale wie Alter, Geschlecht, Bildungsgrad oder Berufsgruppen der Abgeordneten zu.

Die Abgeordneten in Nationalrat und Bundesrat können sich analog zu den Wahlparteien zu Klubs zusammenschließen. Ein Klub muss aus mindestens fünf Abgeordneten bestehen und hat das Recht auf Klubförderung. Abgeordnete, die keinem Klub angehören, nennt man fraktionslose oder „wilde" Abgeordnete. Diese Abgeordneten sind im Laufe der Legislaturperiode entweder aus ihrer Partei ausgeschlossen worden oder aus dieser ausgetreten. Seit einer Novelle des Geschäftsordnungsgesetzes im Jahr 2013 können Klubs nur zu Beginn der Legislaturperiode gebildet werden[28]; wilde Abgeordnete können sich also nicht während der laufenden Periode zu einem neuen Klub zusammenschließen.

Die innere Struktur der Klubs ähnelt sich bei allen Parteien: es gibt einen Klubobmann oder eine Klubobfrau sowie dessen*deren Stellvertreter*in, die Klubversammlung und bei den größeren Klubs ein kleineres Leitungsgremium (Präsidium o. ä.). Zudem nominieren die Klubs Bereichssprecher*innen für bestimmte Politikfelder, die auch die Vertreter*innen im jeweiligen Ausschuss sind.

Die Tätigkeit der Abgeordneten kann grob unterteilt werden in innerparteiliche Arbeit (Tätigkeit in Parteigremien oder im Klub), parlamentarische Arbeit (Vorbereitung und Teilnahme an Ausschuss- oder Plenarsitzungen) und Öffentlichkeitsarbeit (Tätigkeit im eigenen Wahlkreis bzw. Arbeit mit Journalist*innen, öffentliche Auftritte etc.). Daneben können Abgeordnete auch weitere politische Funktionen ausüben (z. B. Bürgermeisteramt).

Ein – formell – wichtiges Charakteristikum des Abgeordneten-Daseins ist das freie Mandat. Artikel 56 des Bundes-Verfassungsgesetzes lautet „Die Mitglieder des Nationalrates und die Mitglieder des Bundesrates sind bei der Ausübung dieses Berufes an keinen Auftrag gebunden". Dies bedeutet, dass Abgeordnete bei der Ausübung ihrer parlamentarischen Tätigkeit, insbesondere im Abstimmungsverhalten, keinem Zwang unterworfen werden dürfen, sondern rein ihrem Gewissen verpflichtet sind. Einerseits bezieht sich dies auf „äußere Einflüsse" und soll die Abgeordneten vor Weisungen, oft verbunden mit Bestechung oder Korruption, bewahren. Andererseits wird das Mandat nach der

28 Kurz zuvor waren mehrere ehemalige BZÖ-Abgeordnete aus ihrem Klub ausgetreten und hatten als Team Stronach einen eigenen Klub gebildet. Ähnlich war das Procedere 1993 bei der Gründung des Liberalen Forums.

Nationalratswahl dem*der einzelnen Abgeordneten ad personam zugewiesen und kann ihm*ihr nicht von Klub oder Partei entzogen, sondern es kann nur freiwillig darauf verzichtet werden. Eine Einschränkung erfährt das freie Mandat durch die Zugehörigkeit zu einem Klub. Klubs stimmen in aller Regel geschlossen ab, insbesondere wenn sie jenen Parteien angehören, die die aktuelle Regierung bilden. Das „beste Wissen und Gewissen" einzelner Abgeordneter wird hier üblicherweise dem sogenannten „Klubzwang" bzw. der Fraktionsdisziplin untergeordnet. Diese – informelle – Regelung ist auch für eine kontinuierliche Regierungstätigkeit notwendig: Könnten sich die Regierungsparteien nicht auf die Unterstützung durch die eigenen Abgeordneten verlassen, wäre dies ein Faktor für zunehmende Instabilität von Regierungen.

Für die Fraktionsdisziplin spricht auch noch ein anderes Faktum: Gewählt werden in Österreich nicht einzelne Abgeordnete direkt, sondern politische Parteien. Wähler*innen können deshalb weitgehend darauf zählen, dass die Abgeordneten der jeweiligen Parteilinie entsprechend votieren und nicht nach individuellen Präferenzen. Sollten Abgeordnete mit der Parteilinie nicht mehr übereinstimmen, so stünde ihnen der Weg aus dem Nationalrat hinaus jederzeit offen (was bislang kaum jemals praktiziert wurde. Ausnahme war Anton Türtscher, der 1986 den Nationalrat verließ, da er mit der Position seiner Partei, der ÖVP, zum Verbot des Ab-Hof-Verkaufs von Milch nicht übereinstimmte).[29]

Abgeordnete genießen im Zuge ihrer Tätigkeit parlamentarische Immunität (geregelt in Artikel 57 B-VG). Dies bedeutet, dass sie für Handlungen im Rahmen ihrer parlamentarischen Arbeit nicht rechtlich belangt werden dürfen. Darüber hinaus dürfen Abgeordnete nur strafrechtlich verfolgt werden, nachdem sie vom Nationalrat bzw. dessen Immunitätsausschuss an die Justiz ausgeliefert worden sind. Ausgenommen davon sind strafrechtlich relevante Handlungen, bei denen der*die Abgeordnete auf frischer Tat ertappt wird – etwa im Rahmen einer Verkehrskontrolle. Hintergrund der parlamentarischen Immunität ist die dauerhafte Sicherstellung der ungehinderten parlamentarischen Arbeit, auch wenn der*die Abgeordnete sich mit sensiblen politischen Bereichen wie z. B. der Polizei oder dem Justizwesen selbst beschäftigt. Im 19. Jahrhundert sollte durch die parlamentarische Immunität vor allem die Meinungsfreiheit geschützt und verhindert werden, dass Abgeordnete von der Obrigkeit diszipliniert (z. B. verhaftet) werden konnten.

29 „Wenn ich dem zustimmen würde, könnte ich keinem Bauern und keiner Bäuerin mehr in die Augen sehen. Ich lege daher mein Mandat als Nationalrat der Republik Österreich zurück." 136. Sitzung NR XVI GP, Stenographisches Protokoll, 20. März 1986

Funktionen des Parlaments

Die beiden zentralen Funktionen des Parlaments sind Gesetzgebung und Kontrolle. Alle zentralen Entscheidungen des politischen Systems werden in Form von Gesetzen von einer Mehrheit im Parlament beschlossen. Die Kontrolle der (Regierungs-)Mehrheit im Parlament durch die oppositionelle Minderheit erfolgt mit einem wachsenden Instrumentarium an Minderheitsrechten im Parlament.

Gesetzgebungsfunktion

Artikel 1 der Bundesverfassung lautet „Österreich ist eine demokratische Republik. Ihr Recht geht vom Volk aus." Hieraus legitimiert sich die Gesetzgebungsfunktion des direkt gewählten Nationalrats. Die Gesetzgebung ist damit eine der beiden zentralen Funktionen des Parlaments. Gesetze stellen die Formalisierung von Politikinhalten dar, und das Parlament hat die Hoheit über die Gesetzgebung inne. Wiewohl ein Großteil der Gesetzesvorhaben aus der Regierung entstehen, ist ein Gesetz erst nach Beschluss durch das Parlament legitimiert.

Gesetzesvorlagen können auf unterschiedliche Weise in den parlamentarischen Gesetzgebungsprozess eingebracht werden:

- *Regierungsvorlage.* Mehr als zwei Drittel der Gesetzesvorlagen werden als Vorlagen der Bundesregierung eingebracht. Die Bundesregierung beschließt dabei im Ministerrat, den Gesetzesentwurf dem Nationalrat zur verfassungsmäßigen Behandlung vorzulegen. Die Gesetzesentwürfe müssen dabei noch das gesetzliche vorgeschriebene Begutachtungsverfahren (den sogenannten „vorparlamentarischen Raum") durchlaufen, in dem Landesregierungen, Sozialpartner, Religionsgemeinschaften oder andere Institutionen und Interessensvertretungen, für die das Gesetz von Interesse sein könnte, zur Stellungnahme eingeladen werden. Die Zahl der Regierungsvorlagen ist in den letzten Jahrzehnten deutlich zurückgegangen (siehe Tabelle 15). Um das Begutachtungsverfahren zu umgehen, werden Anliegen der Regierungsparteien nun häufiger als Initiativanträge eingebracht.
- *Initiativantrag von mindestens fünf Nationalratsabgeordneten.* Derartige Anträge werden während der Sitzungen des Nationalrats eingebracht und ab der darauffolgenden Sitzung behandelt. Kommt ein solcher Initiativantrag aus den Reihen der Regierungsparteien, so hat dies häufig den Hintergrund, dem aufwändigen Begutachtungsverfahren zu entgehen.
- *Selbständiger Antrag eines Ausschusses des Nationalrats.* Ausschuss-Anträge werden oft genutzt, um Regierungsvorlagen oder Initiativanträge so zu ver-

ändern, dass sie eine breitere Mehrheit hinter sich wissen – zum Beispiel, um Anträge der Opposition auch für die Regierungsparteien zu adaptieren.

- *Antrag eines Drittels der Mitglieder des Bundesrates.* Diese Form der Gesetzesinitiative kommt in der Praxis so gut wie nicht vor.
- *Volksbegehren.* Ein von mehr als 100.000 Stimmberechtigten unterzeichnetes Volksbegehren wird dem Nationalrat von der Bundeswahlbehörde zur Behandlung vorgelegt. Das Volksbegehren muss eine Angelegenheit betreffen, die durch ein Bundesgesetz zu regeln ist.

Tabelle 15: Beschlossene Gesetze nach Art der Vorlage pro Gesetzgebungsperiode

GP	Zahl der Gesetzesbeschlüsse	Art der Vorlage		
		Regierungsvorlage	Initiativantrag	Bericht und Antrag
13. (1971–1975)	573	83,5%	9,1%	7,4%
14. (1975–1979)	410	78,7%	16,9%	4,4%
15. (1979–1983)	463	76,6%	19,4%	3,9%
16. (1983–1986)	352	65,3%	28,4%	6,3%
17. (1986–1990)	535	68,1%	25,1%	6,8%
18. (1990–1994)	632	69,4%	26,3%	4,3%
19. (1994–1996)	122	63,3%	29,2%	7,5%
20. (1996–1999)	596	71,0%	19,5%	9,1%
21. (1999–2002)	390	65,6%	21,8%	11,8%
22. (2002–2006)	524	67,9%	21,9%	7,6%
23. (2006–2008)	232	69,3%	21,1%	8,6%
24. (2008–2013)	648	73,7%	18,5%	6,6%
25. (2013–2017)	468	69.8%	24,3%	4,4%
26. (2017–2019)	207	55,5%	36,7%	6,7%
27. (2019 – ...)	327	40,0%	50,0%	8,8%

Quellen: Sickinger (2000) und Parlamentsstatistik

Das parlamentarische Verfahren umfasst die Behandlung im Nationalrat sowie im Bundesrat und kommt für alle Gesetzesvorschläge zum Tragen. Im Nationalrat wird der Gesetzesvorschlag in ein bis drei Lesungen im Plenum, sowie in den Ausschüssen des Nationalrats behandelt. Die Behandlung im Ausschuss geschieht dabei in nichtöffentlicher Sitzung. Gut die Hälfte der Regierungsvorlagen wird dabei in den Ausschüssen verändert; dies geschieht meist, um Initiativanträge der Opposition zu einem ähnlichen Thema mit einzubeziehen oder zu übergehen.

Gesetzesvorlagen müssen vor der Abstimmung im Plenum immer erst in einem sachlich zuständigen Ausschuss beraten werden. Diesem wird die Gesetzesvorlage nach der ersten Lesung von dem*der Nationalratspräsident*in zugewiesen. Laut Geschäftsordnung dienen Ausschüsse der Vorberatung der Verhandlungsgegenstände des Nationalrats, sie können also wenig eigenen Einfluss nehmen. Einflussreichere Ausschüsse sind der Hauptausschuss und der Rechnungshofausschuss, in dem die Berichte des Rechnungshofes erstmalig beraten werden. Der Hauptausschuss ist eine Art vorbereitendes Gremium des Nationalrats. Er macht Vorschläge für die Wahl der*des Präsident*in des Rechnungshofs oder der Mitglieder der Volksanwaltschaft. Zudem bedürfen bestimmte Verordnungen der Bundesregierung der Zustimmung des Hauptausschusses. Während der Corona-Pandemie kam dem Hauptausschuss besondere Bedeutung zu, da die oft kurzfristig erlassenen COVID-Schutzmaßnahmenverordnungen des Gesundheitsministeriums immer vom Hauptausschuss beschlossen werden mussten.

Da die Sitzungen der Ausschüsse nicht öffentlich sind, gibt es hier auch keine Funktion als politische Tribüne. Eine seltene Ausnahme gab es im Jahr 2010, als der damalige Budgetsprecher der Grünen, Werner Kogler, vor der Beschlussfassung zum Budget 2011 eine Marathonrede hielt, um die grüne Ablehnung des Budgets zu verdeutlichen, und damit naturgemäß auch für öffentliche Aufmerksamkeit sorgte. Er schloss nach fast 13 Stunden mit den Worten „und das war eigentlich schon alles, was ich dazu sagen wollte".

In der zweiten Lesung erfolgt üblicherweise die ausführliche Behandlung des (unter Umständen durch den Ausschuss veränderten) Gesetzesvorschlags in der Debatte im Plenum des Nationalrats. Die Abgeordneten haben sich beim Präsidium des Nationalrats zu Wort zu melden und dabei anzugeben, ob sie „für" oder „gegen" den Antrag sprechen wollen. Die Für- und Gegen-Redner*innen kommen sodann abwechselnd zu Wort. Jede*r Abgeordnete darf sich innerhalb einer Debatte zwei Mal zu Wort melden. Ein Drittel der Abgeordneten muss anwesend sein und eine Gesetzesvorlage muss eine einfache Mehrheit erzielen, um angenommen zu werden. Für die Verabschiedung von Verfassungsgesetzen sind eine 50%ige Anwesenheit und eine Zweidrittelmehrheit nötig.

Der Bundesrat behandelt den Gesetzesvorschlag im Anschluss an den Beschluss im Nationalrat. Der Bundesrat kann den Gesetzesbeschluss mit einer Mehrheit beeinspruchen – dieser Einspruch hat allerdings nur aufschiebende Wirkung (suspensives Veto), denn der Nationalrat kann mit Zustimmung mindestens der Hälfte seiner Mitglieder einen Beharrungsbeschluss fassen und damit seinen ursprünglichen Beschluss wiederholen (Art 42 B-VG). In der politischen Praxis führt ein Veto des Bundesrates also nur zu einer Verzögerung, bis ein Gesetzesbeschluss in Kraft treten kann. Zuletzt war dies bei einigen

Abbildung 1: Der Weg eines Bundesgesetzes

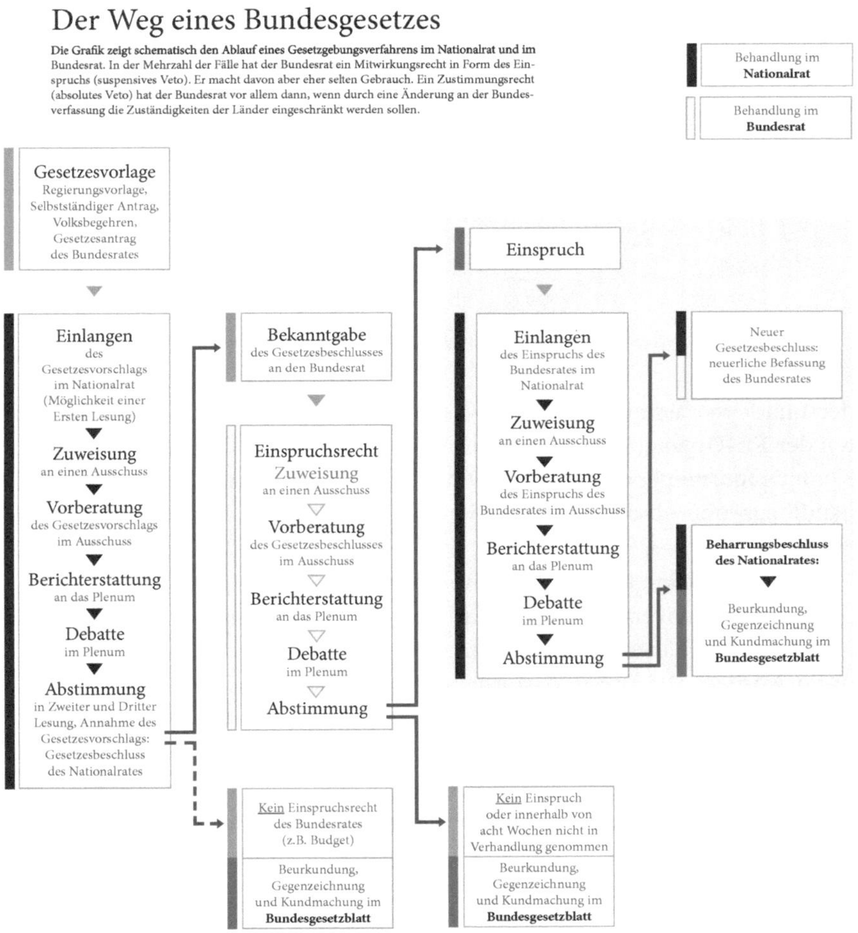

Quelle: https://www.parlament.gv.at/ZUSD/PDF/Weg_der_Bundesgesetzgebung_BF.pdf

Gesetzesnovellen zum COVID-Maßnahmengesetz zur Eindämmung der Corona-Pandemie im Jahr 2021 der Fall.

Durch den EU-Beitritt Österreichs wurden Souveränitätsrechte an die EU übertragen. In zahlreichen Belangen haben das Europäische Parlament und der Rat der EU als Gesetzgeber die Kompetenz, Gesetzesvorhaben zu beschließen, an die alle Mitgliedstaaten der EU gebunden sind, d. h. diese müssen von den nationalen Parlamenten nur mehr bestätigt werden. Da die Vertreter*innen Österreichs in den EU-Gremien von der Regierung entsandt werden und nicht vom Parlament, wurden Informations- und Mitwirkungsrechte für das Parlament in

Abbildung 2: Anzahl der Anfragen nach Parteien, XXV. Gesetzgebungsperiode

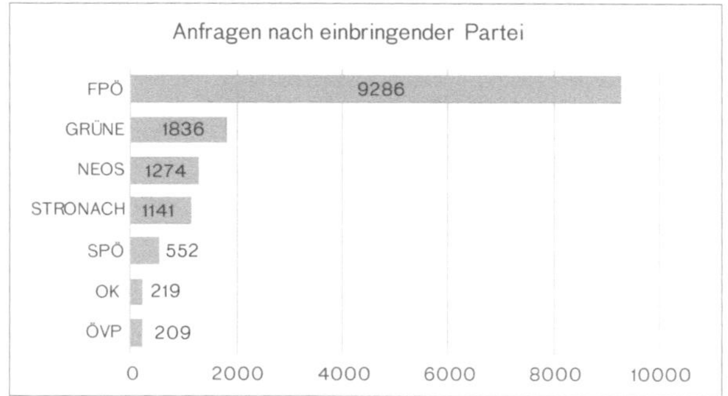

Quelle: https://www.addendum.org/politischeverantwortung/arbeitsleistung/

der Bundesverfassung verankert. So hat das Parlament Zugang zu Dokumenten der EU-Organe, kann durch den Hauptausschuss an der Nominierung des Kommissionsmitgliedes mitwirken und das Parlament kann Einfluss auf die Verhandlungs- und Abstimmungsposition der Bundesregierung nehmen.

Kontrollfunktion und Minderheitenrechte

In den vergangenen Jahrzehnten sind der oppositionellen Minderheit in mehreren Geschäftsordnungsreformen immer mehr Kontrollfunktionen zugedacht worden. Die älteste davon ist das **Interpellationsrecht**, das Recht von Abgeordneten des Nationalrats oder des Bundesrats, schriftliche oder mündliche Anfragen an die Mitglieder der Bundesregierung zu stellen. Das Interpellationsrecht wird naturgemäß zum überwiegenden Teil von Oppositions-Abgeordneten genutzt; neben der primären Funktion der Informationsbeschaffung geht es hier vor allem darum, Sachverhalte öffentlich zu machen und aus den Anfragebeantwortungen Stoff für Öffentlichkeitsarbeit oder weitere Aufklärung zu generieren.

Ein ebensolches Mittel zur Schaffung öffentlicher Aufmerksamkeit für ein bestimmtes Thema ist die Einberufung einer **Sondersitzung** des Nationalrats. Diese kann unter Vorgabe des Themas von 20 Abgeordneten begehrt werden, wenn die Sondersitzung im Rahmen einer ordentlichen Tagung stattfindet; für eine Sondersitzung in einer außerordentlichen Tagung (im Sommer) braucht es ein Drittel der Abgeordneten. Außerdem kann ein Klub mit weniger als 20 Abgeordneten einmal pro Jahr eine Sondersitzung beantragen. Etwa 12 Prozent aller Sitzungen des Nationalrats sind Sondersitzungen[30]. Sondersitzungen werden am häufigsten von Oppositionsparteien beantragt und haben einen

30 Weitere Daten auf www.politometer.at

gewissen Show- bzw. Aufklärungscharakter. Mitunter werden auch Misstrauensanträge gegen Regierungsmitglieder gestellt. Seit dem Jahr 2000 wurden am häufigsten Sondersitzungen zu den Themen Finanzen, Bildung, Arbeit und Eurofighter beantragt.

Als Organ des Nationalrats und der Landtage überprüft der **Rechnungshof** die Gebarung der Verwaltung. Er prüft neben der zahlenmäßigen Richtigkeit auch die Sparsamkeit, Wirtschaftlichkeit und Zweckmäßigkeit von einzelnen Vorgängen. Der Rechnungshof nimmt die Planung seiner Prüfungen selbst vor, 20 Abgeordnete im Nationalrat können weiters einen Prüfauftrag an den Rechnungshof stellen. Über die Prüfungen legt der Rechnungshof dem Nationalrat Berichte vor, die eine Reihe von Empfehlungen zur Verbesserung der Gebarung und Mittelverwendung beinhalten. Es gibt keine rechtliche Verpflichtung zur Umsetzung dieser Empfehlungen. Allerdings ermittelt der Rechnungshof in einem Nachfrageverfahren im Folgejahr den Wirkungsgrad seiner Empfehlungen. Laut dem Bericht über die Empfehlungen aus dem Jahr 2018 wurden knapp 50% der Empfehlungen umgesetzt, bei weiteren 30% wurde die Umsetzung zugesagt, in 21% der Empfehlungen war die Umsetzung noch offen. Wiederum basieren jedoch diese Angaben nur auf den Eigenangaben der geprüften Stellen.

Das stärkste Instrument der parlamentarischen Kontrolle ist der **Untersuchungsausschuss.** Ein Untersuchungsausschuss ist die parlamentarische Nachbildung eines gerichtlichen Verfahrens, um einen klar definierten Sachverhalt aufzuklären. Das Verfahren wird von einem*einer Verfahrensrichter*in begleitet; es steht eine begrenzte Fragezeit pro Abgeordneter oder Abgeordnetem zur Verfügung, und die geladenen Auskunftspersonen stehen unter Wahrheitspflicht. Bis 2014 war die Einsetzung eines Untersuchungsausschusses ein Mehrheitsrecht und es bedurfte eines entsprechenden öffentlichen Drucks, um (zumindest) eine Regierungspartei zur Zustimmung zu bewegen. Heute kann die Opposition mit einem Viertel der Abgeordneten (46) einen Untersuchungsausschuss einsetzen, die Häufigkeit der Untersuchungsausschüsse hat damit stark zugenommen. Seit 1945 wurden 25 Untersuchungsausschüsse eingesetzt.

Aufsehenerregende Untersuchungsausschüsse der letzten Jahre waren der „Eurofighter-Ausschuss" zur Untersuchung der Vorgänge rund um die Anschaffung neuer Aufklärungsflugzeuge für das Bundesheer, und der „Ibiza-Untersuchungsausschuss", der sich mit der mutmaßlichen Käuflichkeit der türkis-blauen Bundesregierung (2017–2019) beschäftigte.

Der Untersuchungsausschuss um die Beschaffung der Eurofighter beschäftigte sich mit den Vorgängen bei der Ausschreibung, der Angebots-Auswahl und der letztendlichen Entscheidung für die Eurofighter des Konzerns EADS zu Ungunsten der amerikanischen F-16 und der schwedischen Saab-Gripen. Der Ausschuss deckte ein breites Netzwerk zwischen Lobbyisten, Beamten und Politiker*innen auf[31]. Unter anderem gab es Zahlungen an Mitglieder jener Kommission, die für die Auswahl des besten Angebots zuständig war. Hinter Werbeverträgen wurden versteckte Zahlungen im Umfeld von FPÖ und BZÖ vermutet. Ein Ermittlungsverfahren wegen Verdacht des Betrugs bei der Beschaffung der Flugzeuge wurde 2020 eingestellt.

Der Ibiza-Untersuchungsausschuss (eigentlich „Untersuchungsausschuss zur mutmaßlichen Käuflichkeit der türkis-blauen Bundesregierung") wurde Anfang 2020 eingesetzt. Er beschäftigte sich mit den Korruptionsvorwürfen gegen den früheren FPÖ-Obmann und Vizekanzler Heinz-Christian Strache. Die Arbeit des U-Ausschusses wurde einerseits erschwert durch die Beschränkungen während der Corona-Pandemie, andererseits durch die Unwilligkeit einiger Befragter, an der Aufklärung mitzuwirken. So legte Finanzminister Gernot Blümel (ÖVP) die angeforderten Akten erst nach einem entsprechenden Urteil des Verfassungsgerichtshofes und anschließendem Antrag des VfGH beim Bundespräsidenten auf Exekution dieses Urteils vor – ein bislang in der Zweiten Republik noch nicht vorgekommener Vorgang. Wegen Verdachts der Falschaussage bei seiner Befragung vor dem Ibiza-Untersuchungsausschuss wurden gegen den damaligen Bundeskanzler Sebastian Kurz von der Wirtschafts- und Korruptionsstaatsanwaltschaft Ermittlungen eingeleitet.

Wenn der Nationalrat der Ansicht ist, dass ein Regierungsmitglied in seiner Amtsführung Vorschriften der Bundesverfassung oder Gesetze verletzt hat, kann er (mit einfacher Mehrheit, bei einem Anwesenheitsquorum von mindestens der Hälfte seiner Mitglieder) **Ministeranklage** beim Verfassungsgerichtshof erheben. Bei einer Verurteilung kommt es zum Verlust des Amtes und in schweren Fällen sogar zur Entziehung der politischen Rechte, i. e. des Wahlrechts. In gelinderen Fällen stellt der Verfassungsgerichtshof die Rechtsverletzung jedenfalls fest. In der Praxis hat es auf Bundesebene noch nie eine Ministeranklage gegeben.

Die Ministeranklage gilt analog auch für die Mitglieder der Landesregierungen, und hier gab es 1985 das einzige Mal eine Verurteilung: Der Salzburger Landeshauptmann Wilfried Haslauer sen. hatte entgegen der Weisung des SPÖ-Sozialministers Alfred Dallingers zugelassen, dass die Geschäfte in Salzburg am 8. Dezember 1984, dem Feiertag Mariä Empfängnis, offenhalten durften. Der Verfassungsgerichtshof stellte in seiner Erkenntnis fest, dass es zu einer Verletzung geltenden Rechts gekommen war, weitere Konsequenzen gab es jedoch keine: Haslauer blieb noch bis 1989 als Landeshauptmann im Amt.

Als parlamentarische Ombudsstelle ist seit 1981 die **Volksanwaltschaft** in der Verfassung verankert. Die drei stärksten Parlamentsparteien entsenden je

---

31 Die Berichte zum Eurofighter-Untersuchungsausschuss sind hier zu finden: https://www.parlament.gv.at/PAKT/VHG/XXIII/I/I_00192/index.shtml

einen Volksanwalt oder eine Volksanwältin, die Missstände in der Verwaltung aufzeigen – nach eigenem Ermessen oder nach Beschwerden von Bürger*innen, wenn sich diese von den Behörden ungerecht behandelt fühlen. Bei diesen Beschwerden kann es sich um eine Untätigkeit der Behörde, eine nicht dem Gesetz entsprechende Rechtsansicht oder aber um grobe Unhöflichkeiten handeln. Ausgewählte Fälle werden wöchentlich in der ORF-Sendung „Bürgeranwalt" diskutiert. Zudem ist die Volksanwaltschaft für die Kontrolle der Menschenrechte in öffentlichen und privaten Einrichtungen zuständig.

Weitere Funktionen des Parlaments

Einhergehend mit diesen primären Funktionen erfüllt das Parlament noch drei sekundäre Funktionen. Zum ersten wirkt der Nationalrat indirekt an der **Regierungsbildung** mit: eine Allein- oder Koalitionsregierung fußt immer auf dem Vertrauen einer Mehrheit der Abgeordneten im Nationalrat; auch im (seltenen) Fall einer Minderheitsregierung (bislang erst einmal – 1970–1971) muss die regierende Partei die Zusage suchen, zumindest für einen gewissen Zeitraum das Vertrauen einer Mehrheit des Parlaments zu erhalten. Der Nationalrat kann nämlich mittels eines Misstrauensvotums der Bundesregierung bzw. einzelnen Ministerinnen oder Ministern das Vertrauen entziehen, worauf diese vom Bundespräsidenten des Amtes zu entheben sind.

Der Misstrauensantrag

In der Zweiten Republik kam es nur ein einziges Mal zu einem erfolgreichen Misstrauensantrag. Am 27. Mai 2019 entzog eine parlamentarische Mehrheit von SPÖ, FPÖ und JETZT der Bundesregierung, die eigentlich aus ÖVP und FPÖ zusammengesetzt war, das Vertrauen. Der Antrag war eine Folge der politischen Turbulenzen rund um die Veröffentlichung des sogenannten Ibiza-Videos am 17. Mai. Am darauffolgenden Tag hatte Bundeskanzler Sebastian Kurz (ÖVP) dem Bundespräsidenten Neuwahlen vorgeschlagen und ihn um die Entlassung von Innenminister Herbert Kickl (FPÖ) ersucht. Die übrigen FPÖ-Minister und Ministerinnen verließen daraufhin ebenfalls die Bundesregierung, und die Ministerien wurden auf Vorschlag der ÖVP mit Expertinnen und Experten aus den Sektionen besetzt. Nach dem erfolgten Misstrauensantrag gegen diese Regierung und einer wenige Tage dauernden interimistischen Regierung unter dem vormaligen Finanzminister Hartwig Löger (ÖVP) setzte Bundespräsident Alexander van der Bellen am 3. Juni 2019 eine unabhängige Regierung unter Bundeskanzlerin Brigitte Bierlein (ehemalige Präsidentin des Verfassungsgerichtshofs) ein.

Zum zweiten erfüllt der Nationalrat in vielen Belangen eine **Funktion des Mitregierens.** Grundsätzlich braucht die Bundesregierung für Gesetzesvorhaben eine Mehrheit im Nationalrat – auch wenn diese durch die Regierungsmehrheit gegeben ist, bedeutet dies doch, dass die Ministerratsvorlagen den parlamentarischen Prozess durchlaufen müssen. Ebenso bedürfen bestimmte Verordnungen der Bundesregierung der Zustimmung des Hauptausschusses des Parlaments; dasselbe gilt für die Mitwirkung an der Politik der Europäischen Union, wofür der Hauptausschuss konsultiert werden muss. Zudem können sowohl Nationalrat als auch Bundesrat die Bundesregierung mittels Entschließung zu bestimmten Handlungen und Vorgehensweisen auffordern (Resolutionsrecht). Diese Entschließungen sind zwar nicht rechtlich bindend, bringen aber dennoch eine gewisse Öffentlichkeitswirkung mit sich.

Zum dritten stellt das Parlament die zentrale **Bühne der politischen Auseinandersetzung** in der Öffentlichkeit dar. Diese Funktion leitet sich bereits aus der Urform des Parlaments, der Ekklesia in den Stadtstaaten des antiken Griechenlands, ab. Hier wurden Argumente und Gegenargumente ausgetauscht und um politischen Kompromiss gerungen. Einerseits hat sich dieser öffentliche Widerstreit über die Zeit in andere öffentliche Bereiche verlagert, zum Beispiel in die Medien oder in soziale Netzwerke; zum anderen wird die Öffentlichkeits-Funktion des Parlaments durch Initiativen wie das Live-Streaming vollständiger Parlamentssitzungen im Internet wieder erheblich gestärkt. Die Geschäftsordnung des Nationalrats wurde mehrfach dahingehend reformiert, die Parlamentsdebatten fernseh-freundlicher zu machen, so z. B. mit der Begrenzung der Redezeit auf zunächst 40 (1993) und später 20 Minuten (1996) oder der Einführung der „aktuellen Stunde", in der ohne Beschlussfassung ein aktuelles Thema behandelt wird, welches die Klubs im Wechsel vorgeben können. Auslöser für die Beschränkung der Redezeit war 1993 eine Rede der damaligen grünen Abgeordneten Madeleine Petrovic, die 10 Stunden und 35 Minuten zum Thema „Kennzeichnungspflicht für Tropenhölzer" sprach.

Schließlich gibt es noch ein gemeinsames Gremium von Nationalrats- und Bundesratsabgeordneten: die **Bundesversammlung**. Die Bundesversammlung tagt im historischen Sitzungssaal des Parlaments und hat zwei wichtige Funktionen (Artikel 38 B-VG): erstens wird vor der Bundesversammlung ein neu gewählter Bundespräsident oder eine neugewählte Bundespräsidentin angelobt. Den Vorsitz bei dieser Festsitzung führen abwechselnd der Präsident oder die Präsidentin des Nationalrats bzw. des Bundesrats. Zweitens obliegt es der Bundesversammlung, eine Kriegserklärung Österreichs gegenüber einem anderen Staat auszusprechen – ein Recht, von dem naturgemäß noch nie Gebrauch gemacht worden ist.

5. Bundespräsident und Bundesregierung

Der Bundespräsident

Der Bundespräsident oder die Bundespräsidentin ist das direkt gewählte Staatsoberhaupt und damit neben dem Nationalrat das einzige vom Wahlvolk gewählte Organ auf Bundesebene.

Die Bundespräsident*innenwahl ist in Artikel 60 Abs. 1 Bundes-Verfassungsgesetz geregelt. Für das Amt kandidieren kann, wer das aktive Wahlrecht zum österreichischen Nationalrat besitzt und das 35. Lebensjahr vollendet hat. Die Wahl gewinnt jene*r Kandidat*in, der*die die absolute Mehrheit der Stimmen auf sich vereinen kann. Sollte dies keiner bzw. keinem Kandidat*in gelingen, kommt es vier Wochen später zu einer Stichwahl zwischen den beiden stimmenstärksten Kandidat*innen der ersten Wahl.

Die Angelobung des*der Wahlgewinner*in erfolgt vor der Bundesversammlung, der gemeinsamen Sitzung von Nationalrat und Bundesrat. Die Amtsperiode dauert sechs Jahre, eine einmalige Wiederwahl ist zulässig. Zur Absetzung des Bundespräsidenten oder der Bundespräsidentin wäre eine Volksabstimmung nötig, die von der Bundesversammlung verlangt werden muss. Lehnt die Mehrheit der Wähler*innen die Absetzung des*der Bundespräsident*in ab, so hat dies die sofortige Auflösung des Nationalrats zur Folge. Dieses komplizierte System ruht in der Verschränkung der beiden direkt gewählten Organe Bundespräsident*in und Nationalrat und hätte, sollte es jemals zur Anwendung kommen, wohl eine größere Krise der Republik insgesamt zur Folge.

Wenn der Bundespräsident oder die Bundespräsidentin wegen Urlaub oder Krankheit abwesend ist, wird er oder sie von dem*der Bundeskanzler*in vertreten. Dauert diese Abwesenheit länger als 20 Tage, so sind es seit 1977 die drei Nationalratspräsident*innen, die das Amt als Kollegium übernehmen. Dies gilt ebenso für den Fall, dass der Bundespräsident oder die Bundespräsidentin im Amt verstirbt, ein Fall, der bisher – bedingt durch das oft schon hohe Alter bei Amtsantritt – bereits häufig vorgekommen ist: die Präsidenten Renner, Körner, Schärf, Jonas und Klestil verstarben während ihrer Amtszeit. Die bisher längste Phase der Vertretung erfolgte im Jahr 2016, als wegen der Wiederholung der Stichwahl das Amt für mehr als ein halbes Jahr unbesetzt war.

Geschichte und Entwicklung des Amtes

In der ersten Verfassung von 1919 war noch kein eigenes Staatsoberhaupt ausgewiesen. Die Repräsentationsfunktionen waren dem Präsidenten des Parlaments übertragen; besonders die Sozialdemokraten waren nach der Zeit der

Monarchie absolut gegen die Einführung eines neuen Staatsoberhauptes. Im B-VG von 1920 wurde der Bundespräsident als von der Bundesversammlung gewählte Position eingerichtet und mit wenig weitreichenden Kompetenzen ausgestattet. Der Bundespräsident war in erster Linie Repräsentant und wurde als „Nachlassverwalter der Monarchie" tituliert.

Direkt nach der Einführung des Bundespräsidentenamtes begann bereits eine Debatte über seine Reform. In der Verfassungsnovelle von 1929 wurde das Amt gestärkt: die Direktwahl, die Verlängerung der Amtsperiode auf sechs Jahre sowie das Recht zur Ernennung und Entlassung der Regierung räumten dem Präsidenten zumindest auf dem Papier eine größere Legitimation und weitergehende Rechte ein. Bis heute gelten diese Verfassungsbestimmungen zum Bundespräsidenten; in der Praxis jedoch haben sich die Präsidenten bisher weitgehend im Rollenverzicht geübt, also ihre verfassungsmäßigen Rechte nicht in vollem Umfang ausgeschöpft. Bis 2011 galt zudem das so genannte „Habsburgerverbot"[32]: Mitglieder der Familie Habsburg waren vom passiven Wahlrecht für das Amt des*der Bundespräsident*in ausgeschlossen. Darin zeigt sich, dass in den ersten Jahren der Ersten Republik eine tiefe Sorge um die Wiedereinführung der Monarchie „durch die Hintertür" herrschte, die mit diesem Verbot und der Schwäche des Amtes verhindert werden sollte.

Obwohl die Direktwahl des*der Bundespräsident*in mit der Verfassungsnovelle 1929 eingeführt worden war, war Theodor Körner (SPÖ) im Frühjahr 1951 der erste direkt gewählte Bundespräsident. Er konnte sich in einer äußerst knappen Stichwahl gegen den ÖVP-Kandidaten Heinrich Gleißner durchsetzen. 1957 wurde Adolf Schärf (SPÖ) im ersten Wahlgang gewählt und blieb bis zu seinem Tod 1965 im Amt. Anschließend konnte mit Franz Jonas erneut die SPÖ den Bundespräsidenten stellen, nach dessen Tod wurde Rudolf Kirchschläger – ebenfalls SPÖ – zum Bundespräsidenten gewählt und war der erste Präsident der Zweiten Republik, der seine volle Amtszeit lang dienen konnte.

Tabelle 16: Bundespräsidenten in der Ersten und Zweiten Republik

Name des Bundespräsidenten	Amtsperiode	Nominiert von	Gegenkandidat*in
Karl Seitz	30.10.1918 bis 09.12.1920		
Michael Hainisch	09.12.1920 bis 10.12.1928	christlichsozial	
Wilhelm Miklas	10.12.1928 bis 12.03.1938	christlichsozial	

32 Mitglieder regierender Häuser oder ehemals regierender Familien sind von der Wählbarkeit ausgeschlossen.

Karl Renner	20.12.1945 bis 31.12.1950	SPÖ	
Theodor Körner	21.06.1951 bis 04.01.1957	SPÖ	H. Gleißner (ÖVP) und vier weitere Kandidat*innen
Adolf Schärf	22.05.1957 bis 28.02.1965	SPÖ	W. Denk (ÖVP/FPÖ) 1963 J. Raab; J. Kimmel
Franz Jonas	09.06.1965 bis 24.04.1974	SPÖ	A. Gorbach (ÖVP) | 1971 K. Waldheim (ÖVP)
Rudolf Kirchschläger	08.07.1974 bis 08.07.1986	SPÖ | SPÖ/ ÖVP	A. Lugger (ÖVP) 1980: W. Gredler; N. Burger
Kurt Waldheim	08.07.1986 bis 08.07.1992	ÖVP	K. Steyrer (SPÖ) F. Meissner-Blau; O. Scrinzi
Thomas Klestil	08.07.1992 bis 06.07.2004	ÖVP | unabhängig	R. Streicher (SPÖ) H. Schmidt; R. Jungk 1998: vier Kandidat*innen
Heinz Fischer	08.07.2004 bis 08.07.2016	SPÖ | unabhängig	B. Ferrero-Waldner (ÖVP) 2010: B. Rosenkranz; R. Gehring
Alexander Van der Bellen	Seit 26.01.2017	unabhängig (Grüne)	N. Hofer (FPÖ) und vier weitere Kandidat*innen

Quelle: https://www.oesterreich.gv.at/themen/leben_in_oesterreich/demokratie/4/Seite.22300023.html bzw. https://www.bmi.gv.at/412/Bundespraesidentenwahlen/Historischer_Rueckblick.aspx

Nach Kirchschläger bewarb sich 1986 der ehemalige Generalsekretär der Vereinten Nationen, Kurt Waldheim, mit Unterstützung der ÖVP für das Amt – er war bereits 1971 gegen Franz Jonas angetreten. Während des Wahlkampfs kam es zu einer Debatte über die Kriegsvergangenheit Waldheims, insbesondere seine Mitgliedschaft in der SA, zu der Waldheim bislang falsche oder unvollständige Angaben gemacht hatte. Auf Antrag des Jüdischen Weltkongresses ließ das US-Justizministerium Waldheim auf die Watchlist für mutmaßliche Kriegsverbrecher setzen, was ein Einreiseverbot in die USA bedeutete. Somit brachte die Ära Waldheim eine Zeit der außenpolitischen Isolation mit nur wenigen Besuchen und Einladungen von Staatsoberhäuptern mit sich. Waldheim verzichtete unter dem Druck unterschiedlicher Seiten auf eine Wiederkandidatur 1992. Die ÖVP unterstützte stattdessen den Diplomaten Thomas Klestil, welcher 1998 wiedergewählt wurde. 2004 schaffte es die SPÖ mit dem ehemaligen Nationalratspräsidenten Heinz Fischer wiederum, in die Hofburg einzuziehen, er diente für zwölf Jahre. Die Bundespräsidentenwahl 2016 brachte erstmals einen Sieger, der nicht von einer der beiden Großparteien unterstützt worden war, den ehemaligen Bundessprecher der Grünen Alexander Van der Bellen.

Die Bundespräsidentenwahl 2016 – eine Never Ending Story

Im Juli 2016 endete Heinz Fischers zwölfjährige Amtszeit als Bundespräsident. Im Vergleich zu den relativ wenig umkämpften vergangenen Bundespräsidentenwahlen gab es diesmal eine beträchtliche Anzahl an Kandidat*innen: ÖVP und SPÖ schickten ihre „elder statesmen" Andreas Khol (vormaliger Nationalratspräsident) bzw. Rudolf Hundstorfer (früherer Sozialminister) ins Rennen. NEOS unterstützten die ehemalige Präsidentin des Obersten Gerichtshofes Irmgard Griss, als unabhängiger Kandidat trat der aus Society-Medien bekannte Unternehmer Richard Lugner an. Die FPÖ stellte ihren Dritten Nationalratspräsidenten Norbert Hofer auf, und der ehemalige Bundessprecher der Grünen, Alexander Van der Bellen, wurde von einem Personenkomitee „Gemeinsam für Van der Bellen" (dem naturgemäß viele Grüne angehörten) nominiert.

Im ersten Wahlgang am 24. April erreichte Norbert Hofer 35% und Alexander Van der Bellen 21% der Stimmen. Die beiden Kandidaten traten vier Wochen später in einer Stichwahl gegeneinander an, die Van der Bellen mit 50,3% der Stimmen gewann. Am 1. Juli jedoch hob der Verfassungsgerichtshof die Wahl nach einer Beschwerde der FPÖ auf: es waren Unregelmäßigkeiten bei der Auszählung der Briefwahlstimmen sowie eine zu frühe Veröffentlichung einzelner Ergebnisse beanstandet worden. Als Termin der Wiederholungswahl wurde der 2. Oktober festgesetzt. Nach Beginn der Aussendung der ersten Briefwahlkarten für diesen Termin stellte man allerdings fest, dass die Kuverts nicht richtig verschlossen werden konnten und damit erneut Gelegenheit für Manipulation bieten könnten. Die Stichwahl wurde also erneut auf den 4. Dezember verschoben; an jenem Tag konnte Alexander Van der Bellen 53,8% der Stimmen auf sich vereinen. Durch die monatelange Verzögerung entstand ein weiteres (verfassungskonformes) Kuriosum: Vom letzten Amtstag Heinz Fischers am 8. Juli 2016 bis zur Angelobung Van der Bellens am 26. Januar 2017 agierte das Nationalratspräsidium als Kollegium – also auch der Kandidat Norbert Hofer – als Bundespräsident*innen. „Bundespräsidentenstichwahlwiederholungsverschiebung" wurde später zum Wort des Jahres 2016 gewählt.

Immer wieder gab es dritte Kandidaten oder Kandidatinnen, die beachtliche Erfolge erzielten und damit oft zum Erfordernis einer Stichwahl beitrugen. 1951 erreichte der VdU-Kandidat mit NS-Vergangenheit Burghard Breitner 15 Prozent der Stimmen. Zu dieser Wahl traten insgesamt sechs Kandidat*innen an, darunter auch die erste Frau, Ludovica Hainisch-Marchet (sie wurde von

2.100 Menschen gewählt). 1992 erreichte Heide Schmidt (als FPÖ-Kandidatin) 16 Prozent der Stimmen, 2017 schaffte Irmgard Griss als unabhängige, von den NEOS unterstützte Kandidatin 19 Prozent und damit das beste Ergebnis einer „dritten Kandidatin“ im ersten Wahlgang. Bei einer Wiederkandidatur eines amtierenden Präsidenten haben mehrmals andere Parteien auf eigene Kandidat*innen verzichtet und den Amtsinhaber unterstützt, so zum Beispiel beim Wiederantritt von Thomas Klestil oder Heinz Fischer.

Die Rolle des Bundespräsidenten im politischen System

Das Amt des Bundespräsidenten ist mit verschiedenen Funktionen verbunden. Der*die Bundespräsident*in spielt eine Rolle bei der Angelobung des*der Bundeskanzler*in und bei der Angelobung und Entlassung der Minister*innen. Er oder sie beurkundet die vom Parlament beschlossenen Gesetze, damit diese in Kraft treten. Der*die Bundespräsident*in ist formal Oberbefehlshaber*in des österreichischen Bundesheeres. Und als Staatsoberhaupt obliegt ihm oder ihr die Vertretung des Republik Österreich nach außen.

Einhergehend mit der eingangs erwähnten bewusst schwachen Auslegung des Amtes in der Verfassung von 1929 werden diese Funktionen jedoch nur beschränkt ausgefüllt. Unter dem Begriff des „Rollenverzichts“ versteht man die gelebte politische Praxis, dass der Bundespräsident oder die Bundespräsidentin sich in das politische Tagesgeschehen nur in Ausnahmefällen einbringt, und die verfassungsmäßigen Kompetenzen üblicherweise nicht ausschöpft. So hat der Oberbefehlshaber des Bundesheeres keine tatsächliche Verfügungsgewalt über die Streitkräfte. Die Beurkundung von Gesetzesvorlagen ist ein reiner Formalakt – zwei Mal in der jüngeren Vergangenheit hat ein Bundespräsident einem Gesetz die Unterschrift verweigert: Heinz Fischer beanstandete 2008 bei der Novelle der Gewerbeordnung das nicht verfassungsgemäße Zustandekommen des Gesetzes, 2018 verweigerte Alexander Van der Bellen die Ratifizierung des EU-Freihandelsabkommens mit Kanada (CETA), da noch laufende Verfahren vor dem Europäischen Gerichtshof anhängig waren.

Die Funktion des Staatsoberhauptes als Vertreter*in der Republik nach außen nimmt der Bundespräsident bisher in gemäßigtem Maße wahr. Er empfängt und besucht regelmäßig Staatsoberhäupter anderer Länder zu Repräsentationszwecken. Die politische Vertretung Österreichs nach außen obliegt jedoch dem*der Bundeskanzler*in als Regierungschef*in. An dieser Übereinkunft wurde nur von Thomas Klestil gerüttelt, in dessen Amtszeit der EU-Beitritt Österreichs fiel. Klestil beanspruchte als Staatsoberhaupt die Unterzeichnung des Beitrittsvertrages für sich und wollte ebenso den Sitz Österreichs im Europäischen Rat, dem Rat der Staats- und Regierungschefs, einnehmen. Das Wesen der parlamentarischen Demokratie obsiegte jedoch letztendlich und die Vertretung Österreichs in den Gremien der EU wird von dem*der Bundeskanzler*in wahrgenommen.

Im Vorgang der Regierungsbildung kommt dem Bundespräsidenten oder der Bundespräsidentin im Rahmen seiner*ihrer Befugnisse der größte Spielraum zu. Gemäß Artikel 70 B-VG ernennt der Bundespräsident den Bundeskanzler oder die Bundeskanzlerin, und er kann diese, sowie die gesamte Regierung entlassen. Auf Vorschlag des Bundeskanzlers oder der Bundeskanzlerin ernennt er weitere Mitglieder der Bundesregierung, die er ebenso auf deren Antrag hin entlassen kann. Grundsätzlich könnte der Bundespräsident jede beliebige Regierung ernennen; um bestehen zu können, muss die ernannte Bundesregierung jedoch vom Nationalrat gestützt werden. Es ist daher Usus, dass der Bundespräsident nach einer Nationalratswahl den Obmann oder die Obfrau der mandatsstärksten Partei mit der Regierungsbildung betraut.

Hat diese Partei nicht die absolute Mehrheit inne und tritt in Koalitionsverhandlungen ein, so beginnt eine auch für den Bundespräsidenten intensive Phase. Er versteht sich in dieser Zeit als Vermittler und Stabilisator und empfängt regelmäßig die Verhandlungspartner*innen, um sich über den Stand der Dinge unterrichten zu lassen. Dass der Bundespräsident aktiver in die Verhandlungen bzw. in die Mehrheitsfindung eingegriffen hat, ist allerdings wiederholt vorgekommen. 1970 bestand Franz Jonas nicht auf die Mehrheitsfindung im Parlament, sondern ernannte die FPÖ-gestützte SPÖ-Minderheitsregierung. 1999 scheiterte Thomas Klestil mit seinen Bemühungen, eine Fortführung der SPÖ-ÖVP-Koalition zu erreichen. Er musste die schwarz-blaue Koalition unter Wolfgang Schüssels Führung, die ohne seinen Regierungsbildungsauftrag zustande gekommen war, angeloben. Seine Bedingungen dafür waren jedoch eine Präambel zum Regierungsprogramm mit einem Bekenntnis zu Europa, sowie die Ablehnung zweier von FPÖ-Seite vorgeschlagener Minister, Thomas Prinzhorn und Hilmar Kabas. Schlussendlich blieb Klestil als Ausdruck seines Missfallens nur die steinerne Miene, die von der Regierungsangelobung 2000 in Erinnerung blieb.

Das einzige Mal, dass der Bundespräsident eine Person zur Bundeskanzlerin ernannte, die nicht mit einer Partei für den Nationalrat kandidiert hatte, war im Jahr 2019, als nach der Ibiza-Krise und dem Misstrauensvotum gegenüber der gesamten Regierung ein Expert*innen-Kabinett mit der ehemaligen Verfassungsgerichtshofpräsidentin Brigitte Bierlein als Kanzlerin eingesetzt wurde. Auch in diesem außergewöhnlichen Fall bemühte sich Bundespräsident Van der Bellen um die Unterstützung der Mehrheit des Nationalrats für diese Übergangsregierung, da sie sonst ab Tag eins einem erneuten Misstrauensvotum ausgesetzt gewesen wäre.

Neben der Ernennung der Bundesregierung kann der Bundespräsident auch die gesamte Regierung oder, auf Vorschlag des*der Bundeskanzler*in, einzelne Minister*innen entlassen. Auch dies ist erst einmal geschehen, ebenfalls im

Zuge der Ibiza-Krise, als Bundespräsident Van der Bellen auf Vorschlag von Bundeskanzler Sebastian Kurz den Innenminister Herbert Kickl entließ, da man aufgrund dessen möglicher (im Nachhinein nicht bestätigter) eigenen Verstrickung in die Vorgänge rund um Ibiza die Aufklärung der Causa nicht in seine Hände legen wollte.

Formal ernennt der Bundespräsident oder die Bundespräsidentin auch Staatspersonal, also hohe Beamt*innen, Richter*innen und Offizier*innen des Bundesheers. Dies erfolgt auf Vorschlag der Bundesregierung. Wiewohl sich die Praxis etabliert hat, dass von Seiten der Hofburg die Ernennungsvoraussetzungen genau geprüft werden, so wird in der Regel dem Vorschlag der Bundesregierung gefolgt. Bundespräsident Thomas Klestil, der es sich insgesamt zur Agenda gemacht hatte, das Bundespräsidentenamt zu stärken, wurde heftig kritisiert für seine Versuche, in jene Bestellungen stärker einzugreifen.

Zu den Aufgaben des Bundespräsidenten gehören zudem alle Arten von Eröffnungen, Ehrungen, Gedenkfeiern, Empfänge von Gruppen von Bürger*innen und ähnliche Veranstaltungen. Mit der Entscheidung für die Teilnahme an solchen Veranstaltungen setzt jede einzelne Präsidentschaft in gewisser Weise ihre inhaltlichen Schwerpunkte. Im politischen Alltag nimmt der Bundespräsident zudem eine Art Mentoren- und Vermittlerrolle ein. Die traditionellen Fernsehansprachen zu Neujahr und am Nationalfeiertag bieten dem Amtsinhaber eine weitere Chance zur Standortbestimmung, zur inhaltlichen Bewertung und auch zur – wenn auch meist sehr leisen – Mahnung.

Debatte um das Amt des Bundespräsidenten

Bereits seit seiner Einführung im B-VG 1920 und seiner Aufwertung in der B-VG-Novelle 1929 sind das Amt des Bundespräsidenten und seine Kompetenzen Gegenstand intensiver innenpolitischer Debatten. Die Bundespräsidenten Waldheim und Klestil, die ab 1986 nach einer langen Reihe an SPÖ-Bundespräsidenten als erste von der ÖVP nominierten Kandidaten in die Hofburg einzogen, wollten beide die Rolle des Bundespräsidenten aktiver anlegen, was ihnen nur begrenzt gelang. Im Österreich-Konvent von 2003 bis 2005, der sich mit einer grundlegenden Reform der Bundesverfassung beschäftigte, wurde für das Bundespräsidentenamt angeregt, ihm „die Befugnis einzuräumen, Missstände aufzuzeigen, bei Gesetzes- oder Vollziehungsmängeln Abhilfe zu schaffen und positivrechtlich entstandene Härten zu beseitigen". Keine dieser Anregungen wurde jedoch umgesetzt. Jörg Haider (FPÖ) hatte in seinen Ausführungen zu einer Dritten Republik gefordert, die Funktionen des Bundespräsidenten und des Bundeskanzlers zusammenzulegen. Der Grün-Politiker Peter Pilz forderte überhaupt, das „völlig überflüssige" Amt ganz abzuschaffen – Pilz war es nebenbei, der den späteren Bundespräsidenten Alexander Van der Bellen in die Politik holte.

Die Bundesregierung

Die Bundesregierung als Organ besteht seit dem B-VG 1920. Ihre Vorläufer waren der Kaiser und sein Ministerrat und die Staatsregierung in den Jahren 1918–20.

Die österreichische Bundesregierung besteht aus dem*der Bundeskanzler*in, dem*der Vizekanzler*in, dem*der Finanzminister*in, einer variablen Anzahl von Bundesminister*innen und einigen Staatssekretär*innen. Ob die Staatssekretär*innen zur Regierung gezählt werden oder nicht, wird unterschiedlich gesehen: Teilweise werden sie nicht dazu gezählt, weil sie selbst kein eigenes Ressort verwalten und im Ministerrat kein Stimmrecht besitzen, andererseits werden sie gemeinsam mit den anderen Regierungsmitgliedern angelobt und auch auf den jeweiligen Homepages der Bundesregierung gemeinsam mit den Minister*innen aufgelistet.[33]

Welche Ressorts die Minister*innen innehaben, ist nicht klar festgeschrieben – die Geschäftsverteilung der Bundesregierung ist Inhalt von Regierungsverhandlungen und wird jeweils nach der erfolgreichen Regierungsbildung in einer Novelle zum Bundesministeriengesetz festgehalten. In der türkis-grünen Regierung, welche im Januar 2020 gebildet wurde, gilt beispielsweise die folgende Geschäftsverteilung:

Bundesministerien im Sinne des Art. 77 B-VG sind:

1. das Bundeskanzleramt,
2. das Bundesministerium für Kunst, Kultur, öffentlichen Dienst und Sport,
3. das Bundesministerium für europäische und internationale Angelegenheiten,
4. das Bundesministerium für Arbeit,
5. das Bundesministerium für Bildung, Wissenschaft und Forschung,
6. das Bundesministerium für Digitalisierung und Wirtschaftsstandort,
7. das Bundesministerium für Finanzen,
8. das Bundesministerium für Inneres,
9. das Bundesministerium für Justiz,
10. das Bundesministerium für Klimaschutz, Umwelt, Energie, Mobilität, Innovation und Technologie,
11. das Bundesministerium für Landesverteidigung,
12. das Bundesministerium für Landwirtschaft, Regionen und Tourismus,
13. das Bundesministerium für Soziales, Gesundheit, Pflege und Konsumentenschutz.

Die Geschäftsverteilung innerhalb der Bundesregierung ist Ausdruck der Schwerpunktsetzung einer Regierung, und oft auch Anlass für innenpolitische Debatten. 1990 wurde beispielsweise erstmals ein „Bundesministerium für

33 Vgl. dazu: https://www.parlament.gv.at/WWER/BREG/

Frauenangelegenheiten" (im Bundeskanzleramt) geschaffen, welches Johanna Dohnal (SPÖ) innehatte. Unter schwarz-blau wanderten die Frauenagenden 2000 ins Bundesministerium für Soziale Sicherheit und Generationen, und von 2000 bis 2003 hatte Österreich mit Herbert Haupt (FPÖ) überhaupt einen Mann als Frauenminister. Die Frauenagenden wanderten später in das Bundesministerium für Gesundheit und Frauen, zur Kanzleramtsministerin für Frauen und öffentlichen Dienst, in das Bundesministerin für Bildung und Frauen und schließlich wieder zurück ins Kanzleramt. Auch das Thema Wissenschaft hat eine Reise zwischen Wirtschafts-, Bildungs-, und eigenem Ministerium hinter sich. Bundesregierungen drücken mit der Zuordnung von Agenden zu Ministerien einerseits deren Wertigkeit aus, andererseits zeigt sich auch, unter welchen Prämissen die Regierung das Thema behandeln möchte. Wenn die Frauenagenden im Familienministerium angesiedelt werden, zeugt dies von einem anderen Frauenbild, als wenn ein eigenständiges Frauen- und Gleichstellungsministerium eingerichtet wird.

Die Bundesregierung gemeinsam agiert als Kollegialorgan; gleichzeitig sind die Minister*innen nach dem Ressortprinzip weitgehend alleine entscheidungsberechtigt. Das Kollegialorgan und Entscheidungsgremium der Bundesregierung ist der Ministerrat, und Beschlüsse im Ministerrat müssen daher immer einstimmig erfolgen. Der Ministerrat beschließt als wichtigste Funktion Gesetzesvorlagen (Regierungsvorlagen) an den Nationalrat. Weiters erstattet er Vorschläge an den Bundespräsidenten (z.B. in Personalangelegenheiten) und stellt Anträge an den Verfassungsgerichtshof; er bestimmt über die Abhaltung von Wahlen; und er ernennt gemeinsam mit dem Hauptausschuss des Nationalrats Österreichs Vertreter*innen in den Institutionen der Europäischen Union. Die Protokolle des Ministerrates sind auf den Webseiten des Bundeskanzleramts öffentlich einsehbar.

Für die realpolitische Entscheidungsfindung wesentlich sind die informellen Gremien der Ministerratsvorbesprechungen, an denen auch die Klubobleute der Parlamentsfraktionen der Regierungsparteien teilnehmen, sowie ein Koalitionsausschuss, der üblicherweise aus zwei koordinierenden Regierungsmitgliedern, den Klubobleuten sowie führenden Mitarbeiter*innen besteht. Diese informellen Gremien bereiten die Sitzungen des Ministerrates so weit vor, dass in diesen Sitzungen die einzelnen Punkte nur mehr der Reihe nach beschlossen werden. Dies trägt weiter zum oft kritisierten „Auszug aus den Institutionen", also zur Verschiebung von Entscheidungen in den informellen Raum, bei.

Die Minister*innen sind an die Beschlüsse des Ministerrates gebunden, aber ansonsten weisungsfrei. Sie sind wiederum ihrem Ressort gegenüber weisungsbefugt, was inhaltliche oder auch Personalangelegenheiten angeht. Der Bundeskanzler oder die Bundeskanzlerin agiert in der Bundesregierung als *primus/prima inter pares.* Eine Richtlinienkompetenz wie beispielsweise in Deutschland, wo der*die Bundeskanzler*in den Minister*innen eine Linie vorgeben kann, existiert in Österreich nicht. Da die Minister*innen auf Vorschlag des Bundeskanzlers oder der Bundeskanzlerin ernannt oder entlassen werden, gibt es allerdings in der Praxis doch eine gewisse Letztverantwortung ihm oder ihr gegenüber. Den zuständigen Regierungsmitgliedern obliegt der Vollzug der Bundesgesetze, zum Teil auch der Bundesregierung als Kollegialorgan.

Der Bundeskanzler oder die Bundeskanzlerin ist zwar verfassungsrechtlich den anderen Mitgliedern der Bundesregierung gleichgestellt, er oder sie hat jedoch mehr Kompetenzen als die Kolleg*innen. Zum ersten werden die Bundesminister*innen auf seinen oder ihren Vorschlag hin vom Bundespräsidenten ernannt und auch entlassen (dies geschah in der Zweiten Republik erst einmal mit der Entlassung von Innenminister Herbert Kickl im Mai 2019). Das Bundeskanzleramt übernimmt zum zweiten einige wesentliche Koordinationsfunktionen, unter anderem, was die Vertretung Österreichs in der Europäischen Union betrifft. In der politischen Praxis sind diese Kompetenzen allerdings eingeschränkt. In Koalitionsregierungen ist es üblich, dass Personalentscheidungen von den Koalitionspartnern jeweils autonom getroffen werden, der*die Bundeskanzler*in schlägt also die vom Koalitionspartner nominierten Personen zur Ernennung vor. In diese de facto Personalhoheit der Parteien ist noch kaum jemals eingegriffen worden; bei der Regierungsbildung 2000 lehnte Bundespräsident Klestil die von der FPÖ nominierten Thomas Prinzhorn und Hilmar Kabas ab, und 2019 wurde eben Kickl auf Kurz' Vorschlag entlassen. Dem*der Bundeskanzler*in stehen zudem erhöhte administrative Ressourcen zur Verfügung, und er*sie steht naturgemäß verstärkt im Fokus der Öffentlichkeit, was ebenso als Vorteil für politische Entscheidungsprozesse genutzt wird.

Bundesregierungen der Zweiten Republik

Von 1945 bis 2021 amtierten in Österreich 34 Kabinette. Für 17 Jahre, von 1966 bis 1983, wurde Österreich von einer einzelnen Partei regiert, vier Jahre lang von der ÖVP und 13 Jahre lang von der SPÖ, davon ein gutes Jahr als Minderheitsregierung. Ein knappes halbes Jahr im Jahr 2019 gab es eine Beamt*innen- oder Expert*innenregierung. Die restliche Zeit regierten Koalitionsregierungen, davon die allergrößte Zeitspanne, nämlich von 1949 bis 1966, von 1986 bis 2000 und von 2006 bis 2017 eine „Große Koalition", also SPÖ-ÖVP oder ÖVP-SPÖ.

Einmal, 1983 bis 1986, regierte die SPÖ mit der FPÖ[34]; zwei Mal die ÖVP (von 2000 bis 2006 und 2017 bis 2019). Ganz zu Beginn der Zweiten Republik gab es eine Konzentrationsregierung aus allen im Parlament vertretenen Par-

34 Die FPÖ stützte auch die SPÖ-Minderheitsregierung 1970/71.

teien. Seit 2020 regiert die ÖVP gemeinsam mit den Grünen. Die Provisorische Regierung Renner bestand aus 39 Mitgliedern (Tabelle 17). Danach variierten Regierungen zwischen 15 und 22 Mitgliedern. Die größte Bundesregierung gab es in der Kleinen Koalition unter Fred Sinowatz, die kleinste in der Beamtenregierung unter Brigitte Bierlein.

Tabelle 17: Koalitions- und Alleinregierungen in Österreich, 1945–2021

Regierung	Von	Bis	Parteien	Mitglieder
Renner	27. Apr. 1945	20. Dez. 1945	ÖVP – SPÖ – KPÖ	35
Figl I	20. Dez. 1945	11. Okt. 1949	ÖVP – SPÖ – (KPÖ)	15
Figl II	8. Nov. 1949	28. Okt. 1952	ÖVP – SPÖ	13
Figl III	28. Okt. 1952	25. Feb. 1953	ÖVP – SPÖ	13
Raab I	2. Apr. 1953	14. Mai 1956	ÖVP – SPÖ	13
Raab II	29. Juni 1956	12. Mai 1959	ÖVP – SPÖ	16
Raab III	16. Juli 1959	3. Nov. 1960	ÖVP – SPÖ	14
Raab IV	3. Nov. 1960	11. Apr. 1961	ÖVP – SPÖ	14
Gorbach I	11. Apr. 1961	20. Nov. 1962	ÖVP – SPÖ	14
Gorbach II	27. März 1963	2. Apr. 1964	ÖVP – SPÖ	16
Klaus I	2. Apr. 1964	25. Okt. 1965	ÖVP – SPÖ	16
Klaus II	19. Apr. 1966	3. März 1970	ÖVP	18
Kreisky I	21. Apr. 1970	19. Okt. 1971	SPÖ (Minderheit)	13
Kreisky II	4. Nov. 1971	8. Okt. 1975	SPÖ	16
Kreisky III	28. Okt. 1975	9. Mai 1979	SPÖ	16
Kreisky IV	5. Juni 1979	26. Apr. 1983	SPÖ	21
Sinowatz	24. Mai 1983	16. Juni 1986	SPÖ – FPÖ	22
Vranitzky I	16. Juni 1986	25. Nov. 1986	SPÖ – FPÖ	20
Vranitzky II	21. Jän. 1987	9. Okt. 1990	SPÖ – ÖVP	15
Vranitzky III	17. Dez. 1990	11. Okt. 1994	SPÖ – ÖVP	19
Vranitzky IV	29. Nov. 1994	18. Dez. 1995	SPÖ – ÖVP	20
Vranitzky V	12. März 1996	20. Jän. 1997	SPÖ – ÖVP	16
Klima	28. Jän. 1997	5. Okt. 1999	SPÖ – ÖVP	16
Schüssel I	4. Feb. 2000	28. Nov. 2002	ÖVP – FPÖ	16
Schüssel II	28. Feb. 2003	3. Okt. 2006	ÖVP – FPÖ/BZÖ	18
Gusenbauer	11. Jän. 2007	2. Dez. 2008	SPÖ – ÖVP	20
Faymann I	2. Dez. 2008	1. Okt. 2013	SPÖ – ÖVP	18
Faymann II	16. Dez. 2013	9. Mai 2016	SPÖ – ÖVP	16
Kern	17. Mai 2016	17. Okt. 2017	SPÖ – ÖVP	16
Kurz I	18. Dez. 2017	28. Mai 2019	ÖVP – FPÖ	14
Bierlein	3. Juni 2019	1. Okt. 2019	Beamt*innen	12
Kurz II	7. Jän. 2020	11. Okt. 2021	ÖVP – GRÜNE	17
Schallenberg	11. Okt. 2021	6. Dez. 2021	ÖVP – GRÜNE	17
Nehammer	6. Dez. 2021	–	ÖVP – GRÜNE	17

Quellen: Müller (2006) und Bundeskanzleramt (2021)

Regierungsbildung

Der Prozess der Regierungsbildung ist in der Bundesverfassung nicht formal geregelt. Das B-VG bestimmt nur, dass der Bundespräsident den oder die Bundeskanzler*in ernennt und auf deren Vorschlag die restlichen Mitglieder der Bundesregierung bestellt. Theoretisch könnte der Bundespräsident also jede beliebige Person zum*zur Bundeskanzler*in machen. Da eine stabile Regierung eine Mehrheit im Nationalrat hinter sich haben muss, hat es sich als üblich etabliert, dass der*die Spitzenkandidat*in der stärksten Partei bei der vergangenen Nationalratswahl zum*zur Bundeskanzler*in ernannt wird (im Falle einer absoluten Mehrheit) oder, in den letzten Jahrzehnten üblicher, mit der Regierungsbildung betraut wird.

Seit 1999/2000 ist es Usus, dass vor konkreten Regierungsverhandlungen sogenannte Sondierungsgespräche stattfinden, in denen die Parteien ausloten, welche Kompromisse und Konflikte zwischen einer Zusammenarbeit stehen. Sondierungsgespräche finden mit unterschiedlichen Parteien statt. Über den Fortgang dieser Sondierungsgespräche werden der Bundespräsident und auch die Medien regelmäßig unterrichtet. Wenn sich die stärkste Partei für einen potentiellen Partner entschieden hat, treten diese beiden Parteien in vertiefte Koalitionsverhandlungen ein. Hierzu werden mehrere Verhandlungsteams zur Behandlung der verschiedenen Themengruppen bestellt. Über die Verhandlungen wird zumeist Stillschweigen und Exklusivität vereinbart – also, dass nur mit diesem einen Partner verhandelt wird. Dieses mehrstufige Procedere, das dazu dient, die „großen Brocken" möglichst früh in den Verhandlungen abzuklären, hat dazu geführt, dass erst einmal laufende Koalitionsverhandlungen scheiterten und abgebrochen mussten – 2003 zwischen der ÖVP und den Grünen.

Wenn es zu einer Einigung kommt, wird diese in Form einer schriftlichen Regierungsvereinbarung der Öffentlichkeit vorgestellt und der*die Bundeskanzler*in ersucht den Bundespräsidenten um die Ernennung der Regierung. Es kommt zum formalen Akt der Angelobung in der Hofburg – auch diese kommt in der Verfassung nicht vor. Das B-VG nennt in Art. 70 lediglich die Vorstellung der neuen Bundesregierung im Nationalrat, bei der die traditionelle Regierungserklärung abgegeben wird.

6. Justiz in Österreich

Die klassische Gewaltenteilung nach Montesquieu und Locke sieht Legislative, Exekutive und Judikative als drei voneinander getrennte Elemente. In parlamentarischen bzw. gemischten Systemen ist die Trennung zwischen Legislative und Exekutive nicht mehr strikt gegeben. Regierung und Parlament sind – in Österreich und in zahlreichen vergleichbaren Demokratien – nicht mehr einander gegenüberstehende, einander kontrollierende bzw. ergänzende Gewalten, sondern verschmelzen miteinander. Eine Regierung, die sich nicht auf eine absolute Parlamentsmehrheit stützen kann, ist nur in Ausnahmefällen durchsetzungsfähig. Eine solche Ausnahmesituation war die Minderheitsregierung Kreisky I (1970–1971) oder die Beamt*innen-Regierung Bierlein (2019–2020). Eine Regierung, die sich nicht auf die absolute Mehrheit der Abgeordneten verlassen kann, ist zudem ständig der Möglichkeit eines gegen sie gerichteten Misstrauensvotums ausgesetzt.

Die Gewaltenteilung Legislative – Exekutive wird in solchen Systemen ersetzt durch eine temporäre, zeitliche Gewaltenteilung zwischen Parlamentsmehrheit und Parlamentsminderheit bzw. zwischen Regierung und Opposition.

Dass die Judikative jedoch nach wie vor in politischen Systemen eine eigenständige, von Legislative und Exekutive strikt getrennte und zu unterscheidende Gewalt bleibt, ist in demokratischen Systemen unbedingt anzustreben und sicherzustellen. Dass dem nicht selbstverständlich so ist, zeigen die besorgniserregenden Versuche in Polen, die Judikative mehr und mehr dem Einfluss der Exekutive zu unterstellen. Aussagen wie jene des damalige FPÖ-Innenministers Herbert Kickl, dass das Recht der Politik folgen müsse, nicht die Politik dem Recht (ORF Inlandsreport, 22.01.2019) sind in diesem Sinne ebenso als bedenkliche und alarmierende Zwischenrufe einzustufen wie jener seiner Parteikollegin Dagmar Belakowitsch, die meinte, wir hätten uns niemals damit abzufinden, dass Gesetze uns in unserem Handeln behindern (NR-Plenarsitzung, 30.01.2019). Auch die im Jahr 2021 sich häufenden Angriffe seitens der ÖVP auf die Justiz (speziell die Wirtschafts- und Korruptionsstaatsanwaltschaft) lassen vermuten, dass die Unabhängigkeit der Justiz nicht allen ein wichtiges Anliegen zu sein scheint.

Die Justiz[35] als dritte wesentliche Säule eines demokratischen Rechtsstaats, hat im Wesentlichen drei Aufgaben zu erfüllen[36]:

---

35 Die Begriffe Judikative (Rechtsprechung) und Justiz (als Sammelbegriff für Rechtspflege, Justizverwaltungen und deren Organe) werden häufig synonym verwendet. Nachfolgend wird deshalb der Begriff Justiz verwendet.

36 Vgl. dazu https://www.justiz.gv.at/home/justiz/ziele-und-aufgaben~253.de.html

Sie stellt zum einen die Gerichtsbarkeit in Zivilsachen ebenso wie in Außerstreit- und Handelssachen, in Arbeits- und Sozialrechtssachen und in Strafsachen; ihre zweite Hauptaufgabe sind Strafvollzug und Bewährungshilfe und schließlich bereitet sie die Gesetzgebung in diesen Bereichen vor.

Neben dem Erreichen eines insgesamt gerechten und sicheren Gesellschaftssystems ist ein weiteres Ziel der für alle zu gewährende Rechtsschutz durch unabhängige Richter*innen. Durch eine unabhängige Justiz kann Rechtssicherheit erreicht und gewahrt bleiben.

Zu unterscheiden ist bei der österreichischen Justiz zwischen der ordentlichen Gerichtsbarkeit und den Gerichten des öffentlichen Rechts. Ordentliche Gerichte beschäftigen sich mit Fragen des Zivil- und Strafrechts; zur ordentlichen Gerichtsbarkeit gehören auch Staatsanwaltschaften und Justizanstalten, Bewährungshilfe oder Bundeskartellanwalt. Gerichte des öffentlichen Rechts sind Verfassungsgerichtshof (VfGH) und Verwaltungsgerichtshof (VwGH).

Knapp 12.000 Personen sind in diesem Bereich in Österreich tätig; sie behandeln im Laufe eines Jahres knapp 3 Millionen Geschäftsfälle. Der Großteil davon besteht aus Exekutions-, Grund- bzw. Firmenbuchsachen; lediglich drei Prozent sind Strafsachen.[37]

Die ordentliche Gerichtsbarkeit

Neben 115 Bezirksgerichten gibt es in Österreich 20 Gerichtshöfe erster Instanz (Landesgerichte und Handelsgericht Wien), vier Oberlandesgerichte und den Obersten Gerichtshof; zusätzlich 16 Staatsanwaltschaften, vier Oberstaatsanwaltschaften, die Wirtschafts- und Korruptionsstaatsanwaltschaft (WKStA) und die Generalprokuratur.

Bezirksgerichte sind die erste Instanz in all jenen Zivilverfahren, deren Streitwert unter € 15.000 liegt. Darüber hinaus sind Bezirksgerichte zuständig für familien- und mietrechtliche Fälle (unabhängig vom Streitwert). Auch Vergehen, die mit einer Geldstrafe bzw. mit einer Freiheitsstrafe bis zu einem Jahr geahndet werden können, werden erstinstanzlich an Bezirksgerichten verhandelt. Die mögliche Schließung kleinerer Bezirksgerichte war in den vergangenen Jahren immer wieder Thema auch öffentlicher Diskussionen.

Gerichtshöfe erster Instanz sind Landesgerichte, an denen als solche all jene Streitigkeiten behandelt werden, für die Bezirksgerichte nicht zuständig sind. Überdies sind Landesgerichte für jene Streitfälle, die in erster Instanz beim

37 Vgl. dazu https://www.justiz.gv.at/home/justiz/daten-und-fakten~8ab4a8a-422985de30122a920842862de.de.htmlgl

Bezirksgericht beeinsprucht wurden, die zweite Instanz. Zu den Gerichtshöfen erster Instanz zählt auch das Handelsgericht Wien; ein Landesgericht, an dem unternehmensrechtlichen Streitfragen behandelt werden (z. B. unlauterer Wettbewerb, Urheberrecht oder Insolvenzen).

Oberlandesgerichte (Gerichtshöfe zweiter Instanz, OLG) gibt es in Wien, Linz, Graz und Innsbruck. Ihre Präsident*innen unterstehen direkt dem*der Justizminister*in, und sie leiten die Justizverwaltung aller in ihren Sprengeln angesiedelten Gerichte.

Schließlich gibt es – als oberste Instanz in Zivil- und Strafsachen – den Obersten Gerichtshof, dessen Entscheidungen innerstaatlich endgültig sind: „Der Oberste Gerichtshof ist das österreichische Höchstgericht in zivilrechtlichen und strafrechtlichen Angelegenheiten. Seine Entscheidungen sind unanfechtbar und für alle Verfahren richtungsweisend".[38]

Das Bundesverwaltungsgericht wiederum ist zuständig für Beschwerden gegen Behördenentscheidungen im Zuge der unmittelbaren Bundesverwaltung. Für Steuer-, Zoll- und Finanzangelegenheiten ist das Bundesfinanzgericht zuständig.

(Berufs)Richter*innen müssen eine juristische Ausbildung absolviert haben und unabhängig sein, d. h. dass sie weisungsungebunden agieren. Sie werden auf Lebenszeit bestellt, sind unabsetzbar und unversetzbar (außer bei grob pflichtwidrigem Verhalten). Auch dadurch wird ihre Unabhängigkeit sichergestellt.

Daneben gibt es Laienrichter*innen: Bei Schwurgerichten agieren neben drei Berufsrichter*innen acht Laien. Bei Verbrechen, die mit 10–20 Jahren bzw. lebenslanger Haft geahndet werden können bzw. bei bestimmten politischen Delikten entscheiden sie über Schuld oder Unschuld der Angeklagten, die Strafe wird bei Schuldsprüchen gemeinsam mit den Berufsrichter*innen festgelegt.

Politische Delikte bedeutet in diesem Zusammenhang in erster Linie Strafverfahren wegen Verletzung des Verbotsgesetzes (§ 3j VerbotsG), also das Verbot der nationalsozialistischen Wiederbetätigung. Ursprünglich waren im VerbotsG relativ hohe Mindesthaftstrafen vorgesehen. Dies führte bis Anfang der 1990er Jahre dazu, dass in zahlreichen Prozessen Angeklagte freigesprochen wurden, weil zwar deren Schuld angenommen wurde, gleichzeitig aber die Mindeststrafe vielen Geschworenen als zu hoch erschienen war. Durch eine Novellierung 1992 Jahre wurde die Mindeststrafe deutlich gesenkt.

Schöffensenate bestehen aus ein bis zwei Berufsrichter*innen und zwei Laienrichter*innen; hier geht es um Straftaten, die mit mehr als fünf Jahren

38 https://www.ogh.gv.at/

Abbildung 3: Aufbau und Organisation der Gerichte und Staatsanwaltschaften

Oberster Gerichtshof (OGH)				
Generalprokuratur				
Wirtschafts- und Korruptionsstaatsanwaltschaft (WKStA)				
4 Oberlandesgerichte				
OLG Wien	OLG Graz	OLG Linz	OLG Innsbruck	
4 Oberstaatsanwaltschaften				
OStA Wien	OStA Graz	OStA Linz	OStA Innsbr.	
20 Gerichtshöfe				
LGZ Wien	LG Krems	HG Wien	....	
16 Staatsanwaltschaften				
115 Bezirksgerichte				
BG Hietzing	BG Döbling	BG Gmünd	BG HS	....

Quelle: https://www.justiz.gv.at/home/justiz/justizbehoerden~8ab4a8a422985de30122a91f9c3962d0.de.html

Freiheitsstrafe geahndet werden können. Die Auswahl von Geschworenen bzw. Schöffen erfolgt nach dem Zufallsprinzip; Voraussetzungen sind u. a. gute Deutschkenntnisse und ein Alter zwischen 25 und 65 Jahren.

Die Staatsanwaltschaft

Neben den Gerichten wichtiger Bestandteil der Judikative sind die Staatsanwaltschaften. Sie erheben und vertreten öffentliche Anklagen und sie sind der wesentliche Akteur in den Ermittlungen. Die Staatsanwaltschaften sind an Weisungen der ihnen vorgesetzten Behörde gebunden; bei Gerichtshöfen erster Instanz agieren Staatsanwält*innen, bei Oberlandesgerichten Oberstaatsanwält*innen und beim Obersten Gerichtshof die Generalprokuratur. Die Generalprokuratur erstattet Stellungnahmen zu Nichtigkeitsbeschwerden (unabhängig davon, ob diese seitens des*der Angeklagten, der Staatsanwaltschaft oder von Privatbeteiligten eingebracht wurden). Die Generalprokuratur ist auch an Disziplinarverfahren gegen Richter*innen, Notar*innen oder Rechtsanwält*innen beteiligt.

Eine eigene Behörde ist die Wirtschafts- und Korruptionsstaatsanwaltschaft, und im Jahr 2021 beginnt die Forderung nach einem*einer unabhängigen und weisungsfreien Bundesstaatsanwält*in Fahrt aufzunehmen.

Schließlich gibt es die Bundeskartellanwaltschaft und die Datenschutzbehörde. Die Bundeskartellanwaltschaft vertritt öffentliche Interessen beim Kartellgericht. Die Datenschutzbehörde (bis Ende 2013 Datenschutzkommission) sorgt für die Einhaltung des Datenschutzes. Seitens der Bundeskartellanwaltschaft können (ebenso wie seitens der Bundeswettbewerbsbehörde) Anträge zur Einleitung von Verfahren beim Kartellgericht gestellt werden; das Kartellgericht ist am OLG Wien angesiedelt.

Instanzenzug

Erste Instanz für Gerichtsverfahren ist in vielen Fällen das jeweils zuständige Bezirksgericht. Die Bezirksgerichte entscheiden in Rechtssachen mit einem Streitwert bis zu € 15.000,-; außerdem in genau definierten Rechtssachen (z.B. familienrechtliche oder mietrechtliche Angelegenheiten).

Wird gegen Entscheidungen eines Bezirksgerichts berufen, so geht der Fall in die nächste Instanz, ans Landesgericht. Landesgerichte sind auch Gerichte erster Instanz bei Streitfällen, deren Wert € 15.000,- übersteigt und ebenso bei bestimmten anderen Rechtsangelegenheiten (z.B. Arbeits- und Sozialrecht). Erstinstanzlich entscheidet ein Landesgericht auch bei all jenen Vergehen und Verbrechen, die mit maximal 5 Jahren Freiheitsstrafe geahndet werden können. Berufungen gegen erstinstanzliche Urteile des Landesgerichts gehen an das Oberlandesgericht. Bei Berufungen gegen Urteile von Schöffen- oder Geschworenengerichten ist entweder der OGH zweite Instanz (Nichtigkeit) oder aber das entsprechende Oberlandesgericht (Berufung gegen Strafausspruch).

In Straßburg angesiedelt ist der Europäische Gerichtshof für Menschenrechte (EGMR)[39]. Diese Einrichtung – 1959 vom Europarat installiert – gilt der Sicherung der Einhaltung der EMRK (Europäische Menschenrechtskonvention). Die

39 Der EGMR darf nicht mit dem Europäischen Gericht der EU verwechselt werden; ebenso sei darauf hingewiesen, dass der Europarat eine andere Organisation als der Europäische Rat bzw. der Rat der EU ist (beide sind Organe der EU, während der EGMR eben ein Organ des Europarates ist).

Abbildung 4: Instanzenzug in Zivilsachen/ Instanzenzug in Strafsachen

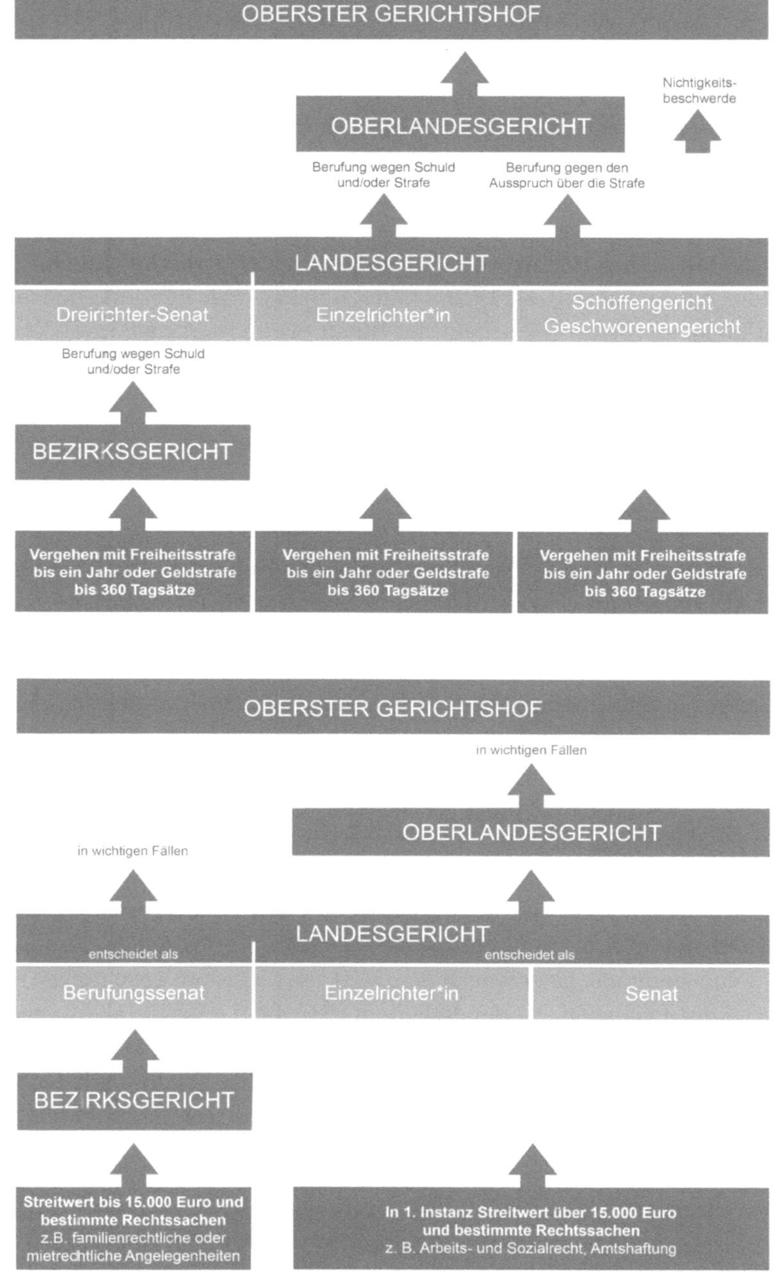

Quelle: https://www.justiz.gv.at/home/justiz/justizbehoerden/gerichte/instanzenzug.787.de.html

EMRK wurde am 04.11.1950 unterzeichnet und trat am 03.09.1953 in Kraft. Am EGMR agieren 47 Richter*innen aus den 47 Mitgliedsstaaten des Europarates. Die Richter*innen werden für eine einmalige Amtszeit von 9 Jahren gewählt.

Wenn der innerstaatliche Rechtsweg abgeschlossen ist, können sich Bürger*innen mit ihren Beschwerden dann an den EGMR wenden, wenn sie annehmen, Opfer einer Verletzung der EMRK zu sein. Der EGMR fällt für die betreffenden Staaten bindende Urteile.

Der Strafvollzug

Die Generaldirektion für den Strafvollzug ist im Justizministerium angesiedelt. In 28 Gefängnissen und 12 Außenstellen werden Untersuchungshäftlinge, Strafgefangene und jene Personen festgehalten, die im Zug vorbeugender Maßnahmen untergebracht sind (Untergebrachte). Mit 01.03.2021 waren von knapp 8.500 Menschen im Strafvollzug knapp 7.700 in Justizanstalten, die restlichen knapp 800 in psychiatrischen Krankenhäusern bzw. im elektronisch überwachten Hausarrest (eüH). Den eüH (Fußfessel) gibt es seit 2010; über die Gewährung des eüH entscheidet die Leitung der jeweiligen Justizanstalt.

Schließlich ist in diesem Zusammenhang die Bewährungshilfe zu nennen. Der Verein NEU**START** bietet – im Auftrag des Justizministeriums – Hilfe für Täter*innen und Opfer sowie Präventionsmaßnahmen an. Bewährungshilfe kann statt einer Haft oder nach einer bedingten Entlassung aus der Haft angeordnet werden.

Abbildung 5a: Der Insassinnen- bzw. Insassenstand

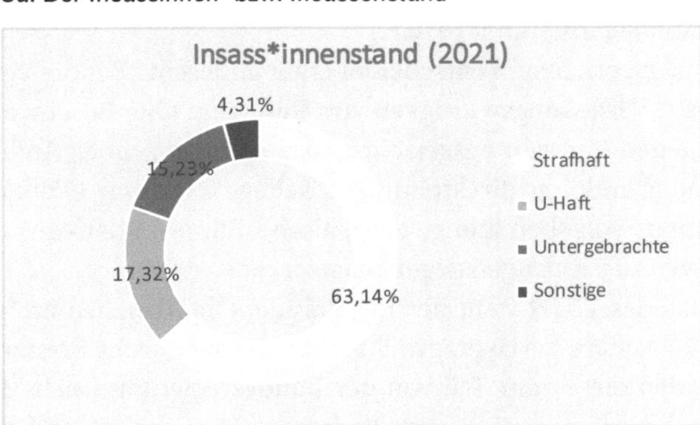

Quelle: https://www.justiz.gv.at/home/strafvollzug/statistik/verteilung-des-insassinnenstandes~2c94848542ec49810144457e2e6f3de9.de.html

Abbildung 5b: Verteilung des Insassinnen- bzw. Insassenstandes

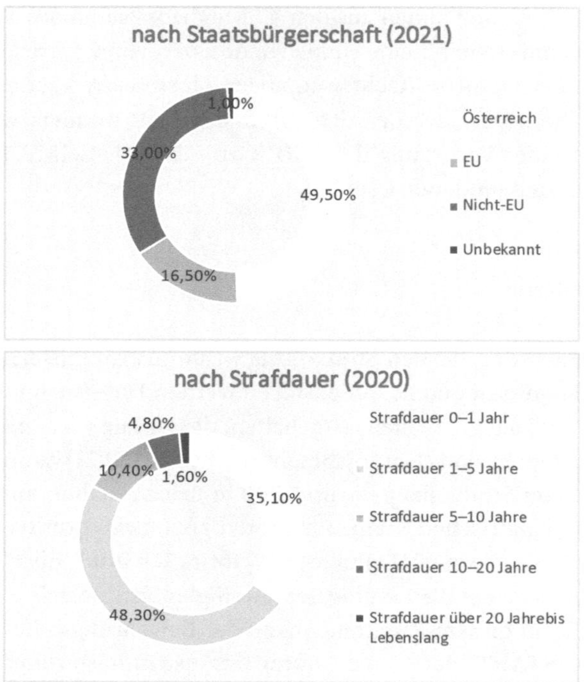

Quelle: https://www.justiz.gv.at/home/strafvollzug/statistik/verteilung-des-insassinnen-bzw-insassenstandes.2c94848542ec49810144457e2e6f3de9.de.html

Gerichtshöfe des öffentlichen Rechts – VfGH und VwGH

Der Verfassungsgerichtshof (VfGH)

Der Verfassungsgerichtshof entscheidet unter anderem über die Verfassungskonformität bzw. Verfassungswidrigkeit von Gesetzen; über Beschwerden über Erkenntnisse gegen Verwaltungsgerichtsentscheidungen; über Anfechtungen von Wahlen oder anderen direktdemokratischen Verfahren (Volksbegehren, Volksabstimmung, Volksbefragung, europäische Bürgerinitiativen) oder über Mandatsverluste oder Anklagen gegen Staatsorgane.

An der Spitze des VfGH steht der*die Präsident*in, daneben ein*e Vizepräsident*in und 12 weitere Verfassungsrichter*innen sowie sechs Ersatzmitglieder. Nominiert werden diese zum Teil von der Bundesregierung (sechs Mitglieder, drei Ersatzmitglieder), zum Teil vom Parlament (Nationalrat und Bundesrat; sechs Mitglieder, drei Ersatzmitglieder). Obwohl also politische Parteien bei der Nominierung eine wesentliche Rolle spielen, haben die Mitglieder des VfGH unabhängig und unbeeinflusst von parteipolitischen Interessen zu agieren.

Für beträchtliches öffentliches Interesse sorgten mehrere Erkenntnisse des VfGH, darunter die „Ortstafel-Entscheidung“ von 13.12.2001, das zur „Bundespräsidentschaftswahl“ vom 01.07.2016 und jenes zur „Tötung auf Verlangen und Beihilfe zum Suizid“ von 10.12.2020.

„Ortstafel“-Entscheidung

Eine endlose Geschichte ist jene der zweisprachigen Ortstafeln in Kärnten. Bereits im Staatsvertrag von Wien (1955) war fixiert worden, dass Ortstafeln in gemischtsprachigen Gebieten mehrsprachig zu sein haben (Art. 7 – „Rechte der slowenischen und kroatischen Minderheiten“). Allerdings wurde dieser Artikel lange Jahre ignoriert. Der Versuch, im Herbst 1972 zweisprachige Ortstafeln in Kärnten aufzustellen, endete mit dem sogenannten Kärntner Ortstafelsturm, der umgehenden Demontage der aufgestellten Ortstafeln.[40] Die Vertreter*innen des in Kärnten einflussreichen Deutschnationalismus konnten die Umsetzung der im Staatsvertrag genannten Forderung weiterhin verhindern. Im Jahr 1994 fuhr Rudi Vouk, Rechtsanwalt und Kärntner Slowene, mit seinem Auto mit überhöhter Geschwindigkeit durch das Ortsgebiet von St. Kanzian. Die entsprechende Strafverfügung über ATS 500,- (etwa € 35,-) wurde ihm zunächst in deutscher, nach seinem Verlangen schließlich auch in slowenischer Sprache zugestellt und dagegen erhob Vouk Einspruch:

> „Mit Schriftsatz vom 19.12.1994 (bei der Bezirkshauptmannschaft Völkermarkt eingelangt am 22.12.1994) erhob der Beschwerdeführer in slowenischer Sprache Einspruch gegen diese Strafverfügung, wobei er die ihm zur Last gelegte Geschwindigkeitsüberschreitung zugab, deren Strafbarkeit jedoch unter Hinweis darauf verneinte, dass die zu Grunde liegenden Verordnungen, mit denen der Bereich des Dorfes St. Kanzian als Ortsgebiet bestimmt sei, nicht gehörig kundgemacht worden seien; auf den Hinweiszeichen (Ortstafeln) sei die Ortsbezeichnung nur in Deutsch und nicht – wie Art.7 Z3 des Staatsvertrages von Wien 1955 gebiete – auch in Slowenisch angebracht.“[41]

Der Fall landete letztendlich beim VfGH und dieser gab Vouk Recht. Es wurde betont, dass zweisprachige Ortstafeln auch dann anzubringen sind, wenn der Anteil der slowenischsprachigen Bevölkerung nicht bei 25%, sondern bei 10% liegt. Bis zu einer endgültigen Einigung sollte es aber noch weitere 10 Jahre dauern.

---

40 Vgl. dazu u. a. https://www.mediathek.at/akustische-chronik/1970-1985/ortstafelkonflikt-in-kaernten/

41 https://www.vfgh.gv.at/downloads/VfGH_G_213-01_ua.pdf

Bundespräsidentschaftswahl 2016

Aus der ersten Runde der Bundespräsidentschaftswahl am 24. April 2016 waren Alexander Van der Bellen und Norbert Hofer als die zwei Kandidaten mit den meisten Stimmen hervorgegangen. Da keiner der beide Kandidaten eine absolute Mehrheit erzielen konnte (Hofer 35,05%; Van der Bellen 21,3%), war eine Stichwahl notwendig, die dann am 22. Mai 2016 abgehalten wurde. Bei dieser Stichwahl behielt Alexander Van der Bellen mit 50,35% (2.251.517 Stimmen) knapp die Oberhand vor Norbert Hofer mit 49,65% (2.220.654 Stimmen). Umgehend wurde deshalb seitens der FPÖ Beschwerde gegen das Ergebnis eingelegt. Bereits wenige Tage vor dem Wahlgang kamen Stimmen aus der FPÖ, die mögliche Manipulationen bei der Auszählung der Briefwahlstimmen kritisierten. Bemängelt wurde die bis dahin vereinzelt durchaus übliche, aber nicht rechtskonforme Auszählung der Briefwahlstimmen bereits vor der dafür gesetzlich festgelegten Frist.

Die Angelegenheit landete beim Verfassungsgerichtshof und dieser entschied am 01. Juli 2016, dass die Wahl zur Gänze und damit im gesamten Bundesgebiet zu wiederholen sei. Es seien zwar keine Manipulationen nachweisbar gewesen, aber auch die theoretische Möglichkeit von Manipulationen genüge, um der Anfechtung der Wahl stattzugeben:

> „Bei Verletzung jener Vorschriften der Wahlordnung, die eine einwandfreie Prüfung der Stimme[n]zählung sichern sollen, ist nämlich die Möglichkeit von Missbräuchen, die das Gesetz unbedingt ausschließen will, jedenfalls auch ohne Nachweis einer konkreten Manipulation gegeben und vom VfGH aufzugreifen.“[42]

Als Termin für die Wiederholung der Stichwahl wurde dann der 02. Oktober 2016 festgelegt, nach Pannen bei der Herstellung von Kuverts für die Briefwahl musste dieser auf den 04. Dezember 2016 verlegt werden. An diesem Tag wurde schließlich Alexander Van der Bellen mit 53,8% (2.472.892 Stimmen) zum neuen Bundespräsidenten gewählt. Die Wahlbeteiligung lag im April bei 68,5%, im Mai bei 72,7% und im Dezember schließlich bei 74,2%.

„Hilfeleistung zu Selbsttötung“

Am 11. Dezember 2020 erklärte der VfGH: „Es ist verfassungswidrig, jede Art der Hilfe zur Selbsttötung ausnahmslos zu verbieten.“[43] Der VfGH verweist dabei auf das Recht auf ein menschenwürdiges Sterben; dieses umfasse auch das Recht von Suizidwilligen, die Hilfe von dazu bereiten Dritten in Anspruch

---

42 VfGH W I 6/2016-125, 1. Juli 2016, S. 11

43 https://www.vfgh.gv.at/medien/Toetung_auf_Verlangen_Mithilfe_am_Suizid.php

zu nehmen. Strafbar bleibt hingegen, jemand anderen zur Selbsttötung zu veranlassen. Der Gesetzgeber hat am 16. Dezember 2021 ein entsprechendes Gesetz verabschiedet.

Der Verwaltungsgerichtshof (VwGH)

Aufgabe des Verwaltungsgerichtshofs ist es, Bürgern und Bürgerinnen im Umgang mit Verwaltungsbehörden Rechtssicherheit zu garantieren. Damit ist der VwGH die oberste Instanz in Verwaltungsangelegenheiten. Es geht dabei z. B. um eine mögliche Rechtswidrigkeit von Bescheiden und Entscheidungen von Verwaltungsgerichten, aber auch um deren mögliche Säumigkeit. In Österreich gibt es insgesamt elf Verwaltungsgerichte (Bundesverwaltungsgericht, Bundesfinanzgericht und neun Landesverwaltungsgerichte).

Die Leitung des VwGH obliegt dem*der Präsident*in und im Falle deren*dessen Verhinderung dem*der Vizepräsident*in. Für die Mitglieder des VwGH gelten strenge Unvereinbarkeitsregeln: Mitglieder von Bundesregierung oder Landesregierungen sind ebenso ausgeschlossen wie Abgeordnete von Nationalrat, Bundesrat, Landtagen, Gemeinderäten oder dem EU-Parlament.

Im Jahr 2021 werden zwei Themen intensiver diskutiert: zum einen geht es um die mögliche Installierung einer weisungsungebundenen Bundesstaatsanwaltschaft, zum anderen um die Frage der Veröffentlichung von *dissenting opinions* bei VfGH-Entscheidungen.

Die Forderung nach einer weisungsunabhängigen Bundesstaatsanwaltschaft wurde von SPÖ, Grünen und NEOS seit Jahren geäußert. Zu Beginn des Jahres 2021 änderte die ÖVP ihre bis dahin ablehnende Haltung und signalisierte Zustimmung. An der Spitze der Weisungskette würde damit nicht mehr das Justizministerium, sondern eine von der Politik weitgehend unabhängige Instanz stehen. Strittig sind allerdings nach wie vor der entscheidende Aspekt der Bestellung und die Frage der Länge der Funktionsperiode. Eine Möglichkeit, die von Seiten der Staatsanwält*innen präferiert ist, ist eine Ernennung durch den*die Bundespräsident*in (auf Vorschlag einer von ihm*ihr eingesetzten Expert*innenkommission) oder durch einen „Rat der Gerichtsbarkeit“ (Richter*innen; Rechts- und Staatsanwält*innen). Überlegt wird auch eine Ernennung mittels qualifizierter (2/3) Mehrheit des Nationalrats.

Bei der Frage nach *dissenting opinions* geht es darum, ob abweichende Meinungen zu VfGH-Erkenntnissen veröffentlicht werden sollen oder nicht. Aktuell werden nur Erkenntnisse veröffentlicht, es wird aber nicht erwähnt, wer möglicherweise eine andere Rechtsmeinung vertreten hat. Für eine Veröffentlichung von *dissenting opinions* spricht u. a., dass damit mehr Transparenz erzielt werden könnte und dass Bürger*innen durchaus zugetraut werden kann, trotz von der Mehrheitsmeinung abweichender Positionen höchstgerichtliche Erkenntnisse als unumstößlich zu betrachten. *Dissenting opinions* gibt es auch beim Europäischen Gerichtshof für Menschenrechte oder beim deutschen Bundesverfassungsgericht, ohne dass dies zu einem Autoritätsverlust der betreffenden Institutionen geführt hätte.

Gegen die Veröffentlichung von *dissenting opinions* wird angeführt, dass bei emotional besonders sensiblen Entscheidungen (z. B. jene zur Hilfeleistung zu Selbsttötung) divergierende Rechtsmeinungen politisch, gesellschaftlich bzw. medial instrumentalisiert werden könnten. Strittige Punkte würden überdies in einschlägigen rechtswissenschaftlichen Publikationen diskutiert werden.

7. Parteien und Parteiensystem

Das Parteiensystem in Österreich

Politische Parteien entstanden in Österreich bereits im 19. Jahrhundert. Die Gründung der Sozialdemokratischen Arbeiterpartei erfolgte 1888/89 unter Victor Adler in Hainfeld, jene der Christlichsozialen 1891, als unter Karl Lueger verschiedene Christlichsoziale Vereine zusammengeschlossen wurden. Landbund und Großdeutsche – die Parteien des Dritten Lagers – folgten zu Beginn der Ersten Republik.

Die Geschichte der politischen Parteien war damit bis lange hinein in die Zweite Republik verbunden mit der Existenz der politischen Lager: die ÖVP als Nachfolgepartei der Christlichsozialen, die SPÖ als Nachfolgepartei der Sozialdemokratischen Arbeiterpartei und die FPÖ, die in der Tradition des Deutschnationalismus von prominenten ehemaligen Nationalsozialisten mitbegründet wurde (die ersten beiden Parteiobmänner, Anton Reinthaller und Friedrich Peter, waren während der NS-Zeit u. a. SS-Mitglieder). Da die KPÖ nur in der Anfangsphase der Zweiten Republik im Nationalrat vertreten war (1945–1959), wurde lange Zeit in Österreich von einem Zweieinhalb-Parteien-System gesprochen – zwei große Parteien, SPÖ und ÖVP, und eine kleinere, die FPÖ.

Tabelle 18: Parteienkonzentration 1945–1983

	SPÖ und ÖVP	andere		SPÖ und ÖVP	andere
1945	94,4	5,6	1986	84,4	15,6
1949	82,7	17,3	1990	74,9	25,1
1953	83,4	16,6	1994	62,6	37,4
1956	89,0	11,0	1995	66,4	33,6
1959	89,0	11,0	1999	60,1	39,9
1962	89,4	10,6	2002	78,8	21,2
1966	90,9	9,1	2006	69,6	29,4
1970	93,1	6,9	2008	55,3	44,7
1971	93,1	6,9	2013	50,8	49,2
1975	93,4	6,6	2017	58,4	41,6
1979	92,9	7,1	2019	58,7	41,3
1983	90,9	9,1			

Quelle: bmi-homepage NR Wahlergebnisse; eigene Zusammenstellung

In den Jahren 1949–1959 waren mit ÖVP, SPÖ, KPÖ und VdU (ab 1956 FPÖ) vier Parteien im Nationalrat vertreten. Selbst in dieser Zeit erreichten ÖVP und SPÖ jeweils mehr als 80%, 1956 sogar knapp 90%. In den mehr als zwanzig Jahren zwischen 1959 und 1983 kamen sie auf 89% bis knapp 94%, mit dem Höchststand von 93,4% bei der Nationalratswahl 1975. All das zeigt eine ausgeprägte Stabilität des Parteiensystems. Gewinne bzw. Verluste bei Nationalratswahlen waren dementsprechend überschaubar gering. In den Jahren bis 1979 kandidierten österreichweit jeweils auch nur vier Parteien. Erst 1983 gelang zwei weiteren Parteien eine österreichweite Kandidatur – der ALÖ (Alternative Liste Österreich) und der Liste VGÖ (Vereinte Grüne Österreichs). Beide Grünparteien scheiterten aber am Einzug in den Nationalrat.

Tabelle 19: Nationalratswahlen kandidierende Parteien 1945–1983

Jahr	Anzahl (Ö)	mehr als 1%	Mandate	Im Nationalrat vertreten
1945	4 (3)	3	3	ÖVP, SPÖ, KPÖ
1949	10 (4)	4	4	ÖVP, SPÖ, KPÖ, VdU
1953	11 (4)	4	4	ÖVP, SPÖ, KPÖ, VdU
1956	10 (4)	4	4	ÖVP, SPÖ, KPÖ, FPÖ
1959	5 (4)	4	3	ÖVP, SPÖ, FPÖ
1962	5 (4)	4	3	ÖVP, SPÖ, FPÖ
1966	7 (4)	4	3	ÖVP, SPÖ, FPÖ
1970	7 (4)	4	3	SPÖ, ÖVP, FPÖ
1971	5 (4)	4	3	SPÖ, ÖVP, FPÖ
1975	6 (4)	4	3	SPÖ, ÖVP, FPÖ
1979	5 (4)	4	3	SPÖ, ÖVP, FPÖ
1983	8 (6)	5	3	SPÖ, ÖVP, FPÖ
1986	8 (5)	4	4	SPÖ, ÖVP, FPÖ, Grüne
1990	11 (6)	4	4	SPÖ, ÖVP, FPÖ, Grüne
1994	13 (7)	5	5	SPÖ, ÖVP, FPÖ, Grüne, LiF
1995	9 (7)	6	5	SPÖ, ÖVP, FPÖ, Grüne, LiF
1999	9 (7)	6	4	SPÖ, FPÖ, ÖVP, Grüne
2002	9 (6)	4	4	ÖVP, SPÖ, FPÖ, Grüne
2006	12 (7)	7	5	SPÖ, ÖVP, Grüne, FPÖ, BZÖ
2008	15 (10)	7	5	SPÖ, ÖVP, FPÖ, BZÖ, Grüne
2013	14 (9)	8	6	SPÖ, ÖVP, FPÖ, Grüne, TS, neos
2017	16 (10)	6	5	ÖVP, SPÖ; FPÖ, neos, Pilz
2019	13 (8)	6	5	ÖVP, SPÖ, FPÖ, Grüne, neos

Quelle: bmi-homepage NR Wahlergebnisse; eigene Zusammenstellung

Ab 1986 änderte sich diese Situation sehr deutlich: Mit den Grünen zog eine neue, erst in den 1970er Jahren entstandene Partei in den Nationalrat ein; in den Folgejahren saßen vier oder fünf, 2013–2017 sogar sechs Parteien im Nationalrat. Auch die Anzahl jener Parteien, die österreichweit zu Nationalratswahlen antraten, nahm sukzessive zu (bis zu 10 in den Jahren 2008 und 2017) und auch mehr und mehr Parteien konnten die 1%-Hürde überspringen, die zwar weit entfernt vom Einzug in den Nationalrat war, immerhin aber Wahlkampfkostenrückerstattung bedeutete.

Dementsprechend geringer wurde der kumulierte Stimmenanteil von ÖVP und SPÖ: 1990 mit 74,9% erstmals unter 80%, 1994 mit 62,6% erstmals unter der Zweidrittelmehrheit und 2013 nur mehr ganz knapp über 50% (50,8%). Das Ergebnis von 2002 (78,8%) muss insofern relativiert werden, als bei dieser Wahl die Implosion der FPÖ nach dem fatalen parteiinternen Konflikt (Stichwort Parteitag von Knittelfeld) sichtbar wurde. Die FPÖ kam nur mehr auf 10% (1999 immerhin 26,9%), die ÖVP konnte ihren Stimmenanteil bei dieser Wahl von 26,9% (im Jahr 1999) auf 42,3% steigern.

Dieser im Lauf der Jahre vollzogene Wandel in Richtung eines in vielen Ländern üblichen Mehrparteiensystems widerspiegelt sich auch in der Zahl der neu entstandenen Parteien, von denen aber nur sehr wenige für längere Zeit im Nationalrat verbleiben konnten. Einige dieser Parteien waren Abspaltungen von der FPÖ (LiF und BZÖ), eine weitere Abspaltung von den Grünen (Liste Pilz) und neu waren Team Stronach und NEOS, wobei das Team Stronach beinahe ähnlich sang- und klanglos wieder entschwand, wie es laut und mit Getöse gegründet worden war.

Mit dem Ende der klassischen politischen Lager kam auch Bewegung in die Relation zwischen Stammwähler- und Wechselwähler*innen. Der Anteil an Wechselwähler*innen stieg von minimalen 3% im Jahr 1975 auf 34% im Jahr 2017, gleichzeitig sank die Parteiidentifikation von 61% im Jahr 1983 auf 34% im Jahr 2017. Dass nicht zuletzt auch der Zeitpunkt der individuellen Wahlentscheidung näher zum Wahltag rückt, macht Wähler*innen für Parteien unberechenbarer.[44] Konnten sich v.a. ÖVP und SPÖ bis Mitte der 1980er Jahre auf eine verlässliche Stammklientel stützen, so müssen sie seither wesentlich stärker zu catch-all-parties werden, um erfolgreich zu sein. Ein Blick auf die Nationalratswahlergebnisse seit 1986 zeigt diese Veränderungen deutlich auf.[45]

Wenig überraschend war im Licht dieser Entwicklungen auch die Abnahme der Parteimitglieder. ÖVP und SPÖ waren klassische Mitgliederparteien, die anderen Parteien primär Wähler*innenparteien. Parteimitgliedschaft war in sehr vielen Fällen nicht (nur) Signal einer ideologischen Nähe zur jeweiligen Partei, sondern bedeutete auch Vorteile – etwa in Bezug auf Wohnungsvergabe oder Berufschancen. Parteien – vor allem eben SPÖ und ÖVP – hatten die Möglichkeit, ihren Mitgliedern Gegenleistungen für diese Parteitreue zu bie-

44 Plasser/Sommer (2018) 20; 21; 31
45 Vgl. dazu Kapitel 3

Abbildung 6: Parteien – Mitgliederschwund bei SPÖ

Parteimitglieder SPÖ 1990–2013		andere Parteien 2013	
1990	620.141	ÖVP	*keine Angaben*
1990	328.686	FPÖ	50.000
1990	234.857	Grüne	6.500
1990	225.009	NEOS	2.300
1990	205.224	Team Stronach	350

Quelle: APA, Handbuch Politik; eigene Zusammenstellung

Abbildung 7: Parteimitgliedschaften 2017

Partei	Mitglieder
ÖVP	500.000
SPÖ	180.000
FPÖ	60.000
Grüne	7.300
NEOS	2.500

Quelle: Angaben der Parteien; eigene Zusammenstellung Stand März 2017

ten. Wer in den 1960er Jahren Schuldirektor in Wien werden wollte, konnte dies ohne die entsprechende (in diesem Fall rote) Parteimitgliedschaft kaum werden; wer selbiges in Tirol wollte, musste Mitglied bei der ÖVP sein.

1970 lag die Zahl der Mitglieder bei ÖVP und SPÖ bei etwa 720.000.[46] Dass die ÖVP immer noch in etwa 500.000 Mitglieder aufweist, ist aufgrund der Doppelmitgliedschaften (vgl. dazu die Bündestruktur der ÖVP) etwas irreführend. Die tatsächliche Anzahl dürfte mehr oder weniger deutlich darunter liegen.

Eine politische Partei zu gründen, ist in Österreich relativ einfach. Die Statuten müssen im Innenministerium hinterlegt und in einem öffentlich einsehba-

46 Vgl. dazu http://www.demokratiezentrum.org/fileadmin/media/data/parteimitgliedschaft.pdf

ren Verzeichnis aufgelistet werden (Parteiengesetz 2012 – PartG); sie müssen überdies der Verfassung entsprechen. Verbote politischer Parteien sind der absolute Ausnahmefall; der bisher einzige Fall in der Zweiten Republik betraf 1988 die neonazistische NDP, die damals verboten und behördlich aufgelöst wurde. Insgesamt sind in Österreich 1.129 politische Parteien angemeldet (Stand Oktober 2021), im Jahr 2021 z. B. „GUM – Gemeinschaft unabhängiger Menschen", „HSÖBP – Heimatliche Sozialistische Österreichische Bundes Partei" oder die „Gitarristenpartei Österreichs".

Ein immer wieder intensiv diskutiertes Thema ist in Österreich die Parteienfinanzierung. Zum einen werden Parteien öffentlich finanziert (Parteienförderungsgesetz 2012 – PartFörG), durch Wahlkampfkostenrückerstattung, durch Fördermittel des Bundes für alle im Parlament vertretenen Parteien sowie durch Förderung politischer Bildungsarbeit (Bildungsinstitute der Parteien); zum anderen wird auch immer wieder auf die Bezahlung von Politiker*innen Bezug genommen.

*Tabelle 20: Politiker*innenbezüge – brutto monatlich*

Öffentliche Funktion (% NRAbg.)	2008	2014	2019	2021
Bundespräsident (280)	22.848,–	23.631,–	25.007,–	25.332,–
Bundeskanzler (250)	20.400,–	21.099,–	22.327,–	22.618,–
Vizekanzler (220)	17.952,–	18.567,–	19.648,–	19.904,–
NR Präsident (210)	17.136,–	17.723,–	18.755,–	18.999,–
Minister (200)	16.320,–	16.879,–	17.862,–	18.094,–
Landeshauptmann (200)	16.320,–	16.879,–	17.862,–	18.456,–
RH Präsident (180)	14.688,–	14.191,–	16.076,–	16.285,–
Staatssekretär (mit best. Aufgaben) (180)	14.688,–	14.191,–	16.076,–	16.285,–
2./3. NR Präs. (170)	13.872,–	14.347,–	15.183,–	15.687,–
Klubobmann NR (170)	13.872,–	14.437,–	15.183,–	15.687,–
Staatssekretär (ohne best. Aufgaben) (160)	13.056,–	13.503,–	14.290,–	14.764,–
Volksanwalt (160)	13.056,–	13.503,–	14.290,–	14.764,–
NR Abg. (100)	8.160,–	8.439,–	8.931,–	9.228,–
EU-Abg.	8.160,–	8.020,–	8.995,–	8.995,–
Präs. Bundesrat (100)	8.160,–	8.439,–	8.931,–	9.228,–
Stv. Präs. Bundesrat (70)	5.712,–	5.907,–	6.252,–	6.459,–
Fraktionvorsitzende/r Bundesrat (70)	5.712,–	5.907,–	6.252,–	6.459,–
BR Abg. (50)	4.080,–	4.219,–	4.466,–	4.614,–

Quellen: https://www.parlament.gv.at/ZUSD/PDF/Bezuege_2018.pdf;
https://www.vienna.at/politikergehaelter-steigen-so-viel-verdienen-sie-2021/6827797

Die Politikerbezüge orientieren sich an jenen von Nationalratsabgeordneten (100%); an der Spitze steht der Bundespräsident mit 280%, gefolgt vom Bundeskanzler mit 250%. Die Bezüge der Landtagsabgeordneten und Landesregierungsmitglieder sind in jedem Bundesland eigens geregelt, gehen aber ebenso vom 100%-Bezug aus.

Im Parteiengesetz ist auch geregelt, welche Zuwendungen (Sponsoring, Spenden) an Parteien in welchen Zeiträumen getätigt werden dürfen und welche Summen Parteien für Wahlkämpfe ausgeben dürfen. Diese Bereiche sind nach wie vor relativ unscharf, da eine Reihe von Konstruktionen gefunden werden können, um diese Festlegungen zu umgehen (z.B. über parteinahe Organisationen).

ÖVP – Österreichische Volkspartei

Geschichte

Die Gründung der Österreichischen Volkspartei erfolgte bereits wenige Wochen vor dem Ende des zweiten Weltkrieges und damit vor der Gründung der Zweiten Republik. Unter den im Konzentrationslager inhaftierten Leopold Figl, Alfons Gorbach und Kollegen soll schon während des Krieges beraten worden sein, welche politischen Kräfte in einem selbständigen Staat Österreich wieder aktiv sein könnten. Die Werte bürgerlich, christlich und konservativ waren dabei für die Gründungsgeneration der Volkspartei die wesentlichen. Am 17. April 1945 kam es im Wiener Schottenstift zur Gründung der ÖVP. Eines der Gründungsmitglieder war Leopold Kunschak, der auch nach Ende des Nationalsozialismus seinen Antisemitismus vehement lebte. Leopold Figl wurde Parteiobmann und nach der von der ÖVP gewonnenen Nationalratswahl im November 1945 Bundeskanzler.

Von Beginn an war die Volkspartei durch ihre bündische Struktur geprägt. Beinahe zeitgleich mit der Gründung der ÖVP formierten sich Bauernbund, Wirtschaftsbund und ÖAAB (Arbeitnehmer- und Arbeitnehmerinnenbund), es folgten der Frauenbund, die Junge ÖVP und der Seniorenbund.

Der Wirtschaftsbündler Julius Raab übernahm Anfang der 1950er Jahre die Parteiführung und kurz darauf auch die Kanzlerschaft von Figl mit dem Ziel, das Land wirtschaftlich zu sanieren. Das denkwürdigste Ereignis jener Zeit, die Unterzeichnung des Staatsvertrages, fiel dennoch wieder Figl zu, der 1955 als Außenminister amtierte. Bis 1966 regierte eine ÖVP-geführte Große Koalition, jedoch gab es immer wieder innerparteiliche Kritik und ein mehr oder weniger öffentliches Ringen um den Kurs der Partei.

Mit der absoluten Mehrheit bei der Nationalratswahl 1966 und der daraus resultierenden Alleinregierung unter Josef Klaus schaffte die ÖVP ihren wohl größten Triumph. Jedoch hielt die Regierung nur für eine Periode an – bei der Wahl 1970 wurde die ÖVP wieder von der SPÖ überholt. Es sollte 30 Jahre dauern, bis die Volkspartei wieder den Bundeskanzler stellen konnte. Während der 1970er Jahre versuchte die ÖVP mit verschiedenen Strategien, wieder auf den ersten Platz zu kommen, etwa mit dem gezielten, jedoch eher erfolglosen Versuch, Wähler*innen der FPÖ anzusprechen. Bundesparteiobmann Karl Schleinzer verunglückte während des Wahlkampfs zur Nationalratswahl 1975 bei einem Autounfall, sein Nachfolger Josef Taus hatte dem Vollblutpolitiker Bruno Kreisky nur wenig entgegenzusetzen.

1979 übernahm Alois Mock den Parteivorsitz und leitete eine weitgehende Reform der Partei ein. Nach den Umbrüchen des Jahres 1986 (Bundespräsident Kurt Waldheim, FPÖ-Chef Jörg Haider) und der nachfolgenden Neuwahl konnte die ÖVP nach 16 Jahren wieder in eine Große Koalition einziehen – allerdings als Juniorpartner. Alois Mock war als Außenminister federführend für die erfolgreichen Beitrittsverhandlungen Österreichs zur Europäischen Union verantwortlich, aber auch dieser klar pro-europäische Kurs konnte die Partei nicht wieder an die Spitze bringen.

Die späten 90er Jahre wurden für die ÖVP immer schwieriger. Die langen Jahre der Opposition bzw. als kleiner Koalitionspartner ließen viele in der Partei die eigene Profilbildung vermissen. Vor der Nationalratswahl am 3. Oktober 1999 rief die ÖVP-Führung unter Wolfgang Schüssel einerseits das Wahlziel von mehr als 30 Prozent aus; andererseits tätigte Schüssel die mittlerweile geflügelte Ankündigung „Wenn wir Dritter werden, gehen wir in Opposition“. Es folgte das – in Bezug auf den zweiten Platz – knappste Wahlergebnis der Zweiten Republik, in dem die ÖVP tatsächlich 415 Stimmen hinter der FPÖ auf Platz 3 blieb. Die ÖVP hielt ihre Weigerung, in Regierungsverhandlungen einzutreten, aufrecht, was dazu führte, dass Bundeskanzler Viktor Klima (SPÖ) nur so genannte „Sondierungsgespräche“ führen konnte. Nach einer langen Phase dieser Sondierungsgespräche, „Zukunftsgespräche“ und des politischen Taktierens (siehe auch Kapitel *Zweite Republik*) beschloss der ÖVP-Parteivorstand doch die Aufnahme von Koalitionsverhandlungen mit der SPÖ, welche jedoch am 21. Januar 2000 scheiterten. Noch in derselben Nacht kontaktierte Schüssel Jörg Haider, mit dem Ziel, eine alternative Regierungsmehrheit zustande zu bringen. Gegen den Widerstand von Bundespräsident Thomas Klestil einigten sich ÖVP und FPÖ auf eine Regierungszusammenarbeit, und so konnte die ÖVP ab 4. Februar 2000 nach 30 Jahren wieder den Bundeskanzler stellen.

Wiewohl die Jahre der schwarz-blauen Regierung von nationalen und internationalen Protesten, sowie von der zunehmenden inneren Zerrissenheit des Koalitionspartners geprägt waren, wurden aus der „Ära Schüssel“ so etwas wie goldene Jahre für die ÖVP. Nach der Implosion der FPÖ im Zuge der Ereignisse auf dem Knittelfelder Parteitag, welcher den Rücktritt der halben FPÖ-Regierungsmannschaft sowie letztlich Neuwahlen zur Folge hatte, konnte die ÖVP bei der Nationalratswahl 2002 ein sensationelles Ergebnis von 42,3% einfahren. Schüssel selbst konnte sich als unverzichtbarer Staatsmann positionieren[47], der mit dem nunmehr auf 10 Prozent geschrumpften Koalitionspartner viel Spielraum genoss.

Bei der Nationalratswahl 2006 verlor die ÖVP stark und fiel wieder hinter die SPÖ zurück. Wolfgang Schüssel trat bei der Bildung der neuerlichen großen Koalition als ÖVP-Obmann zurück; ihm folgte Wilhelm Molterer. Diese neue Koalition war allerdings nur von kurzer Dauer: nach anhaltenden Meinungsverschiedenheiten verlautbarte die SPÖ-Spitze in Person von Werner Faymann und Alfred Gusenbauer mittels Brief an den Herausgeber der *Kronen Zeitung* die Änderung ihrer Haltung zur Europäischen Union. Wilhelm Molterer trat daraufhin mit den Worten „Meine sehr geehrten Damen und Herren, es reicht!“[48] vor die Presse und kündigte die Koalition nach weniger als zwei Jahren auf. Bei der folgenden Neuwahl sowie der Nationalratswahl 2013 gelangen der ÖVP lediglich die beiden schlechtesten Wahlergebnisse ihrer Parteigeschichte – mangels alternativer Mehrheiten fand sie sich jedoch jedes Mal wieder als Teil einer Großen Koalition.

Nach 10 Jahren des Daseins als Juniorpartner fand sich die ÖVP im Frühjahr 2017 in einer ähnlichen Situation wie 1999. In Umfragen lag sie nur auf dem dritten Platz, und es herrschte allgemeiner Unmut in der Partei, dass die SPÖ als Kanzlerpartei die Regierungserfolge nur für sich verbuche. Mit der Flüchtlingsbewegung 2015 und ihren Nachwirkungen sahen Teile der Volkspartei ein Thema, mit dem sich die ÖVP klar von der SPÖ abgrenzen könnte. Sebastian Kurz trat als Außenminister für die „Schließung der Balkanroute“ ein und konnte mit dieser populistischen Politik und mit akribisch vorbereiteten innerparteilichen Destabilisierungsversuchen so viel Druck aufbauen, dass ÖVP-Chef Mitterlehner schlussendlich zurücktrat und den Weg für Kurz freimachte. Dies führte einerseits zum Bruch der rot-schwarzen Regierung und zu Neuwahlen im Herbst 2017; andererseits setzte Kurz auch weitreichende programmatische und organisatorische Änderungen in der Partei durch[49] und änderte den Parteinamen („Neue Volkspartei“) und die Farbe vom traditionellen schwarz auf türkis. Nach der erfolgreichen Nationalratswahl 2017 (stärkste Partei mit 31,5% [+7,5% im Vergleich zu 2013]) ging die ÖVP zum zweiten Mal eine Koalition mit der FPÖ ein. Die nunmehrige türkis-blaue Koalition rief, anders als

47 Die ÖVP plakatierte Schüssel im Wahlkampf mit dem Slogan „Wer, wenn nicht er“.

48 Vgl. dazu https://tvthek.orf.at/history/Innenpolitik/8002278/Wilhelm-Molterer-Es-reicht/7967776

49 Unter anderem erhielt der Parteichef weitgehend freie Hand bei der Erstellung der Kandidat*innenlisten zu Nationalratswahlen.

Tabelle 21: Wahlergebnisse der ÖVP

NR-Wahl	Prozent	Mandate	NR-Wahl	Prozent	Mandate
1945	49,80%	85	1986	41,29%	77
1949	44,03%	77	1990	32,07%	60
1953	41,26%	74	1994	27,67%	52
1956	45,96%	82	1995	28,29%	52
1959	44,19%	79	1999	26,91%	52
1962	45,43%	81	2002	42,30%	79
1966	48,35%	85	2006	34,33%	66
1970	44,69%	78	2008	25,98%	51
1971	43,12%	80	2013	23,99%	47
1975	42,94%	80	2017	31,47%	62
1979	41,90%	77	2019	37,46%	71
1983	43,22%	81			

Quelle: bmi – Wahlen; https://www.bmi.gv.at/412/Nationalratswahlen/, eigene Zusammenstellung

18 Jahre zuvor, überhaupt keine internationalen Reaktionen mehr hervor – Regierungsbeteiligungen von rechtspopulistischen Parteien waren mittlerweile in so manchen europäischen Ländern zur Normalität geworden. Viel glücklicher als jene ihrer schwarz-blauen Vorgänger war diese Regierungszusammenarbeit jedoch nicht: Wieder zerbrach die Regierung an den Turbulenzen beim Koalitionspartner FPÖ, Ibiza statt Knittelfeld war diesmal der Ort des Geschehens. In der Folge erfuhr die restliche Regierung das erste Misstrauensvotum in der Geschichte der Republik und es wurde vom Bundespräsidenten eine Regierung aus Beamtinnen und Beamten eingesetzt. Dies hatte jedoch zur Folge, dass Sebastian Kurz als de facto letzter Regierungschef eine Art Oppositionswahlkampf führen konnte – es war ein Wahlkampf ohne Amtsinhaber*innen. Die völlig auf Kurz zugeschnittene Kampagne bescherte der ÖVP das beste Wahlergebnis seit Schüssels Zeiten. Eine Zusammenarbeit mit der FPÖ kam nach Ibiza nicht mehr in Frage, die SPÖ zog sich bald aus den Sondierungsgesprächen zurück, und so trat Kurz in Koalitionsverhandlungen mit den Grünen ein, aus denen im Januar 2020 die erste türkis-grüne Koalition hervorging.

Im Oktober 2021 führte die Wirtschafts- und Korruptionsstaatsanwaltschaft Hausdurchsuchungen u.a. im Bundeskanzleramt und in der ÖVP-Parteizentrale durch. Hintergrund war der Verdacht auf Bestechung und Bestechlichkeit:[50] Sebastian Kurz und seine Vertrauten sollen in Vorbereitung der Machtübernahme innerhalb der Volkspartei und der Nationalratswahl 2017 gefälschte

50 Zum Erscheinungszeitpunkt des Buches sind die Ermittlungsverfahren noch nicht abgeschlossen; es gilt die Unschuldsvermutung.

Umfragen der Tageszeitung „Österreich“ zugespielt und die Kosten dafür durch Scheinrechnungen dem Finanzministerium verrechnet haben. Kurz gab daraufhin seinen Rücktritt als Bundeskanzler bekannt und wechselte als Klubobmann ins Parlament; im Kanzleramt folgte ihm Alexander Schallenberg. Wenige Wochen später zog sich Sebastian Kurz Anfang Dezember 2021 vollständig aus der Politik – auch aus der ÖVP – zurück. Neuer Bundesparteiobmann und Bundeskanzler wurde der bisherige Innenminister Karl Nehammer.

Organisation und Standpunkte

Die Österreichische Volkspartei unterscheidet sich von anderen Parteien vor allem durch ihre bündische Struktur. Parteimitglieder sind eigentlich Mitglieder bei einer der sechs Teilorganisationen (Junge ÖVP, Österreichischer Arbeitnehmerinnen- und Arbeitnehmerbund [ÖAAB], Österreichischer Bauernbund, Österreichischer Seniorenbund, Österreichischer Wirtschaftsbund und ÖVP-Frauen) und nur indirekt Mitglied der ÖVP oder einer ihrer Landesparteien. Dadurch ergibt sich neben dem politischen Wettstreit mit anderen Parteien eine permanente innerparteiliche Auseinandersetzung um Posten, Einfluss und inhaltliche Positionen, die teilweise geschickt genutzt wird, um die Verhandlungsposition der Gesamtpartei zu stärken, manchmal aber auch im offenen Konflikt ausbricht und schon das eine oder andere Köpferollen verursacht hat.

Ebenso wie die Teilorganisationen sind auch die einflussreichen Landesorganisationen in den Leitungsgremien (Parteileitung, Parteivorstand) direkt vertreten. Seit der Reform zur „Neuen Volkspartei“ 2017 hat der Bundesparteiobmann signifikant mehr Macht als früher: beispielsweise kann er eigenverantwortlich die Kandidat*innenlisten für Nationalrats- und Europawahlen erstellen, die Generalsekretär*innen und Bundesgeschäftsführer*innen bestellen, und ihm obliegt auch die „inhaltliche Führung“ der Partei.

Auf den ersten Seiten des aktuellen Grundsatzprogrammes der ÖVP definiert sich die Partei als Christdemokratische Volkspartei, und stellt dabei Werte wie die Freiheit des Einzelnen und die Eigenverantwortung der Bürger, Familie und das Wohl der Kinder, den Zusammenhalt in der Gesellschaft und durch die Verfassung mit besonderer Erwähnung des Ehrenamts, sowie Österreichs Rolle innerhalb eines geeinten Europa in den Mittelpunkt. Als bevorzugtes Marktmodell nennt die Partei die Ökosoziale Marktwirtschaft.

SPÖ – Sozialdemokratische Partei Österreichs

Geschichte

Die Geschichte der SPÖ geht zurück in die zweite Hälfte des 19. Jahrhunderts. Bereits 1874 wurde in Neudörfl/Burgenland die Sozialdemokratische Arbeiterpartei gegründet, allerdings war dies noch nicht eine Sammlung sämtlicher sozialdemokratischer Organisationen. Als Gründungsparteitag gilt deshalb jener von Hainfeld 1888/1889. Prägend für diese Einigung war Victor Adler, dem es gelang, die unterschiedlichen Richtungen – revolutionäre Gruppen auf der einen, reformistische auf der anderen Seite – zu einen und das Hainfelder Programm zu beschließen. Politische Rechtlosigkeit und ökonomische Abhängigkeit sollten beseitigt werden. Als Grundlage für dieses Vorhaben galt es, ein klassenbewusstes Proletariat zu bilden. Die dadurch angestrebte Befreiung der Arbeiterklasse sollte aber gewaltfrei erreicht werden. Bis zum Linzer Programm von 1926 blieb dieses Hainfelder Programm (mit einigen leichten Änderungen) die programmatische Grundlage der Sozialdemokratie.

In der Ersten Republik war die SDAP kurz in einer Koalition mit den Christlichsozialen; in dieser Phase wurden u. a. soziale Agenden umgesetzt (z. B. Achtstundentag, Arbeitslosenversicherung, Urlaubsanspruch) und nicht zuletzt die Verfassung von 1920 verabschiedet. 1926 folgte dann mit dem Linzer Programm die – laut Otto Bauer – programmatische Verankerung des Austromarxismus:

> „Wo die Arbeiterschaft gespalten ist, dort verkörpert die eine Arbeiterpartei die nüchterne Realpolitik des Tages, die andre [sic!] den revolutionären Willen zum letzten Ziel. Nur wo die Spaltung vermieden wird, nur dort bleiben nüchterne Realpolitik und revolutionärer Enthusiasmus in einem Geist vereint. Die Synthese beider – das ist das Linzer Programm, das ist, wenn man es so nennen will, der ‚Austromarxismus'".[51]

Das Ziel der Eroberung der Staatsmacht sollte auf demokratischem Wege erreicht werden. Sollte sich die Bourgeoisie aber „durch planmäßige Unterbindung des Wirtschaftslebens, durch gewaltsame Auflehnung, durch Verschwörung mit ausländischen gegenrevolutionären Mächten widersetzen wollen, dann wäre die Arbeiterklasse gezwungen, den Widerstand der Bourgeoisie mit den Mitteln der Diktatur zu brechen."[52]

51 Zit. Nach http://www.dasrotewien.at/seite/austromarxismus

52 http://www.otto-bauer.net/linzer_programm.pdf

Abbildung 8: Der Aufbau der SPÖ

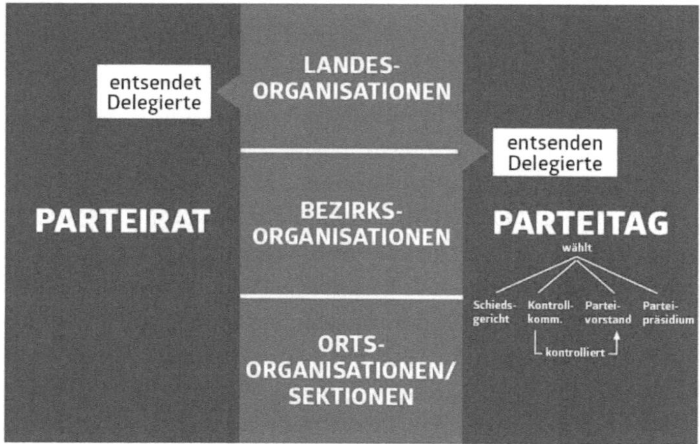

Quelle: https://www.spoe.at/das-sind-wir/aufbau-der-partei/

Das Ende kam für die SDAP in der Ersten Republik mit dem Bürgerkrieg im Februar 1934. Nach dem darauffolgenden Verbot der Partei waren im Untergrund die Revolutionären Sozialisten aktiv, sie bildeten auch einen Teil des Widerstands gegen die kurz später folgende NS-Diktatur.

Bereits am 14. April 1945 folgte schließlich die Neugründung der Sozialdemokratie als politische Partei unter der damaligen Bezeichnung „Sozialistische Partei Österreichs (Sozialdemokraten und Revolutionäre Sozialisten)“. Bei der ersten Nationalratswahl im November 1945 kandidierte die SPÖ dann aber ohne diesen Zusatz „Sozialdemokraten und Revolutionäre Sozialisten“. Gründungsmitglieder waren u. a. neben dem späteren Innenminister Oskar Helmer (der maßgeblich an der Verzögerung von Entschädigungszahlungen für Opfer des NS-Regimes beteiligt war[53]) die späteren Bundespräsidenten Theodor Körner und Adolf Schärf. Karl Renner wurde anschließend Staatskanzler der ersten provisorischen Regierung der Zweiten Republik (April-Dezember 1945).

Beispielhaft für den lange Zeit schlampigen Umgang der SPÖ mit dem Nationalsozialismus sei erwähnt, dass 1970 im ersten Kabinett Kreisky fünf ehemalige NSDAP-Mitglieder auf der Regierungsbank Platz nehmen konnten.[54]

Bis 1991 wurde der Parteiname „Sozialistische Partei Österreichs“ beibehalten, dann erfolgte die Änderung in „Sozialdemokratische Partei Österreichs“.

53 Vgl. dazu Knight 1988

54 Vgl. dazu http://www.dokumentationsarchiv.at/SPOE/Braune_Flecken_SPOE.htm

Wesentlich für das Funktionieren der Zweiten Republik und dafür, dass diese eine demokratische Erfolgsgeschichte werden sollte, war die Einsicht der großen Parteien SPÖ und ÖVP, dass die Zusammenarbeit, der politische Konsens dieser beiden politischen Lager an Stelle der Kämpfe der Ersten Republik treten musste. In diesem Sinne war auch das Bekenntnis zur Bildung einer (zunächst) Konzentrationsregierung (ÖVP, SPÖ und KPÖ) und nach dem Ausscheiden der KPÖ (1947) zu einer Großen Koalition zu verstehen.

Von 1945 bis 1966 war die SPÖ in einer Koalitionsregierung mit der ÖVP, sie stellte darin jeweils den Vizekanzler, die ÖVP den Bundeskanzler. Nach der ÖVP-Alleinregierung (1966–1970) kamen 13 Jahre Kanzlerschaft Bruno Kreisky, 1970–1971 noch als Minderheitsregierung, ab 1971 dann mit absoluter Mehrheit. Zwischen 1983 und 2000 stellte die SPÖ weiterhin den Bundeskanzler, zunächst in einer Koalition mit der FPÖ (1983–1986), dann in einer Koalition mit der ÖVP. Nach den Regierungen Schüssel konnte die SPÖ 2007 wiederum bis 2017 den Bundeskanzler stellen. In den 76 Jahren von 1945–2021 war die SPÖ damit 61 Jahre in der Regierung, die ÖVP 60 Jahre.

SPÖ-Bundeskanzler

• Karl RENNER	1945	• Viktor KLIMA	1997–2000
• Bruno KREISKY	1970–1983	• Alfred GUSENBAUER	2007–2008
• Fred SINOWATZ	1983–1986	• Werner FAYMANN	2008–2016
• Franz VRANITZKY	1986–1997	• Christian KERN	2016–2017

Organisation und Standpunkte

Territorial gegliedert ist die SPÖ in 2.680 Ortsparteien bzw. Sektionen, 105 Bezirksparteien und neun Landesparteien. Darüber steht der Bundesparteitag, in dem über Präsidium, Vorstand und Vorsitzende*n entschieden wird. Daneben gibt es eine Reihe an Organisationen, die jeweils eine konkrete Klientel vertreten (z.B. VSSTÖ als Vertretung der Studierenden, SPÖ-Frauen, SLÖ [Lehrer*innen] oder Kinderfreunde).

Als „unverrückbare Grundwerte“ stehen für die SPÖ Freiheit, Gleichheit, Gerechtigkeit und Solidarität; konkreter ausformuliert sind die Ziele im Grundsatzprogramm (aktuell jenes von 2018[55]).

Die SPÖ war, wie andere sozialdemokratische Parteien, die klassische politische Vertretung des Proletariats, der Arbeiterschaft. Diese Rolle wurde ihr,

55 https://www.spoe.at/wp-content/uploads/sites/739/2018/12/Parteiprogramm2018.pdf

beginnend in den späten 1990er Jahren, zunehmend von der FPÖ streitig gemacht. Betont wurde immer auch das Bekenntnis zu einer starken parlamentarischen Demokratie und einem Eintreten für sozial Schwächere, für soziale Gerechtigkeit. Trotz ihres Bekenntnisses zum Internationalismus konnte die SPÖ gerade beim Thema Migration und Integration diesem Anspruch in den vergangenen Jahrzehnten nicht immer gerecht werden.

SPÖ Parteivorsitzende seit 1945

- Adolf Schärf 1945–1957
- Bruno Pittermann 1957–1967
- Bruno Kreisky 1967–1983
- Fred Sinowatz 1983–1988
- Franz Vranitzky 1988–1997
- Viktor Klima 1997–2000
- Alfred Gusenbauer 2000–2008
- Werner Faymann 2008–2016
- Christian Kern 2016–2018
- Pamela Rendi-Wagner seit 2018

Die SPÖ stellt (Stand 2021) drei von neun Landeshauptleuten (Burgenland, Wien, Kärnten); für kurze Zeit kamen auch die Landeshauptfrau in Salzburg (Gabi Burgstaller, 2004–2013) und der Landeshauptmann in der Steiermark (Franz Voves, 2005–2015) dazu.

Tabelle 22: Wahlergebnisse der SPÖ

NR-Wahl	Prozent	Mandate	NR-Wahl	Prozent	Mandate
1945	44,6	76	1986	43,1	80
1949	38,7	67	1990	42,8	80
1953	42,1	73	1994	34,9	65
1956	43,0	74	1995	38,1	71
1959	44,8	78	1999	33,1	65
1962	44,0	76	2002	36,5	69
1966	42,6	74	2006	35,3	68
1970	48,4	81	2008	29,2	57
1971	50,0	93	2013	26,8	52
1975	50,4	93	2017	26,9	52
1979	51,0	95	2019	21,2	40
1983	47,6	90			

Quelle: bmi – Wahlen https://www.bmi.gv.at/412/Nationalratswahlen/, eigene Zusammenstellung

FPÖ – Freiheitliche Partei Österreichs

Geschichte

Gegründet wurde die FPÖ im Jahr 1956. Der VdU war nach und nach von deutschnationalen Vertretern übernommen worden und bereits 1955 kandidierte die Freiheitliche Wahlpartei bei den Landtagswahlen in OÖ. Am 03.11.1955 fand ein Treffen eines Proponentenkomitees statt, bei dem der Name Freiheitliche Partei Österreichs festgelegt wurde und am 07.04.1956 wurde in Wien der Gründungsparteitag abgehalten. Bereits die Person des ersten Parteiobmanns deutete auf die (auch) inhaltliche Positionierung der FPÖ hin: der oberösterreichische Funktionär Anton Reinthaller übernahm die Führung der Partei. Reinthaller war bereits in den späten 1920er Jahren Mitglied der NSDAP geworden (1928), später war der „überzeugte Nazi"[56] SS-Mitglied, Bundesminister für Land- und Forstwirtschaft im Anschlusskabinett Seyß-Inquart und NS-Landesbauernführer in Niederdonau: Reinthaller wurde 1950 wegen seiner NS-Aktivitäten zu drei Jahren Haft verurteilt. Er blieb bis 1958 Parteiobmann; mit Friedrich Peter folgte ihm ein ehemaliges Mitglied der Waffen-SS. Friedrich Peter blieb bis 1978 FPÖ-Parteiobmann.

Die FPÖ war in Kontinuität des Dritten Lagers Vertretung des Deutschnationalismus in Österreich, bekannte sich dezidiert zur deutschen Volks- und Kulturgemeinschaft und die Liste der Berührungspunkte zum Nationalsozialismus zieht sich wie ein roter Faden durch die gesamte bisherige Geschichte der FPÖ.

Obwohl es Ziel der FPÖ war, Regierungsverantwortung zu übernehmen, waren zunächst weder ÖVP noch SPÖ bereit, mit ihr zu koalieren. Allerdings war die Habsburg-Krise 1963 ein erstes Anzeichen dafür, dass die SPÖ durchaus mit einer Koalition SPÖ-FPÖ liebäugelte: ein Entschließungsantrag wurde trotz der damals regierenden ÖVP-SPÖ Koalition von SPÖ und FPÖ unterstützt – gegen die Stimmen der ÖVP.[57]

1970 unterstützte dann die FPÖ die SPÖ-Minderheitsregierung (und bekam dafür im Gegenzug ein für Kleinparteien günstigeres Wahlrecht). Im Jahr 1983 wurde die FPÖ schließlich von der SPÖ in die Regierung geholt (Kleine Koalition 1983–1986). Weitere Regierungsbeteiligungen folgten mit der ÖVP (2000–2007 und 2017–2019).

Ab der Übernahme der Partei durch Jörg Haider 1986 setzte die FPÖ stark auf das Thema Ausländer/Zuwanderung und wurde damit zum Vorbild für rechtspopulistische Parteien in ganz Europa, was auch zur internationalen Ablehnung der Regierungsbeteiligung der FPÖ im Jahr 2000 führte. Die Ge-

56 Margit Reiter in Die Presse, 05.04.2018

57 Vgl. dazu https://www.parlament.gv.at/ZUSD/PDF/Die_Habsburg-Krise.pdf

schichte der FPÖ seit 2000 ist geprägt von Abspaltungen und innerparteilichen Turbulenzen sowie dem wiederholten Versuch, sich vom „rechten Rand" abzugrenzen und gleichzeitig diese Wähler*innen anzusprechen. Unter Haiders Nachfolger Heinz-Christian Strache wurde der Ton noch einmal plumper und rauer (ein Plakatslogan lautete „Daham statt Islam").

Seit 1986 werden Höhenflüge der FPÖ regelmäßig durch massive Einbrüche abgelöst: so der Anstieg auf 26,9% bei der NRW 1999 und der darauf folgende Absturz auf 10% 2002. Ebenso der Aufstieg auf 26% (2017) und der folgende Rückgang auf 16,2%. Beide Male war die FPÖ in der Regierung gescheitert: 2002 durch innerparteiliche Konflikte (Parteitag Knittelfeld), 2019 durch Bekanntwerden des sogenannten Ibiza-Videos.

Landespolitisch am erfolgreichsten war die FPÖ in Kärnten (Landeshauptmann von 1989–1991 und von 1999–2013; von 2005–2013 als BZÖ bzw. FPK). In Landesregierungen war die FPÖ zu Zeiten der Proporzregierungen häufig vertreten, überdies lange Zeit in Vorarlberg und kurzzeitig im Burgenland. In Oberösterreich wurde (trotz der Proporzregierung) das 2015 begonnene Arbeitsübereinkommen zwischen ÖVP und FPÖ nach der Landtagswahl 2021 weitergeführt.

Tabelle 23: Wahlergebnisse der FPÖ (1949/1953 WdU)

NR-Wahl	Prozent	Mandate	NR-Wahl	Prozent	Mandate
1949	11,7	16	1986	9,7	18
1953	10,9	14	1990	16,6	33
1956	6,5	6	1994	22,5	42
1959	7,7	8	1995	22,0	41
1962	7,0	8	1999	26,9	52
1966	5,3	6	2002	10,0	18
1970	5,5	6	2006	11,0	21
1971	5,5	10	2008	17,5	34
1975	5,4	10	2013	20,5	40
1979	6,1	11	2017	26,0	51
1983	5,0	12	2019	16,2	31

Quelle: bmi – Wahlen https://www.bmi.gv.at/412/Nationalratswahlen/, eigene Zusammenstellung

Organisation und Standpunkte

Die FPÖ ist – anders als ÖVP und SPÖ – keine Mitgliederpartei, dementsprechend ist die Anzahl der deklarierten Pateimitglieder vergleichsweise gering. Oberstes Beschlussorgan ist der ordentliche Parteitag (der zumindest alle drei Jahre stattfinden muss). Dort entscheiden die Delegierten der Landesparteien über die inhaltliche Positionierung, über Bundesparteiobmann/-obfrau und deren*dessen Stellvertreter*innen. Das Generalsekretariat ist – laut Eigendefinition – „politisches Sprachrohr“ der Partei, organisatorische Zentrale ist die Bundesgeschäftsstelle.[58] Zu den Vorfeld- bzw. befreundeten Organisationen zählen u. a. die Arbeitsgemeinschaft Unabhängiger und Freiheitlicher („auf“), Freiheitliche Arbeitnehmer, Freiheitlicher Familienverband, Initiative Freiheitlicher Frauen, Ring Freiheitlicher Jugend (rfj), Ring Freiheitlicher Studenten (rfs) oder der Freiheitliche Akademikerverband.[59]

FPÖ – Bundesparteiobleute

- Anton Reinthaller 1956–1958
- Friedrich Peter 1958–1978
- Alexander Götz 1978–1980
- Norbert Steger 1980–1986
- Jörg Haider 1986–2000
- Susanne Riess-Passer 2000–2002
- Matthias Reichhold 2002
- Herbert Haupt 2002–2004
- Ursula Haubner 2004–2005
- (Hilmar Kabas 2005 interim. 5.–23.04.)
- Heinz Christian Strache 2005–2019
- Norbert Hofer 2019–2021
- Herbert Kickl seit 2021

Inhaltlich war die FPÖ, wie bereits erwähnt, dem Deutschnationalismus verpflichtet. Die zaghaften Versuche, sich anstatt dessen in Richtung Liberalismus zu entwickeln, gipfelten im Atterseekreis der frühen 1970er Jahre und der Regierungsbeteiligung 1983, bevor der Parteitag 1986 mit dem Sturz des damaligen Parteiobmanns Norbert Steger und der Kür seines Nachfolgers Jörg Haider sämtliche Versuche, die FPÖ in Richtung einer FDP zu entwickeln, im Keim erstickte. Von 1978–1993 war die FPÖ auch in der Liberalen Internationale vertreten; der Austritt 1993 kam einem de facto bereits vorbereiteten Ausschluss zuvor. Der Atterseekreis wurde 2012 von Manfred Haimbuchner wiederbelebt, allerdings nicht als liberaler, sondern deutschnationaler Think-Tank.

Mit 1986 änderte sich das Profil der FPÖ wieder in Richtung Deutschnationalismus und einem immer stärker akzentuierten Rechtspopulismus; die Nähe zu rechtsextremen Positionen war der FPÖ im Lauf ihrer Geschichte niemals abhandengekommen. Seitdem ist auch die xenophobe, auf Exklusion ausgerichtete Positionierung ein kontinuierlicher inhaltlicher Faktor der FPÖ.

58 Vgl. dazu https://www.fbi-politikschule.at/news-detail/artikel/die-bundespartei-2/
59 Vgl. dazu https://www.fpoe.at/organisationen

Die Grünen/Die grüne Alternative

Geschichte

In den 1970er Jahren konnte man in vielen europäischen Ländern die Entstehung einer neuen Parteifamilie beobachten. Mit dem Aufkommen von Umwelt- und Naturschutz als neuem Politikfeld verbunden war eine Kritik am Kapitalismus und der grenzenlosen Industrialisierung, ebenso an der traditionellen, hierarchischen Art, (Partei-)Politik zu machen. Die Ökologiebewegung formierte sich in Deutschland und anderen Staaten vor allem im Protest gegen Atomkraftwerke, der durch Aktionismus und autonome, vernetzte Bewegungen gekennzeichnet war.

Auch in Österreich war die Volksabstimmung um die Inbetriebnahme des Atomkraftwerks Zwentendorf (Niederösterreich) im November 1978 der Startschuss für die Gründung von grünalternativen Listen, vorerst auf Gemeindeebene. Bundesweit etablierten sich zunächst zwei Wahlparteien, die progressivere Alternative Liste Österreichs (ALÖ) und die konservativeren Vereinten Grünen Österreichs (VGÖ). Beide Listen traten zur Nationalratswahl 1983 an, erreichten allerdings gemeinsam nur 3,29 Prozent der Stimmen und waren damit nicht im Nationalrat vertreten. Die Hainburg-Bewegung zur Verhinderung des Baus eines Wasserkraftwerks in den geschützten Donauauen 1984/85 trug weiter zur Popularisierung der Öko-Bewegung bei. Die beiden Listen vereinten sich zur Partei „Die Grüne Alternative“ und konnten 1986 mit Spitzenkandidatin Freda Meißner-Blau erstmals in den Nationalrat einziehen.

Die grünen Abgeordneten im Nationalrat begannen ihre erste Legislaturperiode mit einigem Aktionismus. Erinnert sei in diesem Zusammenhang an den Abgeordnete Andreas Wabl, der im Zuge der Waldheim-Diskussion am 14. Mai 1987 während seiner Rede im Nationalrat eine Hakenkreuzfahne entrollte um damit zu demonstrieren, unter welcher Fahne Waldheim „seine Pflicht erfüllt“ habe. Gemäß ihrem basisdemokratischen Politikverständnis wollten sie weder Klubobmann noch Klubobfrau nominieren, sondern besetzten die Position mit einer Strohpuppe. Für die Mandatar*innen wollten sie das Rotationsprinzip aufrechterhalten, dass jede*r Abgeordnete nach einer gewissen Zeit sein*ihr Mandat weitergeben solle, dies stellte sich allerdings nicht als praktikabel heraus. Zur gleichen Zeit wurde erst langsam die Parteistruktur der Grünen – vor allem in den Bundesländern – aufgebaut. Bis heute gibt es eine ideologische Rivalität zwischen jenen Landesorganisationen, die aus Protagonist*innen der ALÖ hervorgegangen sind, und jenen, die den konservativeren VGÖ als Vorläufer haben.

Vornehmlich mit Peter Pilz als Aufdecker verdienten sich die Grünen ihre ersten Sporen als Oppositionspartei in den Untersuchungsausschüssen zur

Lucona-Affäre[60] und dem Noricum-Skandal[61]. Bei der Nationalratswahl 1990 konnten die Grünen ihre Mandate leicht ausbauen und konnten ihren Klub mit 50% Frauen besetzen. Die frühen 90er Jahre waren geprägt von internen Streitigkeiten über eine Parteireform. 1994 ging es dann aufwärts für die Grünen: nach der Tiroler Landtagswahl im März zog Eva Lichtenberger als erste Grüne in eine Landesregierung ein (nach dem Proporzsystem). Madeleine Petrovic wurde zur alleinigen Spitzenkandidatin und Bundessprecherin gewählt und konnte bei der Nationalratswahl 13 Mandate erringen, Johannes Voggenhuber zog 1995 ins Europaparlament ein. Durch die Abspaltung des Liberalen Forums von der FPÖ gab es nun jedoch eine zweite alternative Partei für jene Wähler*innen, die mit dem bestehenden Parteienangebot nicht zufrieden waren. Bei der Nationalratswahl 1995 fanden die Grünen keine Strategie der Abgrenzung gegenüber dem LiF und fielen hinter die neue Partei und auf ihr erstes Wahlergebnis von 4,8% zurück.

Alexander Van der Bellen wurde 1997 zum Bundessprecher gewählt und blieb für 12 Jahre in dieser Funktion. Unter seiner Führung konnte sich die Partei langsam konsolidieren, stabilisieren und vor allem professionalisieren. Die Bildung der schwarz-blauen Bundesregierung im Jahr 2000 hatte für die Grünen zur Folge, dass sie sich ein scharfes oppositionelles Profil erarbeiten und sich im Parlament und medial an den Regierungsparteien reiben konnten. Auch die anhaltenden Proteste gegen die rechtskonservative Regierung konnten sich die Grünen zunutze machen. Gleichzeitig wurde laut über Alternativen zu dieser Regierung nachgedacht und die Grünen spielten erstmals mit dem Gedanken, in eine Koalition einzutreten.

Im Jahr 2001 schafften es die Grünen, sich nach zehnjähriger Debatte endlich ein überarbeitetes Grundsatzprogramm zu geben. Als „grüne Grundwerte" gelten seitdem die Begriffe basisdemokratisch, selbstbestimmt, solidarisch, feministisch, ökologisch und gewaltfrei. Bis heute ist dies das geltende Grundsatzprogramm der Partei.

Nach der Nationalratswahl 2002, bei der die ÖVP triumphierte und ihr bisheriger Koalitionspartner FPÖ abstürzte, traten die Grünen tatsächlich in Regierungsverhandlungen mit der ÖVP ein. Diese wurden für die Partei zur Zerreißprobe: Die unzureichend vorbereiteten Grün-Politiker*innen waren dem hochprofessionellen Verhandlungspartner weit unterlegen; zugleich gab es schon während der Verhandlungen Widerstände in der eigenen Partei, bei-

60 Sprengstoffanschlag auf das Frachtschiff Lucona mit sechs Toten zum versuchten Versicherungsbetrug durch den Unternehmer Udo Proksch, der enge Verbindungen zur Politik pflegte.

61 Illegale Waffenlieferungen der VÖEST-Tochter Noricum an die beiden Konfliktparteien Iran und Irak im ersten Golfkrieg.

spielsweise durch die Grünalternative Jugend, welche die Parteizentrale besetzte. Auch wenn die Verhandlungen schlussendlich scheiterten, hinterließen sie dennoch den Eindruck, dass mit den einst radikalen Grünen nun doch „ein Staat zu machen" wäre.

Bei den folgenden Wahlen konnten sich die Grünen als stabile Kraft um die 10 Prozent etablieren, jedoch kam eine Regierungsbeteiligung nie mehr in Reichweite. Nach der Nationalratswahl 2008 übergab Alexander Van der Bellen als Bundessprecher an seine langjährige Stellvertreterin Eva Glawischnig. Unter ihrer Führung professionalisierte sich die Partei stark in ihrem Auftreten und in ihrem äußeren Erscheinungsbild – eine Entwicklung, die wie so oft von außen positiv kommentiert, innerparteilich aber da und dort kritisch gesehen wurde. In Wien traten die Grünen 2010 in eine Koalition mit der SPÖ auf Landesebene ein, welche bis 2020 anhielt.

Im Vorfeld der Nationalratswahl 2017 waren die Grünen – zumindest der Papierform nach – am Höhepunkt ihrer politischen Einflussposition angekommen: sie stellten mit 24 Nationalratsabgeordneten so viele wie noch nie zuvor, waren in allen Landtagen und sechs Landesregierungen vertreten und der von ihnen unterstützte Kandidat Alexander Van der Bellen war soeben ins Bundespräsidentenamt eingezogen. Die Wahl 2017 wurde jedoch zum Desaster: die Grünen erreichten mit Spitzenkandidatin Ulrike Lunacek nur 3,8 Prozent und konnten nicht mehr in den Nationalrat einziehen. Ein wesentlicher Grund dafür war, dass Peter Pilz, der nicht mehr auf die grüne Bundesliste gesetzt worden war, mit einer eigenen Liste in den Wahlkampf zog und den Einzug in den Nationalrat schaffte. Zudem war die Partei durch den langen, teuren und personalintensiven Bundespräsidentschaftswahlkampf ausgelaugt, was sich in inneren Unstimmigkeiten wie dem Ausschluss der Parteijugend oder dem Rückzug von Bundessprecherin Eva Glawischnig äußerte.

Nach dem Ausscheiden aus dem Nationalrat mussten sich die Grünen – wie in ihrer Anfangszeit – in der außerparlamentarischen Opposition organisieren. Glawischnigs langjähriger Stellvertreter Werner Kogler übernahm die verschuldete Partei als Bundessprecher. Bei einzelnen Landtagswahlen konnten wieder leichte Zugewinne eingefahren werden und im Frühjahr 2018 konnten die Grünen in Innsbruck zum ersten Mal den Bürgermeister einer Landeshauptstadt stellen. Die Fridays-for-Future-Bewegung versetzte dem Thema Klimawandel einen starken Schub in der Öffentlichkeit, von dem auch die Grünen profitieren konnten: mit Kogler als Spitzenkandidat errangen sie erst ein starkes Ergebnis bei der Europawahl 2019, und bei der aufgrund der Ibiza-Affäre vorgezogenen Neuwahl im Herbst konnte die Partei mit dem stärksten Ergebnis ihrer Geschichte wieder ins Parlament einziehen. Damit nicht genug: die Grünen traten in Koalitionsverhandlungen mit der Neuen Volkspartei ein und sind seit

Januar 2020 erstmals ein Teil der Bundesregierung. Unter anderem stellen sie den Gesundheitsminister, was in der Corona-Pandemie eine zusätzliche Herausforderung für die regierungsunerfahrene Partei bedeutet.

Tabelle 24: Wahlergebnisse der Grünen, 1983–2019

NR-Wahl	Prozent	Mandate	NR-Wahl	Prozent	Mandate
1983	3,29%	0	2002	9,47%	17
1986	4,82%	8	2006	11,05%	21
1990	4,78%	10	2008	10,43%	20
1994	7,31%	13	2013	12,42%	24
1995	4,81%	9	2017	3,80%	0
1999	7,40%	14	2019	13,90%	26

Quelle: bmi – Wahlen https://www.bmi.gv.at/412/Nationalratswahlen/, eigene Zusammenstellung

Organisation und Standpunkte

Die Grünen sind laut ihren Statuten basisdemokratisch organisiert, das bedeutet, dass prinzipiell alle Mitglieder mitentscheiden können. In der Praxis ist dies nur mehr auf kommunaler Ebene und in einigen Landesparteien der Fall; auf allen anderen Ebenen hat sich ein Delegiertensystem ähnlich anderen Parteien etabliert. Auf Bundesebene entscheiden neben dem Bundeskongress als Parteitag der Bundesvorstand rund um den oder die Bundessprecher*in sowie der Erweiterte Bundesvorstand, der so etwas wie eine Länderkammer darstellt. Alle Gremien der Grünen so wie auch die Kandidat*innenlisten für Wahlen müssen mindestens paritätisch besetzt sein, also mit jeweils mindestens so vielen Frauen wie Männern.

In der Grundsatzerklärung der Partei, welche 2001 beschlossen wurde, bekennt sich die Partei zu sechs Grundwerten: Ökologisch, solidarisch, selbstbestimmt, basisdemokratisch, gewaltfrei, feministisch.

Die Partei ist in ihrer Geschichte stets ein politisches Sprachrohr für die Umweltschutzbewegung gewesen. Im Kern der Partei steht daher der Grundgedanke von Umweltschutz, Klimaschutz und Nachhaltigkeit: „Eine solidarische Gesellschaft freier Menschen in einer intakten Umwelt – das ist unsere Vision. Diese Vision beschreibt keinen idealen Endzustand, sondern eine offene Zukunft, die wir mit unseren Werten, Prinzipien und unserer Politik mitgestalten wollen“ (Präambel des Grundsatzprogramms).

Darüber hinaus positioniert sich die Partei im linken Flügel des politischen Spektrums. Dies schlägt sich im Wahlprogramm zur Nationalratswahl 2019 nieder, welches Themen wie Bildungsgerechtigkeit, Menschenrechte, leistbares Wohnen, Pflege und Gesundheitssystem, Frauenpolitik und eine Pro-EU Einstellung in den Mittelpunkt stellt.

Andere Nationalratsparteien

Neben ÖVP und SPÖ, die seit 1945 im Nationalrat sind, der FPÖ, die seit ihrer Gründung (1956) im Nationalrat vertreten ist und den Grünen, die – mit Ausnahme der Jahre 2017–2019 – ebenso seit ihrem erstmaligen geeinten Antreten 1986 im Nationalrat sitzen, waren VdU, KPÖ, LiF, BZÖ, Team Stronach und Liste Pilz („Jetzt") kurzfristig im Nationalrat. Ebenso seit dem Jahr ihrer Gründung (2013) sind die NEOS im Nationalrat.

Erstmals 1949 konnte der **VdU** (Verband der Unabhängigen; bzw. WdU Wahlpartei der Unabhängigen) bei Nationalratswahlen antreten (11,7%; 16 Mandate), Auch bei der Wahl 1953 kam der VdU/WdU mit 10,9% und 14 Mandaten in den Nationalrat. Der VdU war u. a. ein Sammelbecken für ehemalige minderbelastete Nationalsozialisten, die 1945 noch von der Wahl ausgeschlossen waren, 1949 aber erstmals wieder wählen durften. Die etwa 500.000 Minderbelasteten wählten aber nur zu einem Drittel VdU, die beiden anderen Drittel teilten sich auf ÖVP und SPÖ auf.[62]

Die **KPÖ** (Kommunistische Partei Österreichs) wurde 1918 gegründet und war von 1945–1959 im Nationalrat und in den Jahren 1945–1947 auch mit ÖVP und SPÖ in der damaligen Regierung. Die KPÖ spielt seitdem bundespolitisch keine Rolle mehr, kann sich aber in manchen Gemeinden und vor allem im Bundesland Steiermark nach wie vor behaupten. So etwa in Krems, der Stadt Salzburg, im niederösterreichischen Fischamend und in 18 steirischen Gemeinden (Stand 2021). Bei der Landtagswahl in der Steiermark erreichte die KPÖ 6%, bei der Gemeinderatswahl in Graz 2017 20,3%. Als durchaus sensationell zu bezeichnen ist, dass die KPÖ bei der Gemeinderatswahl im September 2021 stärkste Partei in Graz wurde: für die KPÖ stimmten 28,8% (+8,5%), für die zweitplatzierte ÖVP 25,9% (-11,9%). Die KPÖ stellt damit in Graz mit Elke Kahr ihre einzige Bürgermeisterin, und das gleich in der zweitgrößten Stadt Österreichs. Der lokal begrenzte Erfolg der KPÖ in und um Graz lässt sich mit drei Faktoren erklären[63]: erstens gab es für den Grazer Gemeinderat nie eine Sperrklausel, auch in ihren schwächsten Zeiten reichten der KPÖ also ungefähr 1,5% Prozent, um sich

62 Vgl. dazu Gärtner (2019), 90ff
63 siehe dazu ausführlich Weisskircher (2018)

zumindest mit einem Mandat im Gemeinderat zu halten. Zweitens hat die KPÖ mit ihrem Urgestein Ernest Kaltenegger und nun Elke Kahr das Thema Wohnen nachhaltig besetzt und sich damit gegenüber den anderen Parteien ein Alleinstellungsmerkmal erarbeitet. Und drittens hat die Partei in diesem Zusammenhang einen Sozialfonds eingerichtet, in den ihre PolitikerInnen alles einzahlen, was sie mehr als ca. 2.100 Euro (entspricht einem Facharbeiter*innen-Lohn) verdienen. Seit 1998 sind damit fast 2 Millionen Euro zusammengekommen, die zur kurzfristigen Unterstützung für Menschen in (Wohnungs-)Not verwendet wurden.

Das **Liberale Forum** (LiF) entstand Anfang Februar 1993 als FPÖ-Abspaltung. Nach dem Volksbegehren „Österreich zuerst" („Ausländervolksbegehren") und massiven Protesten gegen die xenophobe Positionierung der FPÖ erklärte die damalige FPÖ-Abgeordnete Heide Schmidt mit vier weiteren FPÖ-Mandatar*innen ihren Austritt aus der FPÖ und die Gründung des Liberalen Forums. Sowohl bei der NRW 1994 als auch bei den Neuwahlen im darauffolgenden Jahr 1995 konnte das LiF in den Nationalrat einziehen, 1999 scheiterte die Partei aber mit 3,6% an der 4% Hürde. Nach einigen erfolglosen Versuchen des Wiedereinzugs fusionierte das Liberale Forum 2014 mit den NEOS.

Eine weitere FPÖ-Abspaltung gab es mit dem **BZÖ** (Bündnis Zukunft Österreich) 2005. Damals wollte Jörg Haider einer sich abzeichnenden Kampfabstimmung um den FPÖ-Parteivorsitz gegen Heinz Christian Strache zuvorkommen und erklärte im April die Gründung des BZÖ. Bei der Nationalratswahl 2006 konnte das BZÖ knapp die 4% Hürde überspringen, bei der Wahl 2008 erreichte das BZÖ mit 10,7% ein durchaus beachtliches Ergebnis. Als aber nur wenige Tage später Jörg Haider bei einem in alkoholisierten Zustand verursachten Verkehrsunfall ums Leben kam, fehlte dem BZÖ die Leitfigur, ein Umstand, den in der Folgezeit niemand kompensieren konnte. Lediglich in Kärnten fristete das BZÖ noch längere Zeit ein politisches Dasein, nach einem neuerlichen Zerwürfnis zwischen BZÖ und FPK (Freiheitliche Partei Kärntens) konnte das BZÖ bei der LTW 2013 nur mehr 6,4% der Stimmen erringen (nach 44,9% 2009) um dann 2018 endgültig in der Versenkung zu verschwinden.

Beide FPÖ-Abspaltungen, LiF und BZÖ schafften es in ihrer kurzen Zeit als Nationalratsparteien nicht, sich regional nennenswert zu etablieren. Dies war mit ein Grund für das letztendliche Scheitern auch auf Bundesebene.

Ein noch kürzeres Aufflackern zeigten zwei weitere Parteien – **Team Stronach** und **Liste Pilz** („Jetzt"). Im Jahr 2012 wurde das Team Stronach des Unternehmers Frank Stronach wortreich aus der Taufe gehoben (Stronach: „Der 27. September 2012, da bin ich sicher, das ist ein sehr wichtiger Tag, der in die Geschichte Österreichs eingehen wird und der auch in die Geschichte der Welt eingehen wird."[64]). Mit 5,7% blieb die Partei bei der Nationalratswahl 2013 deutlich unter den selbst gesteckten Zielen, um 2017 gar nicht mehr zur Wahl anzutreten.

Ebenso kurzlebig war die Liste Pilz („Jetzt"). Nach internen Querelen um die Listenerstellung für die Nationalratswahl trat der langjährige Grünen-Abgeordnete Peter Pilz 2017 mit einer eigenen Partei, der Liste Pilz (später „Jetzt"), zur Nationalratswahl an und schaffte auf Anhieb den Sprung über die 4% Hürde (4,4%). Die Grünen, die damals mit 3,8% den Einzug in den Nationalrat verfehlten, wären ohne das Antreten der Liste Pilz wohl relativ locker in den Nationalrat eingezogen (wenngleich die katastrophale Niederlage der Grünen damals auf mehrere Faktoren zurückzuführen war). 2019 war es wieder vorbei mit „Jetzt" – die Partei erreichte nur mehr 1,7%.

Erfolgreicher als die eben genannten sind die **NEOS**: 2012 von Matthias Strolz gegründet, zogen sie 2013 erstmals in den Nationalrat ein, mittlerweile sind sie im EU-Parlament und in fast allen Landtagen vertreten, sind in Wien in einer Koalition mit der SPÖ und haben einen Sitz in der Salzburger Landesregierung. 2017 und 2019 erreichten sie – mittlerweile mit Beate Meinl-Reisinger als Obfrau – ebenso den Einzug in den Nationalrat. Die NEOS sind vehemente Befürworter der EU, setzen sich für mehr Bildung für alle ein und vertreten ein liberales Wirtschafts- und Gesellschaftsmodell.

Tabelle 24: Wahlergebnisse LiF, BZÖ, Team Stronach, Liste Pilz (Jetzt)

NR-Wahl	Partei	Prozent	Mandate
1994	LiF	6,0	11
1995	LiF	5,5	10
1999			
2002			
2006	BZÖ	4,1	7
2008	BZÖ	10,7	21
2013	Team Stronach	5,7	11
	NEOS	5,0	9
2017	NEOS	5,3	10
	Liste Pilz	4,4	8
2019	NEOS	8,1	15

Quelle: bmi – Wahlen https://www.bmi.gv.at/412/Nationalratswahlen/, eigene Zusammenstellung

64 Zit. nach https://www.derstandard.at/story/1348284182483/team-stronach-will-in-die-geschichte-der-welt-eingehen

8. Österreich im Mehrebenensystem: Föderalismus und Europäische Union

Das bundesstaatliche (also föderalistische) Prinzip ist in der österreichischen Bundesverfassung verankert: Österreich wird darin als Bundesstaat definiert, der sich aus den neun Bundesländern zusammensetzt. Die bundesstaatliche Gesetzgebung kann von Bund oder Ländern vollzogen werden, es können Bundesgesetze durch Ausführungsgesetze der Länder konkretisiert und vollzogen werden und „soweit eine Angelegenheit nicht ausdrücklich durch die Bundesverfassung der Gesetzgebung oder auch der Vollziehung des Bundes übertragen ist, verbleibt sie im selbständigen Wirkungsbereich der Länder."[65] Art. 15a schließlich legt fest, dass Bund und Länder „untereinander Vereinbarungen über Angelegenheiten ihres jeweiligen Wirkungsbereiches schließen" können.

In zentralistischen Staaten sind Gesetzgebung und Vollziehung ausschließlich zentral geregelt, in föderalistischen Staaten gibt es eine Aufgabenteilung zwischen einzelnen Teilen dieses Staates – in Österreich und Deutschland den Bundesländern, in der Schweiz den Kantonen – und dem Gesamtstaat. Gesetzgebung ist in Österreich sowohl auf Landes- als auch auf Bundesebene möglich, auch der Vollzug dieser Gesetze ist unterschiedlich aufgeteilt. Außerdem gibt es in Österreich unterschiedliche Finanzwirtschaften. Zu den Landesangelegenheiten zählen z. B. die Landesverfassung, die Gemeindeordnung, das Baurecht oder die Raumordnung.

Ausdruck des „kooperativen Föderalismus", also der Zusammenarbeit von Bund und Ländern ist laut Verfassung der Bundesrat. Als zweiteKammer des Parlaments ist der Bundesrat für Länderinteressen zuständig, deshalb die auch immer wieder anzutreffende Bezeichnung als Länderkammer. Da der Bundesrat allerdings – von wenigen, explizit Länderinteressen betreffenden Angelegenheiten abgesehen – nur ein suspensives Veto gegen Gesetzesbeschlüsse einbringen kann, ist er im Vergleich zum Nationalrat deutlich nachrangig. Überdies werden im Bundesrat primär Parteiinteressen vertreten und nicht in erster Linie Länderinteressen, und schließlich fehlt dem Bundesrat auch die Möglichkeit eines Misstrauensvotums gegenüber der Regierung bzw. einzelnen Regierungsmitgliedern. Einsprüche gegen Gesetzesbeschlüsse des Nationalrats sind deshalb am ehesten dann zu erwarten, wenn im Bundesrat andere Mehrheitsverhältnisse als im Nationalrat herrschen. So gab es in der XVI. Legislaturperiode (1983–1986) 47 suspensive Vetos des Bundesrates gegen Gesetzesbeschlüsse (von denen 44 mittels Beharrungsbeschluss des Nationalrates aufgehoben wurden). Dies aber nicht aufgrund von speziellen Länderinteres-

65 B-VG Art. 15 (1)

sen, sondern aufgrund der Tatsache, dass die damalige SPÖ-FPÖ-Regierung mit einer absoluten ÖVP-Mehrheit im Bundesrat konfrontiert war.[66]

Deshalb wird immer wieder diskutiert, den Bundesrat entweder mit mehr Kompetenzen (ähnlich z. B. jenen des deutschen Bundesrates) auszustatten oder aber zu einem Einkammernsystem zu wechseln, das in zahlreichen anderen Ländern üblich ist (z. B. neben vielen anderen Island, Israel, Dänemark, Bulgarien, Finnland, Griechenland oder Kroatien). Im Bundesrat sitzen 61 Abgeordnete (3: V, B; 4: K, S; 5: T; 9: St; 11: OÖ, W; 12: NÖ; Stand 2021), die aliquot zur Bevölkerungsanzahl von den Ländern nach jeder Landtagswahl neu entsandt werden. Vorsitz im Bundesrat führt der*die Präsident*in; diese Funktion wird halbjährlich alphabetisch nach Bundesländern neu besetzt.

Aufgrund der strukturellen und realen Schwäche des Bundesrates kommt in der politischen Praxis deshalb der Landeshauptleutekonferenz eine wesentlich effektivere Vertretung der Länderinteressen zu. Diese Konferenz ist ein in der Verfassung nicht verankertes, informelles, regelmäßiges Treffen der Landeshauptleute zur Absprache des gemeinsamen Vorgehens gegenüber dem Bund. Vor den Landeshauptleutekonferenzen finden die Treffen der Landesamtsdirektor*innen statt; bei diesem Landesamtsdirektor*innentreffen werden Empfehlungen an die Landeshauptleute formuliert.

Daneben gibt es regelmäßige Treffen verschiedener Landesräte – z. B. mehrmals jährlich das Landesfinanzreferent*innentreffen oder jenes der Kultur- bzw. Sportreferent*innen. Teilweise lassen sich Landesrät*innen dabei von Spitzenbeamt*innen vertreten. Der Vorsitz in der Landeshauptleutekonferenz wechselt halbjährlich und alphabetisch von einem Bundesland zum anderen.

Territoriale politische Ebenen – Gemeinden, Bezirke, Länder

Unterhalb des Bundes ist Österreich politisch in mehreren Ebenen strukturiert: die unterste territoriale politische Einheit bilden die Gemeinden (von der bevölkerungsmäßig kleinsten Gramais in Tirol mit 41 bis zu Wien mit mehr als 1,92 Millionen Einwohner*innen), es folgen Bezirke als Zusammenschluss

66 Aufsehen erregt der Bundesrat bestenfalls in außergewöhnlichen Situationen: wenn der vorgesehene nächste Bundesratspräsident absurde Meldungen von sich gibt (Siegfried Kampl, der 2005 Wehrmachtsdeserteure als „potentielle Kameradenmörder“ bezeichnete oder meinte, dass es nach der Befreiung 1945 eine „brutale Naziverfolgung“ gegeben habe; John Gudenus, der wegen Verstoßes gegen das Verbotsgesetz verurteilt worden war oder 2013 Richard Todt, der als damaliger Bundesratspräsident zur Trauerfeier von Nelson Mandela fuhr, die Feierlichkeiten aber versäumte, weil er vorher noch andere Termine zu erledigen hatte – er musste übrigens für Bundespräsident und Nationalratspräsidentin einspringen, die beide ebenfalls keine Zeit hatten nach Südafrika zu fliegen).

mehrerer Gemeinden (79) oder als Statutarstädte (15) und schließlich die neun Bundesländer, deren jüngstes, das Burgenland, 1921 zu Österreich kam.[67] Und schließlich ist Österreich – auf supranationaler Ebene – einer von derzeit 27 EU-Mitgliedsstaaten.

Die Gemeinden

Insgesamt gibt es in Österreich 2.093 Gemeinden (Stand 2022; inkl. Wien), am meisten davon gibt es in NÖ (573) und OÖ (438), am wenigsten in Vorarlberg (96), Salzburg (119), Kärnten (132) und im Burgenland (171); in Tirol sind es 277, in der Steiermark 286. Die 23 Wiener Gemeindebezirke sind den Gemeinden in einigen Dingen vergleichbar, z. B. was das Wahlrecht für EU-Bürger*innen betrifft. Der Frauenanteil unter den Bürgermeister*innen liegt bei 9,5% (200 von 2095; Oktober 2021[68]). Die überwiegende Mehrheit der Bürgermeister*innen stellt die ÖVP.

In der Steiermark gab es in den 2010er Jahren eine Verwaltungsreform, die auch zu Gemeindezusammenlegung führte: Mit 01.01.2015 wurden in der Steiermark aus 539 Gemeinden 287. Dadurch wurde die im Bundesländervergleich kleinteiligste Gemeindestruktur deutlich geändert. Die durchschnittliche Einwohner*innenzahl pro Gemeinde stieg von bis dahin ca. 1.750 auf knapp 4.400 (Österreich-Durchschnitt ca. 4.200; ohne Wien ca. 3.300). Hatten bis 2010 32% der Gemeinden in der Steiermark weniger als 1.000 Einwohner*innen, so sank der Anteil durch die Reform auf 6,3% und statt bis dahin 5 haben nunmehr 13 Gemeinden mehr als 10.000 Einwohner*innen.

Jede Gemeinde ist eine „Gebietskörperschaft mit dem Recht auf Selbstverwaltung und zugleich Verwaltungssprengel" (B-VG Art. 116). Gemeinden haben als territoriale Selbstverwaltungskörper die Möglichkeit, im Rahmen herrschender Gesetze eigenverantwortlich und weisungsfrei bestimmte öffentliche oder privatwirtschaftliche Angelegenheiten zu erledigen. Sie können Vermögen besitzen, wirtschaftliche Unternehmungen betreiben, ihren Haushalt selbständig führen und Abgaben ausschreiben. Überdies spielen sie eine wichtige Rolle in der Meinungsbildung und Entscheidungsfindung. In Art. 118 des Bundesverfassungsgesetzes sind die Aufgaben von Gemeinden näher definiert, zum Wirkungsbereich gehört u. a.: Die Bestellung der Gemeindeor-

67 In Art. 114 der Bundesverfassung von 1920 war bereits betont worden, dass ein selbständiges Land Wien gebildet werden kann, offiziell vollzogen wurde die Trennung von Niederösterreich und Wien dann am 01.01.1922 mit Inkrafttreten des im Dezember 1921 beschlossenen „Trennungsgesetzes". Der NÖ Landtag und Landesregierung hatten bis 1997 ihren Sitz in Wien und übersiedelten dann in die 1986 als Landeshauptstadt gewählte Stadt St. Pölten.

68 Am 15. Oktober 2021 wurde in Oslip/Uzlop Margit Wennesz-Ehrlich als Bürgermeisterin angelobt. Mit ihr gibt es seit diesem Tag 200 Bürgermeisterinnen.

gane, der Gemeindebediensteten, der örtlichen Sicherheits-, Veranstaltungs-, Flurschutz-, Markt-, Bau-, Gesundheits-, Sittlichkeits-, Feuer- und Straßenpolizei, die Verwaltung der Verkehrsflächen oder die örtliche Raumplanung. Der Begriff Polizei geht hier über den damit allgemein konnotierten Bereich der Behörden bzw. Organe der Sicherheitsverwaltung hinaus und bezeichnet konkrete Verwaltungsbereiche. Als Organe sind in Gemeinden neben dem Gemeinderat ein/e Bürgermeister*in und der Gemeindevorstand festgelegt (in Salzburg und Vorarlberg wird der Gemeinderat als Gemeindevertretung bezeichnet). Der Gemeinderat wird alle fünf (Burgenland, NÖ, Salzburg, Steiermark, Vorarlberg und Wien) oder alle sechs Jahre (Kärnten, OÖ und Tirol) gewählt. Die Anzahl der Gemeinderäte hängt von der Einwohner*innenzahl ab, es sind dies zwischen 9 und 48 (Graz) bzw. 100 (Sonderfall Wien als Bundesland und Gemeinde).

Die politische Repräsentation der Gemeinden folgt jener anderer Ebenen: es wird ein Gemeindeparlament gewählt (der Gemeinderat; in Vorarlberg und Salzburg die Gemeindevertretung); Bürgermeister*innen und Gemeindevorstand (bzw. Stadtrat, Stadtsenat) sind diesem politisch verantwortlich.

In den 1990er Jahren gab es eine wesentliche Änderung mit der Direktwahl der Bürgermeister*innen (in 6 von 9 Bundesländern – nicht in Wien, Niederösterreich und der Steiermark): Damit ist der „Regierungschef“ vom Parlament (Gemeinderat) unabhängig. Die Mehrheiten von Gemeinderat (Parlament) und Bürgermeister*in (Regierung) müssen also nicht mehr dieselben sein. Der Gemeinderat kann aber in einigen Bundesländern mit einfacher Mehrheit den*die Bürgermeister*in „stürzen“, d.h. eine Volksabstimmung zur Absetzung des*der Bürgermeister*in in die Wege leiten. In Tirol ist dies gesetzlich nicht vorgesehen. Auch hier kann zwar der Gemeinderat mehrheitlich gegen den oder die Bürgermeister*in stimmen, ihm bzw. ihr aber nicht das Misstrauen aussprechen.

Diese Reform ist quasi auf halbem Wege steckengeblieben: es ist zwar eine doch deutliche Abkehr von der bisherigen Praxis, dass sich der*die Bürgermeister*in auf die Mehrheit im Gemeinderat stützen kann, die politische Verantwortung des*der Bürgermeister*in gegenüber dem Gemeinderat bleibt aber in den meisten Bundesländern aufrecht.

In Bezug auf den Gemeindevorstand herrscht in den Gemeinden Proporz: Parteien, die im Gemeinderat vertreten sind, sind – entsprechend ihrer Stärke – auch im Gemeindevorstand vertreten.

Exkurs Gemeinderatswahl Vorarlberg: Listenwahl – Mehrheitswahl

In einigen wenigen Vorarlberger Gemeinden wird die Gemeindevertretung nach der „Mehrheitswahl" gewählt, in den anderen nach der Verhältniswahl (Listenwahl). Diese Variante der Mehrheitswahl hat nichts mit dem Mehrheitswahlrecht zu tun, sondern sieht folgendermaßen aus: es stehen keine Listen oder Personen zur Wahl, sondern es können am Wahlzettel doppelt so viele (passiv wahlberechtigte) Personen, wie Mandate zu vergeben sind, ohne Reihung aufgelistet werden. Aus diesen werden entsprechend der Nennungen die Mitglieder der Gemeindevertretung rekrutiert und eine ebenso große Anzahl an Ersatzmitgliedern. Die Gemeindevertretung wählt dann den*die Bürgermeister*in.

In etwa 2/3 der Vorarlberger Gemeinden wird der*die Bürgermeister*in direkt gewählt; im restlichen 1/3 von der Gemeindevertretung.

Es gibt auf Gemeindeebene einige Besonderheiten:

- Entkoppelung von Wahlrecht und Staatsbürgerschaft: bei Gemeindewahlen sind generell auch EU-Bürger*innen (aktiv und passiv) wahlberechtigt; in Wien allerdings nur auf Bezirksebene, da die Gemeinderatswahl gleichzeitig Landtagswahl ist. In Wien sollte 2002 das Wahlrecht (aktiv und passiv) bei Wahlen auf Bezirksebene ab 2006 auch für Nicht-EU-Bürger*innen gelten, die seit mindestens fünf Jahren ihren Hauptwohnsitz in Wien hatten. Dies wurde vom VfGH als nicht verfassungskonform zurückgewiesen.
  - Landtagswahlordnungen dürfen in Bezug auf aktives und passives Wahlrecht nicht enger gezogen werden als die Nationalratswahlordnung – hier wird (ausnahmsweise) von diesem „Günstigkeitsprinzip" Gebrauch gemacht, das ist sehr selten der Fall.
  - In manchen Bundesländern (z. B. Salzburg) müssen Bürgermeister*innen österreichische Staatsbürger*innen sein, in anderen Bundesländern können auch EU-Staatsbürger*innen für das Bürgermeisteramt kandidieren.

- Das aktive Wahlalter wurde bei Kommunalwahlen in folgenden Ländern bereits vor 2007 auf 16 Jahre gesenkt: Kärnten (2000); Steiermark (2001); Burgenland und Wien (2002) und Salzburg (2004); bei Landtagswahlen in Wien und dem Burgenland (2002) und in Salzburg (2005). Die Legislaturperiode bei Kommunalwahlen beträgt entweder 5 Jahre (Burgenland, Salzburg, Niederösterreich, Vorarlberg, Steiermark und Wien) oder 6 Jahre (Oberösterreich, Kärnten, Tirol). Seit 2007 liegt das Wahlalter generell bei 16 Jahren.

- Listenkoppelung: In Tirol können bei Gemeinderatswahlen Listen getrennt antreten, aber koppeln; für die konkrete Sitzverteilung im Gemeinderat werden die Stimmen dieser Listen zusammengezählt. Die Listen erklären im Vorfeld der Wahl, dass sie nach der Wahl für die gesamte Dauer der Legislaturperiode als gemeinsame Fraktion im Gemeinderat agieren werden. Jede Liste kann aber trotz Koppelung mit einer oder mehreren anderen Liste(n) einen eigenen Wahlvorschlag für die Bürgermeisterdirektwahl einbringen.

Ein zunehmend größeres Problem auf Gemeindeebene ist die Tatsache, dass in manchen Gemeinden nur eine Person zur Bürgermeisterdirektwahl antritt. Dies nicht, weil andere daran gehindert würden, sondern weil andere Kandidat*innen nicht zur Verfügung stehen. In solchen Fällen gilt z. B. in Oberösterreich, dass am Stimmzettel die Frage steht: „Soll N. N. Bürgermeister*in werden?“ und die Möglichkeit besteht, dies abzulehnen. In Salzburg gilt ein*e Kandidat*in in solchen Fällen nur gewählt, wenn er*sie mindestens 50% der gültig abgegebenen Stimmen erhält.

Ein besonderer Fall war die Gemeinde Gramais (Tirol) im Jahr 2016: es konnte dort weder die Gemeinderats- noch die Bürgermeisterwahl abgehalten werden, weil niemand kandidierte.

Dieses Ereignis warf einmal mehr die Frage nach Gemeindezusammenlegungen auf. Im Jahr 1961 gab es in Österreich noch 3.999 Gemeinden, 1971 nur mehr 2.656. Gemeindezusammenlegungen in größerem Ausmaß gab es z. B. 1965–1972 in Niederösterreich; 1951, 1965 und 2015 in der Steiermark; 1971 im Burgenland; 1964 und 1973 in Kärnten. Vergleichsweise wenige seit 1945 in Oberösterreich, Salzburg und Tirol und keine in Vorarlberg.[69]

Die Wahlbeteiligung auf Gemeindeebene variiert in den verschiedenen Bundesländern; ein einheitlicher Trend ist nicht feststellbar: Im Burgenland lag sie in den vergangenen 25 Jahren jeweils deutlich über 80%; in Oberösterreich zwischen 85% (1991) und 79% (2016). Oberösterreich ist das einzige Bundesland, in dem Landtags- und Gemeinderatswahlen jeweils am selben Tag stattfinden. In Kärnten wählten zwischen 71% (2015) und 80% (2009); in Niederösterreich zwischen 75% (1995) und 65% (2015) der Wahlberechtigten. Ein deutlicher Rückgang war ebenso in der Steiermark, in Tirol und in Salzburg feststellbar; in Vorarlberg sank die Wahlbeteiligung sogar von 90,2% (1995) auf 53,4% (2020). In Wien blieb die Wahlbeteiligung relativ konstant um die 65%, lediglich 2015 gingen 75% zur Wahl.

Es gibt in Österreich Gemeinden, Markt- und Stadtgemeinden. Eine Ernennung zur Markt- bzw. Stadtgemeinde kann auf Wunsch der betreffenden

69 Vgl. dazu Statistik Austria Gemeindeänderungen ab 1945 bzw. Steininger, 2006

Gemeinde durch das Land erfolgen und hat keine politischen Konsequenzen, sondern signalisiert lediglich eine z. B. wirtschaftliche oder demographische Bedeutung. Städte sind nicht automatisch Statutarstädte, also Städte, die gleichzeitig als Bezirksverwaltung agieren. Die Größe österreichischer Städte variiert ebenso erheblich – von der kleinsten Stadt, Rattenberg in Tirol mit etwa 450 bis Wien mit etwa 1,9 Millionen Einwohner*innen.

Die Bezirke

Zwischen Gemeinden und Ländern ist als eine weitere Verwaltungsebene jene der Bezirke zu nennen. Politische Bezirke (in Vorarlberg und Niederösterreich Verwaltungsbezirke) sind in den meisten Fällen (79) aus mehreren Gemeinden zusammengesetzt. Das reicht von wenigen Gemeinden wie in Dornbirn (Lustenau, Hohenems, Dornbirn) bis zu relativ vielen (52 im Bezirk Vöcklabruck oder 65 im Bezirk Innsbruck-Land). Es gibt im Bezirk Liezen eine Expositur (Gröbming) als Außenstelle der Bezirksverwaltung.

Bezirke erfüllen Aufgaben im Rahmen der mittelbaren Bundes- bzw. Landesverwaltung (z. B. Amtsarzt, Gemeindeaufsicht, Fremdenpolizei, Ausstellung diverser Dokumente). Die Leitung der Bezirke obliegt den Bezirkshauptleuten; sie werden von der Landesregierung ernannt.

Neben den 79 Landbezirken gibt es 15 Statutarstädte; Städte mit eigenem Statut, die die Kompetenzen von Gemeinde und Bezirk gemeinsam besitzen.

Statutarstädte in Österreich sind: Eisenstadt, Graz, Innsbruck, Klagenfurt, Linz, Salzburg, St. Pölten, Wien, Rust, Wiener Neustadt, Krems, Waidhofen an der Ybbs, Wels, Steyr und Villach; das Statut wurde entweder in früheren Zeiten oder aber an größere Städte verliehen – z. B. die Landeshauptstädte (mit Ausnahme von Bregenz). Ein eigenes Statut können Gemeinden mit mindestens 20.000 Einwohner*innen beantragen. Rust im Burgenland wurde z. B. im Jahr 1921 gemeinsam mit Eisenstadt zur Statutarstadt ernannt.

In Wien (23) und Graz (17) gibt es Stadtbezirke mit gewählten Bezirksvertretungen, an deren Spitze Bezirksvorsteher*innen stehen.

Neben den politischen Bezirken gibt es 115 Gerichtsbezirke mit jeweils eigenen Bezirksgerichten (Stand 2021).

Bundesländer

Die neun Bundesländer sind historisch gewachsene Einheiten. 1921 kam das Burgenland zu Österreich (ohne das Gebiet um Sopron/Ödenburg, das nach einer Volksabstimmung vom Dezember 1921 bei Ungarn blieb); in dieser Zeit erfolgte auch die Teilung Wien – Niederösterreich und seit 1816 ist Salzburg bei Österreich (damals beim Kaisertum Österreich).

Nach dem Ersten Weltkrieg war noch nicht unmittelbar klar, ob alle neun Bundesländer auch wirklich zu Österreich gehören wollten. In Vorarlberg wurde überlegt, einen Anschluss an die Schweiz in Gang zu setzen. Am 11. Mai 1919 wurde in einer Volksabstimmung mit überwiegender Mehrheit (81%) angeregt, mit der Schweiz entsprechende Verhandlungen zu führen; in der Schweiz dagegen gab es massive Bedenken gegen einen Beitritt Vorarlbergs („Kanton Übrig"). Abstimmungen in Tirol (April 1921; 98,8%) und Salzburg (Mai 1921, 99,3%) brachten die enorme Anziehungskraft eines Anschlusses an Deutschland ans Licht. In Kärnten wiederum gab es die Volksabstimmung vom 10. Oktober 1920, als eine Mehrheit sowohl der deutsch- als auch der slowenischsprachigen Kärntner*innen für den Verbleib der in Frage stehenden Gebiete Südkärntens bei Österreich votierte und damit einen Anschluss an das SHS-Königreich[70] ablehnte.

Durch ihre lange Geschichte haben die Bundesländer eine wichtige identitätsstiftende Funktion. Am stärksten ausgeprägt ist das Landesbewusstsein in Kärnten, Tirol und Salzburg sowie Oberösterreich.[71]

Das politische System der Bundesländer ist in Teilen ähnlich jenem des Bundes, es gibt aber doch einige Unterschiede. Zunächst besteht das jeweilige Landesparlament, der Landtag, aus nur einer Kammer – jenes im Bund aus zwei Kammern. Lange Zeit war in zahlreichen Bundesländern überdies das Proporzprinzip ausschlaggebend für die Bildung der Landesregierung: alle Parteien, die eine bestimmte – durch die Anzahl der Landesrät*innen mathematisch vorgegebene – Prozentzahl übertrafen, waren auch in der Landesregierung vertreten. Diese Form einer Konzentrationsregierung wurde in der Ersten Republik installiert; die Landesregierung sollte als eine Art Landtagsausschuss agieren. Dies führte u. a. dazu, dass die Opposition in den jeweiligen Landtagen nur schwach ausgeprägt war. In Vorarlberg gab es bereits in der Ersten Republik das Majorzprinzip; Wien war als Bundesland und Gemeinde ein Sonderfall. Majorzprinzip bedeutet, dass – wie auf Bundesebene üblich – die Regierung aus einer Mehrheit gebildet wird, dass damit die Landtagsmehrheit die Landesregierung unterstützt. In den anderen Bundesländern erfolgte der Wechsel vom Proporz- zum Majorzsystem ab den 1990er Jahren; 1999 in Tirol und Salzburg, 2015 bzw. 2017 im Burgenland, in Kärnten und in der Steiermark. In Nieder- und Oberösterreich wird die Landesregierung nach wie vor nach dem Proporzprinzip kreiert.

70 Königreich der Serben, Kroaten und Slowenen

71 Vgl. dazu: Bruckmüller/Diem (2020), 29

Landesregierungen (Stand November 2021)

• Burgenland	5 SPÖ (nächste Landtagswahl 2025)
• Kärnten	5 SPÖ – 2 ÖVP (LTW 2023)
• Oberösterreich	5 ÖVP – 2 FPÖ – 1 SPÖ – 1 Grüne (LTW 2027)
• Niederösterreich	6 ÖVP – 2 SPÖ – 1 FPÖ (LTW 2023)
• Salzburg	5 ÖVP – 1 Grüne – 1 neos (LTW 2023)
• Steiermark	5 ÖVP – 3 SPÖ (LTW 2024)
• Tirol	5 ÖVP – 2 Grüne (LTW 2023)
• Vorarlberg	5 ÖVP – 2 Grüne (LTW 2024)
• Wien	Bgm SPÖ – Amtsführende Stadträt*innen 7 SPÖ – 1 neos, Nicht-amtsführende Stadträt*innen 2 Grüne – 2 ÖVP – 1 FPÖ (LTW 2025)

Wie beim Parlament auf Bundesebene, sind die Hauptfunktionen der Landtage einerseits die (Landes-)Gesetzgebung, andererseits die Kontrolle der jeweiligen Landesregierung. Es kommt ebenso wie bei Nationalratswahlen das Verhältniswahlrecht zur Anwendung, es gibt das freie Mandat und Immunität für Abgeordnete und die Unvereinbarkeit mit anderen staatlichen Funktionen. Innerhalb des vorgegebenen Rahmens können die Länder aber das Wahlrecht ausgestalten, so ist z. B., wie bereits erwähnt, die Senkung des Wahlalters auf 16 Jahre bereits in mehreren Bundesländern eingeführt worden, bevor diese dann 2007 auf Bundesebene festgelegt wurde. In Wien und im Burgenland 2002, in Salzburg 2005. Auch bei Kommunalwahlen konnten 16-Jährige bereits 2000 in Kärnten, 2001 in der Steiermark, 2002 in Wien und im Burgenland und 2004 in Salzburg wählen.

Kontrollinstrumente der Landtage sind Interpellationen (dringliche, schriftliche und mündliche Anfrage), Misstrauensvotum und die Einsetzung von Untersuchungsausschüssen und Enqueten. Für die finanzielle Kontrolle sind eigene Landesrechnungshöfe zuständig. Es gibt Sperrklauseln bzw. Prozenthürden, um in den Landtag einziehen zu können: mindestens ein Grundmandat in einem der Wahlkreise bzw. landesweit 4% im Burgenland, in NÖ, OÖ, Salzburg und Wien, 5% in Kärnten, Tirol und Vorarlberg; in der Steiermark ist nur die Erreichung eines Grundmandats Mindestbedingung.

Beschlüsse der Landesregierung können einstimmig oder mehrheitlich gefasst werden. Landeshauptmann bzw. Landeshauptfrau agieren als primus/prima inter pares; sie haben ihren Regierungskolleg*innen gegenüber keine Weisungskompetenz, sind aber – ähnlich wie Bundeskanzler*innen – mit deutlich mehr Kompetenzen ausgestattet.

Landeshauptleute, vor allem jene, die über einen längeren Zeitraum dieses Amt innehaben, werden wiederholt als „Landesfürsten" bezeichnet. Damit wird zum Ausdruck gebracht, dass sie einerseits für das jeweilige Bundesland Identifikationspersonen sind, andererseits, dass sie doch innerhalb des Bund-Länder-Gefüges Österreichs eine gewisse, nicht zu unterschätzende Bedeutung besitzen:

Für so manche – auch in der ÖVP – überraschend, erklärte Niederösterreichs Landeshauptmann Erwin Pröll Ende März 2016 (der Bundespräsidentschaftswahlkampf 2016 war voll im Gange), dass die bisherige Innenministerin in die Landesregierung nach St. Pölten wechseln (um dort für seine Nachfolge vorbereitet zu werden), während im Gegenzug der bisherige Finanzlandesrat Wolfgang Sobotka das Amt des Innenministers übernehmen werde. Nicht nur der darauf etwas konsterniert reagierende ÖVP-Bundesparteiobmann Reinhold Mitterlehner musste diesen Wechsel nachträglich zur Kenntnis nehmen – ob er wollte, oder nicht.

Einige Bundesländer zeigen in Bezug auf die dominante Partei eine hohe Kontinuität. In Vorarlberg, Tirol, Nieder- und Oberösterreich gab es durchwegs ÖVP-Landeshauptleute, in Wien SPÖ-Bürgermeister (zugleich Landeshauptmann). In den anderen Bundesländern gab es Landeshauptleute unterschiedlicher Parteien:

- Im Burgenland erlangte 1964 die SPÖ die Mandatsmehrheit im Landtag und stellt seither den Landeshauptmann. Bis dahin hatte es von 1946–1964 ÖVP-Landeshauptmänner gegeben.
- Kärnten war bis 1989 eine Domäne der SPÖ; 1989 stellte die FPÖ den Landeshauptmann, 1991 die ÖVP und 1999 wieder die FPÖ. 2005 kam der Landeshauptmann vom BZÖ (Bündnis Zukunft Österreich – Jörg Haider war bis dahin FPÖ-, dann BZÖ-Landeshauptmann), nach 2009 von der FPK (Freiheitliche Partei Kärntens) und seit 2013 stellt wieder die SPÖ den Landeshauptmann.
- In Oberösterreich wechselte zwar 1967 die Stimmenmehrheit von der ÖVP zur SPÖ (Mandatsgleichstand), den Landeshauptmann stellte dennoch die ÖVP.
- In der traditionell ÖVP-dominierten Steiermark konnte die SPÖ 2005 den Landeshauptmann stellen, 2015 hatte zwar die SPÖ die Mandatsmehrheit, die ÖVP aber stellte den Landeshauptmann. Mit Waltraud Klasnic übernahm in der Steiermark 1996 erstmals in Österreich eine Frau dieses Amt.
- In Salzburg konnte die SPÖ bereits 2004 die Landeshauptfrau stellen, 2013 wieder die ÖVP den Landeshauptmann

Die Landeshauptleute sind überdies Träger*innen der mittelbaren Bundesverwaltung:

> „Ein besonderes Merkmal des österreichischen Bundesstaates ist die ‚mittelbare Bundesverwaltung'. Das heißt, die Länder wirken nicht nur über den Bundesrat an der Gesetzgebung des Bundes, sondern auch an der Vollziehung der Bundesgesetze mit. ‚Mittelbare Bundesverwaltung' bedeutet, dass Verwaltungsaufgaben eines Rechtsträgers, in diesem Fall des Bundes, durch Organe eines anderen Rechtsträgers, also der Länder, erledigt werden. Die Landesbehörden unter der Leitung des Landeshauptmanns werden in diesem Fall aber nicht für das Land, sondern für den Bund tätig. Das bedeutet, dass der Landeshauptmann im Rahmen der mittelbaren Bundesverwaltung gegenüber dem Bund verantwortlich ist. Er muss sich an die Weisung des jeweils zuständigen Bundesministers halten. Der Landeshauptmann und die Landesbehörden sind also in der mittelbaren Bundesverwaltung nicht unabhängig. Allerdings kommt ihnen in den meisten Fällen ein relativ großer Handlungsspielraum und damit auch ein sehr wirksamer Einfluss auf die Vollziehung von Bundesaufgaben zu. Die mittelbare Bundesverwaltung hilft außerdem, getrennte Verwaltungsapparate – einmal für Bundesaufgaben, einmal für Landesaufgaben – zu vermeiden. Von einzelnen Ausnahmen, wie etwa im Bereich von Sicherheit und Polizei, abgesehen, wird ein Großteil der Bundesaufgaben im Wege der mittelbaren Bundesverwaltung erledigt."[72]

Die längstdienenden Landeshauptleute waren bislang Heinrich Gleissner (OÖ, 1945–1971), Erwin Pröll (NÖ, 1992–2017), Michael Häupl (Wien, 1994–2018) und Eduard Wallnöfer (Tirol, 1963–1987). In der Steiermark agierten Vater und Sohn Josef Krainer als Landeshauptleute (1948–1971 bzw. 1980–1996), in Salzburg Vater und Sohn Wilfried Haslauer (1977–1998 bzw. seit 2013). Die erste Landeshauptfrau war Waltraud Klasnic (Steiermark, 1996–2005), zwei weitere folgten, Gabi Burgstaller (Salzburg, 2004–2013) und Johanna Mikl-Leitner (NÖ, seit 2017).

Eine gewichtige Rolle im Verhältnis und bei der Zusammenarbeit zwischen den einzelnen politischen Ebenen in Österreich spielt der Finanzausgleich.

Finanzausgleich heißt, dass Länder und Gemeinden Finanzmittel aus den Steuereinnahmen des Bundes bekommen, um damit ihre Aufgaben erledigen zu können.

Gemeinden dürfen bestimmte Gebühren festlegen und einheben (z. B. für Wasser, Müllabfuhr) und auch andere Abgaben einnehmen (Kommunalsteuer, Grunderwerbssteuer).

72 https://www.parlament.gv.at/PERK/BOE/LR

Tabelle 26: Liste der Landeshauptleute der Zweiten Republik

	Landeshauptleute
Burgenland	Ludwig Leser (SPÖ) 1945–1946 Lorenz Karall (ÖVP) 1946–1956 Johann Wagner (ÖVP) 1956–1961 Josef Lentsch (ÖVP) 1961–1964 Hans Bögl (SPÖ) 1964–1966 Theodor Kery (SPÖ) 1966–1987 Johann Sipötz (SPÖ) 1987–1991 Karl Stix (SPÖ) 1991–2000 Hans Niessl (SPÖ), 2000–2019 **Hans-Peter Doskozil (SPÖ) seit 2019**
Kärnten	Hans Piesch (SPÖ) 1945–1947 Ferdinand Wedenig (SPÖ) 1947–1965 Hans Sima (SPÖ) 1965–1974 Leopold Wagner (SPÖ) 1974–1988 Peter Ambrozy (SPÖ) 1988–1989 Jörg Haider (FPÖ) 1989–1991 Christoph Zernatto (ÖVP) 1991–1999 Jörg Haider (FPÖ/BZÖ) 1999–2008 Gerhard Dörfler (BZÖ/FPK) 2008–2013 **Peter Kaiser (SPÖ) seit 2013**
Niederösterreich	Leopold Figl (ÖVP) 1945 Josef Reither (ÖVP) 1945–1949 Johann Steinböck (ÖVP) 1949–1962 Leopold Figl (ÖVP) 1962–1965 Eduard Hartmann (ÖVP) 1965–1966 Andreas Maurer (ÖVP) 1966–1981 Siegfried Ludwig (ÖVP) 1981–1992 Erwin Pröll (ÖVP) 1992–2017 **Johanna Mikl-Leitner seit 2017**
Oberösterreich	Adolf Eigl (parteilos) 1945 Heinrich Gleissner (ÖVP) 1945–1971 Erwin Wenzl (ÖVP) 1971–1977 Josef Ratzenböck (ÖVP) 1977–1995 Josef Pühringer (ÖVP) 1995–2017 **Thomas Stelzer (ÖVP) seit 2017**
Salzburg	Adolf Schemel (ÖVP) 1945 Albert Hochleitner (ÖVP) 1945–1947 Josef Rehrl (ÖVP) 1947–1949 Josef Klaus (ÖVP) 1949–1961 Hans Lechner (ÖVP) 1961–1977 Wilfried Haslauer sen. (ÖVP) 1977–1989 Hans Katschthaler (ÖVP) 1989–1996 Franz Schausberger (ÖVP) 1996–2004 Gabi Burgstaller (SPÖ) 2004–2013 **Wilfried Haslauer jun. (ÖVP) seit 2013**
Steiermark	Reinhard Machhold (SPÖ) 1945 Anton Pirchegger (ÖVP) 1945–1948 Josef Krainer sen. (ÖVP) 1948–1971 Franz Niederl (ÖVP) 1971–1980 Josef Krainer jun. (ÖVP) 1980–1996 Waltraud Klasnic (ÖVP) 1996–2005 Franz Voves (SPÖ) 2005–2015 **Hermann Schützenhöfer (ÖVP) seit 2015**
Tirol	Karl Gruber (ÖVP) 1945 Alfons Weißgatterer (ÖVP) 1945–1951 Alois Grauß (ÖVP) 1951–1957 Hans Tschiggfrey (ÖVP) 1957–1963 Eduard Wallnöfer (ÖVP) 1963–1987 Alois Partl (ÖVP) 1987–1993 Wendelin Weingartner (ÖVP) 1993–2002 Herwig van Staa (ÖVP) 2002–2008 **Günther Platter (ÖVP) seit 2008**
Vorarlberg	Ulrich Ilg (ÖVP) 1945–1964 Herbert Kessler (ÖVP) 1964–1987 Martin Purtscher (ÖVP) 1987–1997 Herbert Sausgruber (ÖVP) 1997–2011 **Markus Wallner (ÖVP) seit 2011**
Wien	Theodor Körner (SPÖ) 1945–1951 Franz Jonas (SPÖ) 1951–1965 Bruno Marek (SPÖ) 1965–1970 Franz Slavik (SPÖ) 1970–1973 Leopold Gratz (SPÖ) 1973–1984 Helmut Zilk (SPÖ) 1984–1994 Michael Häupl (SPÖ) 1994–2018 **Michael Ludwig (SPÖ) seit 2018**

Quelle: Eigene Zusammenstellung, Stand November 2021

Unter Abgaben sind Steuern, Gebühren und Beiträge zu verstehen. Steuern dienen der Finanzierung von Staatsausgaben, Gebühren werden als Entgelt für bestimmte Leistungen eingehoben (Müllgebühr, Wassergebühr). Beiträge wiederum sind Sach- oder Geldleistungen, die der Finanzierung bestimmter Interessen bzw. Kostendeckung bestimmter öffentlicher Einrichtungen dienen.

Bei ausschließlichen Bundesabgaben bzw. bei zwischen Bund, Ländern und Gemeinden geteilten Abgaben liegt die Gesetzgebungskompetenz beim Bundesgesetzgeber; bei ausschließlichen Landes- oder Gemeindeabgaben oder solchen zwischen Land und Gemeinden geteilten Abgaben beim Landesgesetzgeber (z.B. Grundsteuer, Kommunalsteuer, Feuerschutzsteuer, Lustbarkeitsabgabe, Zweitwohnsitzabgabe). Gemeinden können aber bestimmte Abgaben – nach Gemeinderatsbeschluss – einheben (z.B. Hundesteuer, Parkgebühren, Gebühren für die Benutzung von Gemeindeeinrichtungen).

Das Finanz-Verfassungsgesetz (§6) unterscheidet zwischen folgenden Abgaben:

1. Ausschließliche Bundesabgaben
2. Zwischen Bund, Ländern und Gemeinden geteilte Abgaben, an deren Ertrag Bund, Länder und Gemeinden beteiligt sind
3. Ausschließliche Landesabgaben, deren Ertrag gänzlich den Ländern zufließt
4. Zwischen Ländern und Gemeinden geteilte Abgaben
5. Ausschließliche Gemeindeabgaben, deren Ertrag ganz der Gemeinde zusteht

Länder müssen im Rahmen der mittelbaren Bundesverwaltung bestimmte Aufgaben erfüllen, dürfen dafür aber keine eigenen Abgaben festsetzen. Sie können auch nur begrenzt Steuern beschließen. Deshalb wird im Finanzausgleich – für jeweils vier Jahre – geregelt, wer welche Abgaben festlegen darf bzw. bekommt, wie die Erträge aus bestimmten Abgaben zwischen Bund, Ländern und Gemeinden verteilt werden und welche Finanztransfers es gibt. Aus diesem Grund hat der Finanzausgleich große Bedeutung für die Finanzierung von Bund, Ländern und Gemeinden. Verhandelt wird der Finanzausgleich von den Gebietskörperschaften, Finanzminister*in, Finanzlandesrät*innen und Vertreter*innen des Städte- bzw. Gemeindebundes.

Jährlich werden auf diese Art und Weise etwa 85 Milliarden Euro verteilt, die Gemeinden bekommen davon 11,883%. Die Bundesländer, die ebenso keine Steuern einheben dürfen, bekommen in etwa den doppelten Betrag (20,7%). Insgesamt etwa 1/3 des Gemeindebudgets kommt aus diesem Finanzausgleich. Bei den Verhandlungen zum Finanzausgleich werden auch die konkreten Aufgaben fixiert, die von Ländern und Gemeinden zu erfüllen sind. Wichtigstes Verteilungskriterium ist die Bevölkerungszahl, dabei gibt es aber auch den sogenannten „abgestuften Bevölkerungsschlüssel“, d.h. dass Gemeinden mit mehr als 10.000 Einwohner*innen pro Person mehr Geld bekommen. Die Volkszahl (Wohnbevölkerung) wird in Gemeinden bis 10.000 Einwohner*innen mit 1,61, in jenen zwischen 10.001 und 20.000 Einwohner*innen mit 1,66, in jenen zwischen 20.001 und 50.000 Einwohner*innen bzw. in Statutarstädten mit max. 50.000 Einwohner*innen mit 2 und in Gemeinden mit mehr als 50.000 Einwohner*innen mit 2,33 vervielfacht.[73]

Österreich in der EU[74]

Am 01. Jänner 1995 war es soweit: Österreich wurde Mitglied der Europäischen Union.

Bis dahin war eine Reihe von Hürden zu überwinden gewesen: Von den beiden ehemals großen Parteien ÖVP und SPÖ war die ÖVP zwar immer schon für einen EU-Beitritt gewesen, die SPÖ hatte aber massive Bedenken gegen diesen Schritt; vor allem fürchtete man, dass damit die österreichische Neutralität außer Kraft gesetzt werden könnte. Die FPÖ war – retrospektiv überraschend – auch immer für einen EU-Beitritt gewesen, war insgesamt aber bis Mitte der 1980er Jahre zu klein, um wesentliche politische Impulse setzen zu können. In den 1960er Jahren wurde zwar ein Assoziierungsabkommen mit der EU – damals EWG – überlegt, nicht zuletzt aber auch im Hinblick auf mögliche (negative) Reaktionen der UdSSR nicht weiter verfolgt. Als dann mit Michail Gorbatschow in der UdSSR Mitte der 1980 Jahre ein signifikanter politischer Wechsel eingeleitet wurde, war dies auch der Startschuss für eine offensivere Annäherung Österreichs an die EU. In den 1980er Jahren änderte dementsprechend auch die SPÖ unter Bundeskanzler Vranitzky ihre diesbezügliche Position. Im Jahr 1989 wurde von SPÖ, ÖVP und FPÖ in einem gemeinsamen Entschließungsantrag die Regierung aufgefordert, einen EU-Beitritt in die Wege zu leiten und am 17. Juli 1989 wurde vom damaligen Außenminister Alois Mock der berühmt gewordene Brief nach Brüssel unterzeichnet und an den Präsidenten des EG-Ministerrates, Robert Dumas, geschickt:

73 § 9 Finanzausgleichsgesetz https://www.ris.bka.gv.at/GeltendeFassung.wxe?Abfrage=Bundesnormen&Gesetzesnummer=20009764&FassungVom=2021-12-31

74 Obwohl die Bezeichnung EU erst mit dem Maastricht Vertrag (in Kraft seit November 1993) eingeführt wurde, wird nachfolgend die Bezeichnung EU verwendet.

„Herr Präsident!

Im Namen der Republik Österreich habe ich die Ehre, unter Bezugnahme auf Artikel 237 des Vertrages zur Gründung der Europäischen Wirtschaftsgemeinschaft den Antrag auf Mitgliedschaft Österreichs in der Europäischen Wirtschaftsgemeinschaft zu stellen.

Österreich geht bei der Stellung dieses Antrages von der Wahrung seines international anerkannten Status der immerwährenden Neutralität, die auf dem Bundesverfassungsgesetz vom 26. Oktober 1955 beruht, sowie davon aus, daß es auch als Mitglied der Europäischen Gemeinschaften aufgrund des Beitrittsvertrages in der Lage sein wird, die ihm aus seinem Statuts als immerwährend neutraler Staat erfließenden rechtlichen Verpflichtungen zu erfüllen und seine Neutralitätspolitik als spezifischen Beitrag zur Aufrechterhaltung von Frieden und Sicherheit in Europa fortzusetzen.

Genehmigen Sie, Herr Präsident, den Ausdruck meiner vorzüglichen Hochachtung."[75]

Ob eine Mehrheit der Österreicher*innen aber einem Beitritt zustimmen würde, war damals durchaus ungewiss. Nichtsdestotrotz gelang es durch massive Werbemaßnahmen der Regierung, diese Positionen bis zur Volksabstimmung am 12. Juni 1994 deutlich in Richtung EU-Beitritt zu lenken: 66,6% stimmten damals für einen Beitritt, 33,4% dagegen (bei einer Beteiligung von mehr als 81%). Gegen den Beitritt waren in erster Linie FPÖ und Grüne; SPÖ und ÖVP waren sehr deutlich dafür. Mit Österreich traten auch Schweden und Finnland Anfang 1995 der EU bei. In Norwegen, das damals ebenso beitreten hätte können, sprach sich die Mehrheit der Wahlberechtigten in der Volksabstimmung gegen einen Beitritt aus.[76]

Österreich ist also seit Anfang 1995 EU-Mitglied. Damals eines von 15, zwischenzeitlich eines von 28, seit dem Austritt des Vereinigten Königreichs eines von 27 Mitgliedern. Damit ist für Österreich neben den nationalen politischen Ebenen – Gemeinden-Länder-Bund – eine weitere, supranationale Ebene eingezogen worden. Damit wirkt Österreich in sämtlichen Organen der EU mit, umgekehrt ist Österreich Teil des EU-Rechtssystems. Der *acquis communau-*

75 https://www.parlament.gv.at/ZUSD/PDF/Brief_Bruessel.pdf

76 Bei einer Beteiligung von mehr als 88% waren etwa 52% gegen einen Beitritt. Vgl. dazu Kaiser, Wolfram et al. (1995)

taire, der gemeinsame Rechtsbestand der EU, ist für Österreich ebenso bindend wie für alle anderen Mitgliedsländer.

19 österreichische Abgeordnete sitzen im EU-Parlament. Dieses ist das einzige Organ, dessen Mitglieder direkt von den Wahlberechtigten der Mitgliedsstaaten gewählt werden. Diese Wahl findet alle fünf Jahre statt (zuletzt 2019). Die Zahl der Abgeordneten, die jedes Land stellen kann, ist abhängig von der Gesamtzahl der EU-Abgeordneten (aktuell 705) und der Zahl der Mitgliedsländer. Aus Österreich sind (seit dem Austritt des Vereinigten Königreichs) 19 Abgeordnete im EU-Parlament (Deutschland 96, Frankreich 79, Italien 76; Luxemburg, Malta und Zypern jeweils 6).

Die erste österreichische Wahl zum EU-Parlament fand 1996 statt, seit 1999 ist Österreich in den üblichen Wahlrhythmus eingebunden:

Tabelle 27: EU-Parlamentswahlen Stimmen

	1996	1999	2004	2009	2014	2019
Wahlbeteiligung	67,7%	49,4%	42,4%	46,0%	45,4%	59,8%
SPÖ	29,1%	31,7%	33,3%	23,7%	24,1%	23,9%
ÖVP	29,6%	30,7%	32,7%	30,0%	27,0%	34,6%
FPÖ	27,5%	23,4%	6,3%	12,7%	19,7%	17,2%
Grüne	6,8%	9,3%	12,9%	9,9%	14,5%	14,1%
neos					8,1%	8,4%
Sonstige*	4,3%		14,0%	17,7%		

* mit Mandatsgewinn: 1996: LiF; 2004: Liste Hans Peter Martin; 2009: Liste Hans Peter Martin

Tabelle 28: EU Parlamentswahlen Mandate

	1996	1999	2004	2009	2014	2019
SPÖ	6	7	7	4	5	5
ÖVP	7	7	6	6	5	7
FPÖ	6	5	1	2	4	3
Grüne	1	2	2	2	3	3
neos					1	1
Sonstige*	1		2	3		

* mit Mandatsgewinn: 1996: LiF; 2004: Liste Hans Peter Martin; 2009: Liste Hans Peter Martin. 2011 zog Ewald Stadler für das BZÖ ins EU-Parlament ein, nachdem Österreich durch den Vertrag von Lissabon ein zusätzliches Mandat erhielt.

Während die SPÖ bei den Wahlen 1996–2004 stimmenstärkste Partei wurde, gelang dies der ÖVP bei den darauffolgenden drei Wahlen. Die Wahlbeteiligung lag nach anfänglichen 67% (1996) bei den Wahlen von 1999–2014 mehr oder weniger deutlich unter 50%. Bei der Wahl 2019 konnte die Wahlbeteiligung – wie in den meisten anderen Mitgliedsländern – deutlich gesteigert werden und lag bei knapp 60%. Mit ausschlaggebend für die (zwischenzeitlich) relativ niedrige Wahlbeteiligung war, dass EU-Wahlen als second-order-elections, als weniger wichtige Wahlen, wahrgenommen wurden. Ob diese 2019 erfolgt Trendumkehr anhaltend ist oder nicht, werden die kommenden Wahlen zeigen.

Die österreichischen Abgeordneten entscheiden damit sämtliche Belange des EU-Parlaments mit, sie sitzen dort in Fraktionen; zwischenzeitlich waren u.a. FPÖ-Abgeordnete bei den Fraktionslosen.

Zu den wesentlichen Aufgaben des EU-Parlaments gehört die Einbindung in die Gesetzgebung (gemeinsam mit dem Rat Verabschiedung von EU-Rechtsvorschriften), die Kontrolle (z.B. Wahl des*der EU-Kommissionspräsident*in; Zustimmung zur EU-Kommission) und die Budgetpolitik (u.a. Genehmigung des mehrjährigen Finanzrahmens).

Österreichs Vertretung im Europäischen Rat ist der*die Bundeskanzler*in. Den Europäischen Rat bilden die Staats- und Regierungschefs der Mitgliedsländer plus Rats- und Kommissionspräsident*in.

Im Europäischen Rat wird die politische Agenda der EU festgelegt, d.h. die allgemeinen, gemeinsamen Ziele und Prioritäten. Rechtsvorschriften werden vom Europäischen Rat nicht erlassen, es wird aber die gemeinsame Außen- und Sicherheitspolitik festgelegt. Auch spielt der Europäische Rat eine wesentliche Rolle bei der Ernennung bestimmter wichtiger Positionen (z.B. bei Bildung der Kommission). Die Treffen des Europäischen Rates finden zumindest vierteljährlich statt, neben einstimmigen Entscheidungen werden auch Entscheidungen mit qualifizierter Mehrheit getroffen. Qualifizierte Mehrheit (oder doppelte Mehrheit) bedeutet 55/65: 55% der Mitgliedsländer (15 von 27) müssen zustimmen, gleichzeitig müssen diese 65% der Bevölkerung repräsentieren. Eine Sperrminorität können vier Mitglieder bilden, die allerdings 35% der Bevölkerung repräsentieren müssen. Das Prinzip 55/65 gilt auch, wenn sich nicht alle Ratsmitglieder an einer Abstimmung beteiligen (dann sind es 55% der teilnehmenden Mitgliedsländer, die 65% der Bevölkerung der teilnehmenden Mitgliedsländer vertreten). In manchen Fällen gibt es die verstärkte qualifizierte Mehrheit (72% der Mitgliedsländer, die wiederum 65% der Bevölkerung repräsentieren).

Unmittelbar vor dem EU-Beitritt Österreichs wollte der damalige Bundespräsident Thomas Klestil den Sitz im Europäischen Rat für den jeweiligen Bundespräsidenten reservieren, die österreichische Beitrittsakte wurde aber vom damaligen Bundeskanzler Franz Vranitzky unterzeichnet (Korfu, 24. Juni 1994); damit war klar, dass auch in Zukunft der*die Bundeskanzler*in und nicht der*die Bundespräsident*in im Europäischen Rat vertreten sein werde.

Im Rat der Europäischen Union ist Österreich durch die jeweils zuständigen Bundesminister*innen vertreten. Dem Rat obliegt die Abstimmung über EU-Rechtsvorschriften (gemeinsam mit dem Europäischen Parlament) und er genehmigt (wiederum gemeinsam mit dem Europäischen Parlament) den Haushalt der EU. Ratstreffen finden je nach Politikbereich in zehn verschiedenen Konfigurationen statt (um nur einige zu nennen: Bildung, Jugend, Kultur und Sport; Umwelt; Landwirtschaft und Fischerei; Justiz und Inneres; oder Wirtschaft und Finanzen). Eine besondere Rolle spielt dabei neben dem Rat für Auswärtige Angelegenheiten der Rat für Allgemeine Angelegenheiten. Die Arbeit des Rates wird ganz wesentlich vom COREPER (Ausschuss der Ständigen Vertreter*innen) vorbereitet.

Der Ratsvorsitz liegt jeweils für sechs Monate bei einem Mitgliedsland, Österreich hatte diesen bisher dreimal inne (zweites Halbjahr 1998, erstes Halbjahr 2006 und zweites Halbjahr 2018). Den Vorsitz im Rat der Außenminister*innen führt der*die Hohe Vertreter*in der Union für Außen- und Sicherheitspolitik, in den anderen Formationen der*die jeweils zuständige Minister*in des Ratsvorsitzlandes.

Seit dem Reformvertrag von Lissabon sind Europäischer Rat und Rat der EU zwei eigenständige Organe.

In die EU-Kommission entsendet jedes Mitgliedsland eine*n Vertreter*in. Die Kommission hat das Initiativrecht, d. h. von der Kommission werden Vorschläge für neue Rechtsvorschriften formuliert und an das EU-Parlament und den Rat weitergeleitet. Die Kommission ist damit die Exekutive der EU. Ihr obliegt es auch, die Rechtsvorschriften umzusetzen. Der Präsident bzw. die Präsidentin der EU-Kommission wird vom Europäischen Rat bestellt, allerdings wird dabei auf das Ergebnis der EU-Parlamentswahl Rücksicht genommen; der Kandidat bzw. die Kandidatin benötigt die Unterstützung der Mehrheit des EU-Parlaments. Vorgeschlagene Kommissionsmitglieder müssen Hearings vor dem EU-Parlament bestreiten, dabei werden immer wieder der eine oder die andere abgelehnt.[77]

Die österreichischen Kommissär*innen waren bisher Franz Fischler (1995–2004; Agrarkommissar), Benita Ferrero-Waldner (2004–2010, Außenbeziehungen und europäische Nachbarschaftspolitik) und Johannes Hahn, der seit

77 Z. B. 2004 Rocco Buttiglione, Ingrida Udre und Laszlo Kovacs, 2010 Rumiana Jelewa, 2014 Alenka Bratusek oder 2019 Sylvie Goulard.

2010 EU-Kommissar ist (zunächst Regionalpolitik, später Erweiterung und Europäische Nachbarschaftspolitik und seit 2019 Finanzplanung und Haushalt).

Ebenso jeweils eine*n Vertreter*in entsendet Österreich in die EZB (Europäische Zentralbank) und den EU-Rechnungshof. Im EUGH, dem Gerichtshof der EU ist Österreich mit Andras Kumin (Gerichtshof; seit 2019) und Viktor Kreuschitz (Gericht, seit 2013) sowie Gerhard Heese (Gericht, seit 2019) vertreten. Jeweils 12 Mitglieder aus Österreich sitzen im Wirtschafts- und Sozialausschuss bzw. im Ausschuss der Regionen.

In Wien angesiedelt ist die FRA – Fundamental Rights Agency (2000 bis 2007 EUMC – European Monitoring Centre on Racism and Xenophobia).

Die Einstellung zur EU

Eurobarometer, die wichtigste demoskopische Plattform über die öffentliche Meinung zur EU, stellt Anfang 2021 für Österreich fest, dass die Beurteilung der EU in Österreich „gemischt bis skeptisch" ausfällt. Ein Hauptkritikpunkt ist dabei „die Art und Weise, wie Demokratie auf EU-Ebene umgesetzt und gelebt wird."[78]

Dass Österreichs Interessen in der EU gut berücksichtigt werden, glauben 50%, im EU-Schnitt sind dies 57%. 89% der Befragten aus Österreich betonen, dass „die Stimmen der EU-Bürger*innen und -Bürger bei Entscheidungen über die Zukunft stärker berücksichtigt werden sollten" und zwei Drittel sehen die Rolle der EU bei der Impfstoffbeschaffung gegen COVID-19 als positiv.

Nur magere 35% haben insgesamt ein positives Bild von der EU, in dieser Hinsicht weist lediglich Griechenland einen noch niedrigeren Wert auf (34%). 25% haben ein negatives Bild der EU – dies ist überhaupt die höchste negative Positionierung unter den Mitgliedsstaaten. 39% sehen die EU weder positiv noch negativ, Im Vergleich dazu die EU-Durchschnittswerte: positiv 46%; negativ 15%, neutral 38%.

Dennoch fühlen sich 72% als EU-Bürger*innen und 68% wissen über ihre Rechte als EU-Bürger*innen Bescheid (obwohl 63% noch mehr über Ihre Rechte wissen möchten).

Generell abgenommen hat in der Zeit der COVID-Pandemie das Vertrauen in EU-Institutionen, aber auch in nationale Institutionen wie Regierung, Parlament oder politische Parteien. Dass die Dinge in der EU in die richtige Richtung gehen, meint etwa ein Drittel der Befragten, dass diese in die falsche Richtung gehen die Hälfte.

Deutlich getrübt wurde damals die Beziehung Österreichs zu den anderen, damals 14, EU-Mitgliedsländern durch die Regierungsbeteiligung der FPÖ.

78 Standard Eurobarometer 94, Winter 2020/2021; https://europa.eu/eurobarometer

Damals war noch nicht üblich, dass rechtspopulistische Parteien innerhalb der EU-Mitgliedsländer in Regierungsverantwortung kamen. Im Gegenteil, etwa in Frankreich oder Belgien gab es den *Cordon sanitaire*, die dezidierte Positionierung, rechtspopulistische bzw. rechtsextreme Parteien (konkret Front National [jetzt Rassemblement National] oder Vlaams Belang) in Regierungen nicht einzubinden.

Zu Beginn des Jahres 2000 nahm also die ÖVP-FPÖ-Regierungskoalition konkretere Formen an. Ende Jänner 2000 wurden vom damaligen portugiesischen Ministerpräsidenten, dem späteren UN-Generalsekretär António Guterres (Portugal hatte den Ratsvorsitz) für den Fall der Regierungsbeteiligung der FPÖ die folgenden Maßnahmen vorgestellt:

- Keine offiziellen bilateralen Kontakte auf politischer Ebene
- Keine Unterstützung für österreichische Kandidat*innen, die sich für Positionen in internationalen Organisationen bewerben
- Österreichische Botschafter*innen werden in EU-Hauptstädten nur noch auf technischer Ebene empfangen.

Im Zuge dessen kam es in Österreich zu einer deutlichen populistischen Solidarisierung, die bilateralen Maßnahmen wurden im gesellschaftspolitischen Diskurs zu den *Sanktionen.* Es gab nur mehr ein entweder-oder; Schlagworte wie „Schulterschluss in rot-weiß-rot“[79] machten die Runde; die Rede war von „Gusenbauers Vernaderungsreisen“ (Martin Graf, FPÖ zu Alfred Gusenbauers Besuchen im Ausland – Gusenbauer war ab Februar 2000 SPÖ-Vorsitzender;)[80]. Allgemein wurde der Opposition von der Regierung „Österreichvernaderung“ vorgeworfen.[81] Im Wahlkampf vor der Wahl zum EU-Parlament 2004 forderte Jörg Haider (FPÖ), dem SPÖ-Kandidaten Swoboda das Wahlrecht zu entziehen, weil dieser in einem Brief Verständnis für die bilateralen Maßnahmen gezeigt habe. Der damalige Vizekanzler Herbert Haupt (FPÖ) zeigte dafür ebenso Verständnis.

Schließlich wurde von Matti Ahtisaari, Jochen Frowein und Marcelino Oreja ein „Weisenbericht“ erstellt und am 08.09.2000 der Öffentlichkeit präsentiert. Es ging darum,

„auf der Grundlage einer eingehenden Untersuchung einen Bericht vorzulegen über

79 ÖVP; OTS0171 2000-04-05 12: 06 051206 Apr 00 VPR001 0304
80 OTS0167 2000-05-25 11: 31 251131 Mai 00 NFC002 0227
81 vgl. Projekt Schaufenster-Geschichte; http://www.artfile.at/artfile/files/12.html

- das Eintreten der österreichischen Regierung für die gemeinsamen europäischen Werte, insbesondere hinsichtlich der Rechte von Minderheiten, Flüchtlingen und Einwanderern;
- die Entwicklung der politischen Natur der FPÖ“[82]

Die erste der beiden Fragestellungen wurde damit beantwortet, dass Österreich sich in dieser Hinsicht von anderen EU-Ländern nicht wesentlich unterscheide, also auf dem Boden der EU-Werte agiere.

Im September 2000 wurden die bilateralen Maßnahmen schließlich wieder beendet.

Aufschlussreich waren/sind die Antworten auf die zweite Fragestellung (Auszüge; Hervorhebungen durch die Autoren):

- „Es scheint tatsächlich zu einem typischen Kennzeichen österreichscher Politik geworden zu sein, daß Vertreter der FPÖ **äußerst mißverständliche Formulierungen verwenden.** Hohe Parteifunktionäre der FPÖ haben über eine lange Zeit hinweg Stellungnahmen abgegeben, die als **fremdenfeindlich oder sogar als rassistisch** verstanden werden können. Viele Beobachte erkennen in den verwendeten Formulierungen nationalistische Untertöne, manchmal sogar Untertöne, die **typisch nationalsozialistischen Ausdrücken nahekommen,** oder sie sehen in ihnen eine Verharmlosung der Geschichte dieser Zeit“ (Pkt. 88)
- „Wenn diese Äußerungen ihren Urhebern vorgehalten werden, **bestreiten sie jegliche nationalsozialistische Absicht** oder einen entsprechenden Charakter der Äußerung“ (89)
- „Die FPÖ wurde als, **rechtspopulistische Partei mit extremistischer Ausdrucksweise**‘ qualifiziert. Diese Beschreibung ist nach unserer Einschätzung auch nach dem Eintritt der Partei in die Bundesregierung weiter zutreffend.“ (Pkt. 92)
- „Eines der problematischsten Kennzeichen führender Mitglieder der FPÖ sind Versuche, **politische Gegner zum Schweigen zu bringen oder sie sogar zu kriminalisieren,** wenn sie die österreichische Regierung kritisieren.“ (Pkt. 93)
- „Man kann hieraus nur schließen, daß das systematische Betreiben von Beleidigungsverfahren, um Kritik an zweideutigen Aussagen zu unterdrücken, **Anlaß zu ernsthafter Sorge hinsichtlich der von der FPÖ in Österreich geführten politischen Auseinandersetzung gibt**; dies gilt in besonderer Weise, seit die FPÖ Teil der österreichischen Bundesregierung ist.“ (Pkt. 103)

---

82 http://www.demokratiezentrum.org/fileadmin/media/pdf/weisenbericht.pdf S. 1

- „Die Entwicklung der politischen Natur der FPÖ von einer rechtspopulistischen Partei mit extremistischer Ausdrucksweise zu einer verantwortungsvollen Regierungspartei ist nicht ausgeschlossen. Allerdings ist eine solche Entwicklung aufgrund der relativ kurzen bisherigen Erfahrungen nicht klar erkennbar." (Pkt. 106)
- „Es gibt Gründe, die Beschreibung der FPÖ als eine **rechtspopulistische Partei mit radikalen Elementen auch heute noch** als **zutreffend** anzusehen. Die FPÖ hat fremdenfeindliche Stimmungen in ihren Wahlkämpfen ausgenutzt und gefördert. Dies hat eine Atmosphäre geschaffen, in der **offen ausgesprochene Bemerkungen gegen Ausländer salonfähig** wurden, wodurch Ängste hervorgerufen wurden." (Pkt. 110)
- „Die FPÖ hat außerdem versucht, durch das fortdauernde Betreiben von Beleidigungsverfahren Kritik zu unterdrücken." (Pkt. 112).
- „Die Maßnahmen der XIV Mitgliedstaaten der EU haben nicht nur in Österreich, sondern auch in den anderen Mitgliedstaaten das Bewußtsein für die gemeinsamen europäischen Werte gestärkt. Es kann kein Zweifel bestehen, daß im Falle Österreichs die von den XIV Mitgliedstaaten getroffenen Maßnahmen die Anstrengungen der österreichischen Regierung verstärkt haben. Sie haben auch die Zivilgesellschaft motiviert, diese Werte zu verteidigen." (Pkt. 115)
- „Wir sind aber der Auffassung, daß die von den XIV Mitgliedstaaten getroffenen Maßnahmen kontraproduktiv wirken würden, wenn sie fortbestünden und daß sie daher beendet werden sollten. Die Maßnahmen haben schon jetzt nationalistische Gefühle im Land geweckt, da sie **in manchen Fällen fälschlicherweise als Sanktionen verstanden wurden**, die sich gegen die österreichischen Bürger richten." (Pkt. 116)(Hervorhebungen Autor*in).[83]

83 Vgl. dazu http://www.demokratiezentrum.org/fileadmin/media/pdf/weisenbericht.pdf

9. Verbände und Sozialpartnerschaft

Die zweite Republik wurde immer wieder zu Recht als Verbändestaat bzw. Kammerstaat bezeichnet. Wirtschaftsverbände – Wirtschaftskammer Österreich (WKO), Arbeiterkammer (AK), Landwirtschaftskammer Österreich (LK), Österreichischer Landarbeiterkammertag (LAK), Bundeskonferenz der freien Berufe Österreichs (BUKO) – sind in den politischen Prozess eingebunden; die Mitgliedschaft bei den Kammern ist obligatorisch, und nicht zuletzt sind die Kammern als öffentlich-rechtliche Institutionen seit 2007 in der Verfassung verankert.

Die Mitgliedschaft in den Kammern ist verpflichtend und hängt vom jeweiligen Beruf ab. Unselbständig Erwerbstätige sind Mitglieder der AK, Landwirte Mitglieder der LK und Selbständige Mitglieder der WKO; freiberuflich Tätige sind in einer der Kammern der BUKO. Wer seinen beruflichen Status ändert, wird dementsprechend Mitglied einer anderen Kammer. Die Kammern erfüllen auch staatliche Aufgaben (z.B. Abhalten von Lehrabschlussprüfungen, Außenhandelsorganisation, Arbeitnehmer*nnenschutz, Einbringen von Gesetzesvorschlägen, Funktion bei Arbeits-, Sozial- und Kartellgerichten) und nicht zuletzt sind durch das Modell der sozialpartnerschaftlichen Kooperation seit 1945 zahlreiche, das Wirtschaftsleben im weitesten Sinn betreffende Entscheidungen konsensual gelöst worden.

Im Unterschied zu den Kammern besteht bei den freien Verbänden ÖGB und IV (Vereinigung der österreichischen Industrie bzw. Industriellenvereinigung) freiwillige Mitgliedschaft.

Tabelle 29: Kammern – Mitgliederzahl

Arbeiterkammer AK	ca. 3,8 Mio
Wirtschaftskammer WKO	ca. 538.000
Landwirtschaftskammer LK	ca. 200.000
Landarbeitertag	ca. 53.000
Bundeskonferenz der freien Berufe	ca. 84.000
ÖGB	ca. 1,2 Mio
Industriellenvereinigung	ca. 4.200

Quelle: eigene Zusammenstellung

In der BUKO – als Dachverband von neun Freiberufskammern – vereint sind Ärztekammer, Apothekerkammer, Notariatskammer, Patentanwaltsammer, Rechtsanwaltskammer, Tierärztekammer, Kammer der Steuerberater und Wirtschaftsprüfer, Zahnärztekammer und die Bundeskammer der Ziviltechniker*innen/Architekt*innen/Ingenieur*innen. Die BUKO ist als Verein organisiert, an der Spitze steht ein*e Präsident*in einer der neun Kammern (Amtszeit 3 Jahre) und sie ist Mitglied des Europäischen Rates der freien Berufe. Die BUKO arbeitet eng mit der WKO zusammen.

Die drei großen Kammern – AK, WKO, LK – sind föderalistisch organisiert, neben den Landesverbänden gibt es den bundesweiten Dachverband. Die Mitgliederzahlen widerspiegeln gesellschaftliche Entwicklungen: seit Jahren rückläufig ist jene der LK, seit Jahren steigend jene der AK. Alle drei sind in die Begutachtung von Gesetzesentwürfen miteinbezogen. Die Kammern können auch Gesetzesvorschläge einbringen, wirken in Kommissionen und Beiräten mit und stellen jeweils Spezialist*innen für ihre Themenbereiche. Überdies sind AK und WKO (eingeschränkt auch die LK) in Arbeits-, Sozial und Kartellgerichten tätig.

Die Arbeiterkammer

Forderungen nach einer gesetzlichen Vertretung von Arbeitern und Arbeiterinnen gab es bereits in der zweiten Hälfte des 19. Jahrhunderts, es sollte aber noch bis 1920 dauern, bis das Gesetz über die Errichtung von Kammern für Arbeiter und Angestellte beschlossen wurde. 1921 wurden die Arbeiterkammern mit den Handelskammern gleichgestellt und die ersten Wahlen abgehalten. Im Herbst 1921 fand die erste Vollversammlung des Österreichischen Arbeiterkammertags statt.[84] Die AK war damit an einer Reihe von sozial- und arbeitsrechtlichen Besserstellungen maßgeblich beteiligt.

Während der Zeit der Dollfuß-Schuschnigg-Diktatur existierte die AK nur auf dem Papier, während des Nationalsozialismus gab es die AKs dann auch formell nicht mehr; zahlreiche ehemalige AK-Funktionär*innen wurden (u. a. in KZs) ermordet.

Im August 1945 wurde die AK wiederbelebt und blieb in der Zweiten Republik eine der zentralen Säulen der Sozialpartnerschaft. AK-Wahlen finden alle fünf Jahre statt, in Vorarlberg und Tirol traditionell mit ÖVP-Mehrheit (ÖAAB), in den übrigen Bundesländern mit SPÖ-Mehrheit (FSG).

Alle gewachsenen Parteien stellen üblicherweise auch Fraktionen bei AK-Wahlen:

- FSG – Fraktion sozialdemokratischer Gewerkschafter (SPÖ)
- ÖAAB/FCG – Österreichischer Arbeiter- und Angestelltenbund (ÖVP)/ Fraktion christlicher Gewerkschafter*innen
- FA: Freiheitliche Arbeitnehmer

84 Vgl. dazu https://www.arbeiterkammer.at/ueberuns/akundoegbgeschichte/index.html

- UG/AUGE: Unabhängige Gewerkschafter*innen/Alternative und Grüne Gewerkschafter*innen
- Gewerkschaftlicher Linksblock – KPÖ
- Parteifreie Gewerkschafter*innen

Zu den Aufgabenbereichen der AK gehören – neben der generellen Funktion als Interessenvertretung – Themen wie Arbeitnehmer*innen- und Konsument*innenschutz ebenso wie arbeitsrechtliche oder Sozialversicherungsfragen. Außerdem betreibt die AK Grundlagenforschung oder stellt Bildungsangebote für Schulen zur Verfügung.

Die Wirtschaftskammer

Gegründet wurden die ersten Handelskammern – als Vorläufer der heutigen WKO – im Jahr 1848 bzw. den Folgejahren. Eine Bundeskammer als Dachorganisation der Handelskammern wurde zwar noch 1937 beschlossen, war aber aufgrund des Anschlusses von 1938 hinfällig. Die Bundeskammer der gewerblichen Wirtschaft wurde 1946 installiert. Die Umbenennung in Wirtschaftskammer erfolgte 1993.[85]

Neben der Vertretung der Mitgliederinteressen präsentiert die WKO in der Außenwirtschaft Austria österreichische Unternehmen im Ausland oder ist in der Aus- und Weiterbildung tätig (z. B. Meister-, Unternehmer-, Lehrlingsprüfungen).

Die WKO ist in Sparten gegliedert: Es gibt die sieben Sparten Handel, Gewerbe-Handwerk, Industrie, Bank-Versicherung, Transport-Verkehr, Tourismus-Freizeitwirtschaft, Information-Consulting.

Wahlen finden – wie bei der AK – alle fünf Jahre statt, jeweils die Mehrheit erreicht der Wirtschaftsbund (WB) der ÖVP. Ähnlich wie die Kooperation zwischen AK und ÖGB auf Arbeitnehmer*innenseite, arbeiten WK und Industriellenvereinigung auf Seiten der Arbeitgeber*innen zusammen.

Die Landwirtschaftskammer

„Ackerbaugesellschaften" gab es bereits in der zweiten Hälfte des 18. Jahrhunderts; Anfang des 19. Jahrhunderts dann Landwirtschaftsgesellschaften (1819 in der Steiermark, 1838 in Tirol und Vorarlberg). Zu Beginn der Ersten Republik, im Februar 1922, wurde die erste Landwirtschaftskammer in NÖ gegründet, 1923 die erste Präsidentenkonferenz der landwirtschaftlichen Körperschaften Österreichs. Nach der Auflösung zur Zeit des Nationalsozialismus wurde 1946 die Präsidentenkonferenz der Landwirtschaftskammern installiert.

---

85 Vgl. dazu https://www.wko.at/service/oe/Geschichte-WKO.html

Die Landwirtschaftskammern sind die am stärksten dezentralisierten Kammern – z. B. wird von Bundesland zu Bundesland autonom entschieden, ob Landarbeiter den LKs angehören. Als Dachorganisation agiert die Präsidentenkonferenz der Landwirtschaftskammern Österreichs.

Bei Wahlen gewinnt regelmäßig der Bauernbund (ÖVP).

Neben den Landwirtschaftskammern gibt es in sieben Bundesländern den Österreichischen Landarbeiterkammertag, nur in den Bundesländern Wien und Burgenland sind Landarbeiter*innen auch Mitglieder der Landwirtschaftskammern. Auch die Landarbeiterkammern sind Körperschaften öffentlichen Rechts, Mitglieder sind Arbeiter*innen und Angestellte in der Land- und Forstwirtschaft. Die Landarbeiterkammern wurden 1950 gegründet.

Kritik am Kammersystem wurde in den 90er Jahren laut; kritisiert wurde v. a. die Pflichtmitgliedschaft. Lange Zeit war auch die Wahlbeteiligung rückläufig; dennoch wurden bei den Urabstimmungen, die in allen Kammern abgehalten wurden, deutliche Mehrheiten für die Beibehaltung der Pflichtmitgliedschaft erreicht.

Die freien Verbände – ÖGB und Industriellenvereinigung

Anders als bei Kammern besteht hier eine freiwillige Mitgliedschaft, der Beitritt obliegt also einer individuellen Entscheidung. Wie in anderen liberalen Demokratien haben sie auch deshalb keinen öffentlich-rechtlichen Status und keine Verankerung in der Verfassung.

Die beiden wichtigsten sind die IV und der ÖGB – als Vertreter der Arbeitgeber*innen und der Arbeitnehmer*innen.

Gegründet wurde der Österreichische Gewerkschaftsbund (ÖGB) 1945 als Einheitsgewerkschaft. Damit verbunden ist seine Überparteilichkeit, wenngleich der ÖGB stark mit politischen Parteien verflochten ist.

In der Ersten Republik gab es bis 1934 Richtungsgewerkschaften, von 1934–1938 eine Einheitsgewerkschaft. Unter Richtungsgewerkschaften versteht man Gewerkschaften, die neben ihrer Funktion als Interessenvertretung konfessionell oder politisch-weltanschaulich ausgerichtet sind (z. B. christliche, sozialdemokratische, kommunistische oder liberale Gewerkschaften). So gibt es in Belgien, um nur ein Beispiel zu nennen, einen christlichen (CSC/ACV), einen sozialdemokratischen (FGTB/ABVV) und einen kleineren liberalen (CGSLA/ACLVB) Gewerkschaftsbund.

Nach wie vor hat der ÖGB als Gewerkschaft Monopolstellung. In den 1990er Jahren wurde zwar der Versuch einer FPÖ-Gewerkschaft gestartet, diese aber hat seitdem nichts mehr von sich hören lassen. Ursprünglich war der ÖGB mit

16 Teilgewerkschaften nach dem Industriegruppenprinzip aufgebaut, mittlerweile gibt es sieben Teilgewerkschaften:

- GPA-DJP Gewerkschaft der Privatangestellten; Druck Journalismus Papier Mitgliederstand: 2000: 286.576; **2020: 279.965**
- GÖD Gewerkschaft öffentlicher Dienst Mitgliederstand 2000: 234.187; **2020: 255.910**
- ProGe: Produktionsgewerkschaft (Metall-Textil-Nahrung-Chemiearbeiter) Mitgliederstand 2000: 216.713; **2020: 230.268**
- Younion (GdG-KMSfB); Mitgliederstand 2000: 174.677; **2020: 144.080**
- vida: (Eisenbahner, Handel-Transport-Verkehr, Hotel-Gastgewerbe-persönliche Dienste) Mitgliederstand 2010: 152.460, **2020: 130.528**
- GBH Gewerkschaft Bau Holz; Mitgliederstand 2010: 117.623, **2020: 114.269**
- GPF Gewerkschaft Post und Fernmeldebedienstete; Mitgliederstand 2010: 53.730, **2020: 43.499**

Der Organisationsgrad lag 1970 bei etwa 60%; 1990 bei 45% und 2020 ca. 30%: Mitgliederstand 1997: 1.497.584; **2020: 1.198.919**

Der ÖGB organisiert keine eigenen Wahlen, sondern übernimmt die Wahlergebnisse der Betriebsrats- (bei privaten Dienstnehmer*innen) und Personalvertretungswahlen (bei öffentlichen Bediensteten). In der GÖD hat die FCG die Mehrheit, in den anderen Teilgewerkschaften die FSG.

Die Industriellenvereinigung (bzw. Vereinigung österreichischer Industrieller) ist eine freiwillige Interessenvertretung für ca. 4.500 Mitglieder und Mitglied von BusinessEurope, dem europäischen Arbeitgeber-Sozialpartner. Bereits 1862 wurde der Verein der Industriellen gegründet. Nach der Auflösung durch die Nationalsozialisten wurde 1946 die Vereinigung österreichischer Industrieller neu gegründet.

Die Sozialpartnerschaft

Die Sozialpartnerschaft, die zwar informelle, jedoch lange Zeit mehr oder weniger institutionalisierte Zusammenarbeit von Arbeitgeber- und Arbeitnehmerverbänden, wurde zu Beginn der Zweiten Republik begründet. In der zweiten Hälfte des 20 Jahrhunderts blieb die sozialpartnerschaftliche Kooperation – der (österreichische) Neokorporatismus – ein prägendes Element der Konsensdemokratie. Nicht als Gegensatz, sondern als Ergänzung zum Parlamentarismus.

Die paritätische Mitbestimmung und Mitwirkung war konsensual angelegt und bis Ende des 20. Jahrhunderts war die Paritätische Kommission für Lohn- und Preisfragen der Inbegriff dieser Kooperation und damit eine der wesentlichen Grundlagen dafür, dass in Österreich weitgehend sozialer Friede herrschte, dass Streiks und offen ausgetragene Arbeitskonflikte die absolute Ausnahme blieben und dass Regierung und Parlament den Beschlüssen der Sozialpartner im Wirtschaftsbereich weitgehend folgten. Die Sozialpartner waren zum einen autonom von politischen Parteien, zum anderen mit diesen aber eng verflochten (was z. B. in der Selbstverständlichkeit, mit der Vertreter*innen der Sozialpartner ihren fixen Sitz im Parlament hatten, verdeutlicht wurde).

Dieser Tripartismus (die Kooperation von Arbeitgeber-, Arbeitnehmerverbänden und Staat) funktionierte so lange reibungslos, solange die bei den Sozialpartnern dominierenden Parteien (SPÖ und ÖVP) auch in Parlament und Regierung uneingeschränkt dominierten. Das sollte sich ab Mitte der 1980er Jahre langsam, aber grundlegend ändern.

An Beginn standen fünf Lohn-Preis-Abkommen (1947–1951). 1957 wurde dann die Paritätische Kommission für Lohn- und Preisfragen eingerichtet, beschickt von AK und ÖGB auf Arbeitnehmer*innen-, von WK und Präsidentenkonferenz der LK auf Arbeitgeber*innenseite. Es folgten ein Preisunterausschuss (1958; nach 1992 Wettbewerbs- und Preisunterausschuss); 1962 der Lohnunterausschuss, 1963 der Beirat für Wirtschafts- und Sozialfragen und 1992 der Unterausschuss für internationale Fragen.

In den 1980er Jahren kam Bewegung in diese Kooperation. Zum einen kam mit den Grünen 1986 eine neue Partei in den Nationalrat, zum anderen begann um diese Zeit der Aufstieg der FPÖ – beide Parteien waren in der Sozialpartnerschaft nicht verankert. Bereits kurz vorher, in Zwentendorf 1978 und Hainburg 1984, zeigte sich, dass die Sozialpartner mit neuen sozialen Bewegungen konfrontiert waren, die ihre Entscheidungsspielräume massiv einzugrenzen imstande waren.

Das langsame Ende der Verstaatlichten-Industrie in diesen Jahren führte neben der Tatsache, dass der Staat seine Eigentümerfunktion verlor, auch zu einer Abnahme des Organisationsgrades des ÖGB. Der Legitimationsdruck für die Pflichtmitgliedschaft bei den Kammern wurde größer, wenngleich Mitgliederbefragungen deutliche Mehrheiten für eine Beibehaltung dieser Pflichtmitgliedschaft ergaben. Obwohl die Autonomie der Sozialpartner durch die Entflechtung zwischen Parlamentarismus und Sozialpartnerschaft größer wurde, nahm ihr politischer Einfluss ab.

Bis zu ihrem letzten Zusammentreffen im Jahr 1998 war die Paritätische Kommission mit ihren vier Ausschüssen sehr wichtig. Von den vier Ausschüssen blieb nach der Bad Ischler Erklärung von 2006 nur mehr der Beirat für

Wirtschafts- und Sozialfragen, in dem Expert*innen der Sozialpartner sitzen und beratend bzw. empfehlend tätig sind.

Die Bad Ischler Erklärung hält u. a. fest: „Zur Wiederherstellung einer regelmäßigen Gesprächsplattform der Sozialpartner mit der Bundesregierung soll im Sinne der früheren Rolle der Paritätischen Kommission mindestens zweimal im Jahr ein Wirtschafts-, Bildungs- und Sozialpolitischer Dialog zwischen Sozialpartnern und Bundesregierung stattfinden."[86]

Der Beirat für Wirtschafts- und Sozialfragen ist – laut Eigendefinition – ein Think-Tank der Sozialpartner und will zu einer Versachlichung wirtschaftspolitischer Diskurse beitragen. Er untersucht wirtschafts- und sozialpolitische Fragestellungen, erarbeitet Empfehlungen, unterbreitet Vorschläge und erstellt ökonomische Gutachten zu wirtschaftspolitischen Fragen.[87]

Er trägt dazu bei, die internationale Wettbewerbsfähigkeit zu sichern, menschliche Begabungen und Fähigkeiten zu fördern und eine möglichst ausgewogene Sozialstruktur in einer humanen Arbeitswelt weiter zu entwickeln.

Ein weiteres, in diesem Zusammenhang wichtiges Institut ist das Österreichische Institut für Wirtschaftsforschung (WIFO), das bereits seit 1927 besteht und sich als Brückenbauer zwischen Theorie, Empirie und Praxis sieht.

Die Spielregen des Tripartismus und damit der Sozialpartner wurden durch die ÖVP-FPÖ-Regierung nach 2000 deutlich verändert. Sozialpartnerschaftliche Mitbestimmung wurde vom Regel- zum Ausnahmefall. Während der ersten Regierungsbeteiligung der FPÖ (1983–1986) war zwar die ÖVP (wie in der gesamten Phase von 1970–1986) nicht in der Regierung, die sozialpartnerschaftliche Zusammenarbeit hatte damals aber noch weitgehend friktionsfrei funktioniert. Im Jahr 2000 war die FPÖ deutlich stärker als 1983 und das Verhältnis zwischen ÖVP und SPÖ war von intensiven Friktionen dominiert.

Der Dachverband der Sozialversicherungsträger

Die Sozialpartner beschicken den Dachverband, sie entsenden also Vertreter*innen in die Pensions-, Kranken- und Unfallversicherungen.

Erste gesetzliche Regelungen zur Sozialversicherung gehen bereits in das späte 19. Jahrhundert zurück. Der Hauptverband der Sozialversicherungsträger, der 2020 in Dachverband umbenannt wurde, geht zurück auf das Jahr

86 Vgl. dazu https://www.ots.at/presseaussendung/OTS_20060906_OTS0264/sozialpartner-praesentierten-gemeinsame-deklaration

87 Vgl. dazu https://www.sozialpartner.at/?page_id=135

Abbildung 9: Die neue Sozialversicherung

BISHER

Hauptverband der Sozialversicherungsträger

Pensionsversicherung	Krankenversicherung	Unfallversicherung
Pensionsversicherungs-anstalt (PVA)	Neuen Gebiets-, fünf Betriebskrankenkassen	Allgemeine Unfall-versicherungsanstalt (AUVA)
Sozialversicherungsanstalt der gewerblichen Wirtschaft (SVA)		
Sozialversicherungsanstalt der Bauern (SVB)		
Sozialversicherungsanstalt für Eisenbahn / Bergbau (VAEB)		
Versicherungsanstalt des Notariates	Versicherungsanstalt öffentlich Bediensteter (BVA)	

↓ ↓ ↓

NEU seit 2020

Hauptverband der Sozialversicherungsträger

Pensionsversicherung	Krankenversicherung	Unfallversicherung
Pensionsversicherungs-anstalt (PVA)	Österreichische Gesundheitskasse (Bisherige Krankenkassen)	Allgemeine Unfall-versicherungsanstalt (AUVA)
Versicherungsanstalt für den öffentlichen Dienst und Schienenverkehrsunternehmen (BVA + VAEB = BVAEB)		
Sozialversicherungsanstalt der Selbstständigen (SVA + SVB = SVS)		

Quelle: Wiener Zeitung, 22.05.2018

1947 und garantiert soziale Sicherheit in Österreich. 1956 wurde schließlich das ASVG (Allgemeines Sozialversicherungsgesetz) beschlossen.

Es gilt in Österreich das Prinzip der Pflichtversicherung und Selbstverwaltung. Bei der Umgestaltung in den Dachverband war eben dieses Prinzip der Selbstverwaltung massiv in Frage gestellt worden, kritisiert wurde, dass die Arbeitnehmer*inneninteressen deutlich zugunsten der Arbeitgeber*inneninteressen zurückgestellt würden (bis dahin ⅔ Arbeitnehmer*innen, ⅓ Arbeitgeber*innen, neu: jeweils ½ AN bzw. AG).

Neu war nun im Dachverband die Zusammenlegung der neuen Gebietskrankenkassen zur ÖGK (Österreichische Gesundheitskasse); die Fusion von BVA (Versicherungsanstalt öffentlich Bediensteter) und VAEB (Versicherungsanstalt für Eisenbahn und Bergbau) zur BVAEB (Versicherungsanstalt öffentlich Bediensteter, Eisenbahnen und Bergbau); die Fusion von SVA (Sozialversicherungsanstalt der gewerblichen Wirtschaft) und SVB (Sozialversicherungsanstalt der Bauern) zur SVS (Sozialversicherungsanstalt der Selbständigen). PVA (Pensionsversicherungsanstalt) und AUVA (Allgemeine Unfallversicherung) blieben von der Reform weitgehend unberührt.

10. Medien und politische Kommunikation

„Man kann nicht nicht kommunizieren", dieses Postulat von Paul Watzlawick gilt auch und vor allem für die Politik. Wir begreifen Politik und Kommunikation als gesellschaftliche Systeme bzw. als soziale Totalphänomene, denen sich niemand entziehen kann. Durch Kommunikation gelangen Politikinhalte an die Öffentlichkeit und zu den Wählerinnen und Wählern, oft über den Weg der Medien.

Wir beschäftigen uns in der politischen Kommunikationsforschung mit der Interaktion der drei Akteure Politik, Medien und Öffentlichkeit.

Abbildung 10: Kommunikationsdreieck

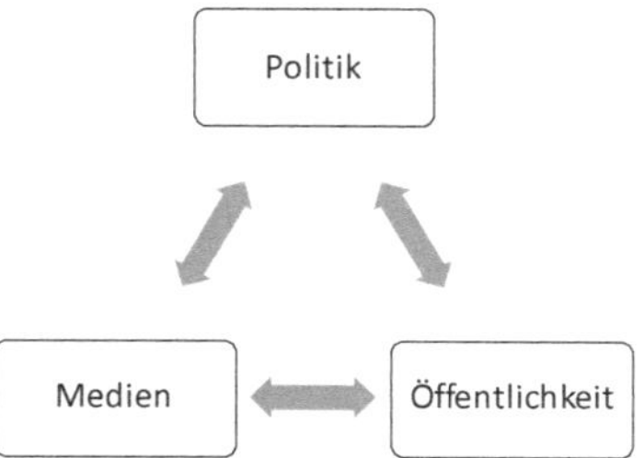

- Politiker*innen können direkt oder indirekt mit Wähler*innen kommunizieren: direkte Kommunikation findet vor allem in Wahlkämpfen in Form von Wahlplakaten, Werbespots oder Wahlveranstaltungen statt, oder auch über ihre eigenen Kanäle in den sozialen Medien oder ihre persönlichen Websites. Indirekt nutzen sie den Weg über die Medien, als Pressekonferenz, Presseaussendung, Interview oder Hintergrundgespräch. Da der Platz in den Zeitungen und Nachrichtensendungen begrenzt ist, handelt es sich hier um den begehrtesten Kommunikationskanal. Gleichzeitig haben Politiker*innen auf diesem Wege nicht die volle Kontrolle über die Kommunikationsinhalte, sondern diese unterliegen der Bewertung und Kontrolle („Fakten-Check") durch Journalist*innen.
- Wähler*innen kommunizieren ebenso mit der Politik. Dies kann über den klassischen Weg einer Bürger*innen-Sprechstunde oder eines E-Mails erfolgen, oder noch schneller und direkter über die Kommentarfunktion in sozialen Netzwerken oder einen Tweet. Über die sozialen Netzwerke können Bürger*innen ebenso die Medien erreichen; der traditionelle und immer noch viel genutzte Weg führt hier über einen Leser*innenbrief. Unzufriedenheit über die mediale Berichterstattung können Konsument*innen mittels Beschwerde an den Presserat ausdrücken.

- Medien kommunizieren ebenfalls aktiv mit der Politik: über Interview-Anfragen, im Aufdecker-Journalismus oder – was gerade bei Boulevard-Medien vorkommen kann – über ihre eigenen Kampagnen. Mittels Kommentar oder Analyse versuchen sie, politische Ereignisse für die Wähler*innen einzuordnen.

Mediennutzung in Österreich

In den vergangenen Jahrzehnten ist – nicht nur in Österreich – ein zunehmender Prozess der *Medialisierung*[88] zu beobachten. Unter diesem Begriff verstehen wir die Allgegenwart von Medien in der Gesellschaft. Massenmedien – als weit gefasster Begriff – sind ständiger Begleiter und wichtigste Quelle (politischer) Information für Bürgerinnen und Bürger, und gleichzeitig wichtigster Transportkanal von Informationen für politische Akteure. Der Begriff stammt bereits aus den 1990er Jahren, und beschrieb ursprünglich die Verbreiterung des Marktes an Printmedien, Fernseh- und Radiosendern. Mit der Entwicklung des Internet, den Sozialen Medien und der Verbreitung von Smartphones wird Kommunikation zum 24/7 Begleiter, und der Einfluss der Medien auf politische Abläufe stärker denn je.

Tabelle 30: Medien in Österreich

		Gründungsjahr	Reichweite (2020) in Prozent
Tageszeitungen	Die Presse	1848	4,1
	Der Standard	1988	6,8
	Kurier	1945	6,1
	Neue Kronen Zeitung	1959	25,9
	Österreich	2006	4,9
	Kleine Zeitung	1948	10,2
	Heute	2004	11,6 (27,0)[89]
	Tiroler Tageszeitung	1945	3,7 (41,3)
	Oberösterreichische Nachrichten	1945	4,7 (25,9)
	Salzburger Nachrichten	1945	3,1 (31,7)
	Vorarlberger Nachrichten	1945	1,9 (41,1)
Wochenzeitungen	Falter	1977	2,9
	Profil	1970	3,7

88 Der Begriff wird in der Literatur synonym mit „Mediatisierung“ verwendet.

89 In Klammern die Reichweite im jeweiligen Bundesland.

	News	1992	3
Fernsehsender	ORF 1	1955	8,2
	ORF 2	1961	22
	Servus TV	2009	3,4
	ATV	2000	3,2
	PULS4	2008	3,3
Radiosender	Ö1	1967 (1955)	10
	Ö Regional	1967	29,7
	Ö3	1967	31,9
	FM4	1995	3,2
	Privatradios	2001	27,3

Quellen: Media-Analyse 2019/2020, Radiotest, Teletest

Als meinungsführende Medien in Österreich sind vor allem das öffentlich-rechtliche Fernsehen und Radio sowie die Kronen Zeitung als reichweitenstärkstes bundesweites Printmedium zu verstehen (Tabelle 30). In den Bundesländern haben die regionalen Tageszeitungen eine starke Vormachtstellung und erreichen täglich eine Reichweite von bis zu 40 Prozent. Insgesamt geben die Österreicher*innen TV-Nachrichtenprogramme (67%), Radio-Nachrichtenprogramme (54%), Soziale Medien (48%), Websites/Apps von Zeitungen (44%) sowie gedruckte Zeitungen (42%) als ihre wichtigsten Nachrichtenquellen an[90].

Das österreichische Mediensystem

In den vergangenen drei Jahrzehnten hat das österreichische Mediensystem einige Veränderungen erfahren und auch die Nutzung von Medien hat sich stark weiterentwickelt.

Vervielfältigung der Rundfunkangebote. Durch den Empfang von internationalen Sendern über Satelliten und Streamingangebote hat sich das Angebot an Medien stark verbreitert. Während die Informations- und Deutungshoheit über internationale Nachrichten früher ausschließlich beim ORF lag, können Nutzer*innen nun direkt auf CNN, BBC oder Al Jazeera zugreifen und damit ihre Informationen aus verschiedensten Quellen beziehen. Tabelle 31 zeigt die Entwicklung der TV-Reichweiten in Österreich seit 1991. Während ORF1 als der Unterhaltungssender mit einem jüngeren Zielpublikum in diesen 30 Jahren mehr als die Hälfte seiner Seher*innen verlor, blieb ORF2 – der Sender für

90 Daten aus dem Digital News Report (Gadringer et. al. 2021).

Information und eher an ein älteres Publikum gerichtet – annähernd gleich[91]. Die reichweitenstärksten Informationssendungen auf ORF2 sind Bundesland heute und die Zeit im Bild mit jeweils über einer Million Zuseher*innen sowie die ZiB2 mit einer Reichweite von ungefähr 700.000 Seher*innen.

Tabelle 31: Medien in Österreich

TV – Tagesreichweite 1991–2020, Erwachsene ab 12 Jahren

Jahr	TV-Bev. In Tsd.	ORF 1		ORF 2		ORF 1 + ORF 2		TV – Gesamt	
		In %	In Tsd.	In %	In Tsd.	in %	In Tsd.	In %	In Tsd.
1991	6.329	61,7	3.901	54,8	3.465	69,0	4.366	71,4	4.519
1992	6.466	56,4	3.644	50,8	3.281	65,1	4.205	68,9	4.455
1993	6.472	55,0	3.559	50,6	3.273	63,8	4.128	68,7	4.446
1994	6.540	52,7	3.448	50,3	3.287	62,3	3.076	67,8	4.433
1995	6.629	48,0	3.182	51,3	3.400	61,9	4.101	66,7	4.422
1996	6.633	45,5	3.019	49,2	3.262	60,9	4.041	66,8	4.430
1997	6.660	43,8	2.914	48,7	3.243	60,3	4.018	66,3	4.412
1998	6.673	44,2	2.952	48,4	3.229	60,8	4.058	66,7	4.448
1999	6.699	43,1	2.885	47,5	3.184	59,9	4.013	66,8	4.474
2000	6.713	43,3	2.908	47,0	3.158	59,8	4.013	66,9	4.489
2001	6.734	42,9	2.886	46,7	3.148	60,0	4.042	67,9	4.571
2002	6.756	44,1	2.978	48,4	3.272	61,9	4.180	70,2	4.743
2003	6.793	43,3	2.942	46,7	3.175	60,3	4.095	69,2	4.698
2004	6.735	43,7	2.944	46,5	3.131	60,6	4.084	69,2	4.661
2005	6.851	41,6	2.851	45,1	3.091	59,1	4.047	68,4	4.689
2006	6.903	39,7	2.740	43,3	2.989	57,3	3.956	66,9	4.619
2007	6.972	34,7	2.417	40,1	2.798	52,9	3.689	64,1	4.466
2008	7.028	32,6	2.293	39,7	2.789	51,8	3.641	63,2	4.439
2009	7.070	30,4	2.149	38,4	2.713	49,8	3.523	61,6	4.355
2010	7.106	31,3	2.226	38,8	2.761	50,7	3.603	62,5	4.440
2011	7.140	31,0	2.210	39,1	2.789	50,9	3.632	63,5	4.530
2012	7.168	30,9	2.218	39,0	2.798	51,0	3.656	64,0	4.585
2013	7.211	28,0	2.019	38,0	2.738	48,5	3.497	61,9	4.461
2014	7.247	29,1	2.107	37,5	2.716	49,0	3.554	63,6	4.588
2015	7.265	27,6	2.006	37,6	2.734	48,2	3.505	62,4	4.535
2016	7.302	27,4	2.000	37,9	2.768	48,1	3.510	62,7	4.567
2017	7.471	27,2	2.026	38,7	2.880	48,6	3.620	65,3	4.862
2018	7.501	27,4	2.052	37,8	2.833	48,1	3.603	65,1	4.877
2019	7.530	25,4	1.907	39,1	2.937	48,1	3.619	66,4	4.991
2020	7.546	26,1	1.967	43,7	3.299	52,4	3.951	70,3	5.300

Quelle: https://der.orf.at/medienforschung/fernsehen/fernsehnutzunginoesterreich/index.html

91 Der Anstieg im Jahr 2020 ist auf den erhöhten Nachrichtenkonsum während der Corona-Pandemie zurückzuführen.

Dualisierung des österreichischen Rundfunkmarktes. Erst vergleichsweise spät wurden neben dem ORF auch private Radio- und Fernsehsender in Österreich zugelassen, lange Zeit hatte man sich gegen diese Verbreiterung des Angebots gewehrt. Das Regionalradiogesetz trat 1994 in Kraft, nachdem Österreich wegen Verletzung des Rechts auf freie Meinungsäußerung vom Europäischen Gerichtshof für Menschenrechte in Straßburg geklagt worden war. Mit dem Privatradiogesetz 2001 wurde dann die Grundlage für bundesweite Privatradios geschaffen. Ebenso lässt seit 2001 das Privatfernsehgesetz kommerzielle Fernsehsender zu. Hier haben sich seither die Sender ATV und PULS4 (beide im Besitz der ProSiebenSat.1 Media) sowie Servus TV von Red Bull Media House etabliert.

Boulevardisierung – Infotainment. Insgesamt beobachten wir eine starke Ausweitung des politischen Informationsangebots, allerdings steigt der Anteil an Boulevardmedien an diesem Informationsangebot ebenso stark. Beispiel hierfür ist die Mediengruppe „Österreich", die neben der Zeitung „Österreich" auch ein breites Online-Angebot und den TV-Sender oe24.tv betreibt und politische Talk-Formate auf Art des Boulevards produziert. Aber auch Qualitätsmedien bedienen sich zunehmend der Techniken des Boulevard: verstärkter Fokus auf Bilder in der Berichterstattung, verstärkte Personalisierung und Privatisierung (sogenannte „Home Stories") und das verstärkte Eingehen von Werbepartnerschaften aufgrund ökonomischer Zwänge führen zu einer insgesamt verstärkten *tabloidization* der österreichischen Medienlandschaft.[92]

Hohe Pressekonzentration. Es gibt eine sehr starke Verflechtung zwischen Pressetiteln in Österreich. Zur Mediaprint GmbH gehören Neue Kronen Zeitung und Kurier; diese ist wirtschaftlich verflochten mit der NEWS-Gruppe, zu der fast alle Wochenmagazine (z. B. NEWS, profil, Trend, Woman) gehören. Die Styria Media Group besitzt Kleine Zeitung und Die Presse. Eine Besonderheit des österreichischen Mediensystems ist zudem die starke Involvierung ausländischer Kapitalgeber in den Medienmarkt (z. B. Funke-Gruppe).

Die Kronen Zeitung ist in absoluten Zahlen die fünftgrößte Tageszeitung Europas (nach Bild-Zeitung und den britischen Sun, Daily Mail und Daily Mirror), dies macht sie zu einer der reichweitenstärksten Tageszeitungen in einem demokratischen Land weltweit, die bis in die 2010er Jahre über 40 Prozent und auch 2020 noch 26 Prozent tägliche Leser*innen erreicht (siehe Tabelle 30). Diese hohe Konzentration der Leser*innenschaft auf ein einziges Medium führt zu einer weiteren Verengung des Pressemarktes.

92 Siehe Magin (2019) für eine ausführliche Studie zur Boulevardisierung der politischen Berichterstattung in Österreich und Deutschland.

Wachsende Konkurrenz der traditionellen Massenmedien zu Neuen Medien. Klassische Massenmedien sehen sich seit dem Aufstieg des Internet und der sozialen Medien immer stärker unter Konkurrenzdruck, vor allem was ihren ökonomischen Erfolg betrifft. Während alle großen Tageszeitungen auch Online-Dienste anbieten, können die Erfolge von Abonnements von Online-Zeitungen noch nicht an klassische Print-Abonnements anschließen. Der *Standard* beispielsweise erreicht mit seinem Online-Angebot *derstandard.at* beinahe doppelt so viele Leser*innen als mit der Print-Ausgabe.

Gut die Hälfte der Nachrichten-Nutzer*innen konsumieren laut Digital News Report sowohl digitale als auch traditionelle Medien (Abbildung 11); bereits ein Viertel informiert sich nur mehr digital, und dieser Anteil wird weiter steigen – bei den Unter-35-Jährigen liegt er bei knapp 40 Prozent. Facebook, WhatsApp und Youtube sind die wichtigsten Social Media Plattformen zur Nachrichtennutzung in Österreich. Von den Unter-25-Jährigen nutzen fast 40 Prozent Instagram als wichtigste Nachrichtenquelle in den sozialen Netzwerken.

Abbildung 11: Digitale vs. traditionelle Mediennutzung

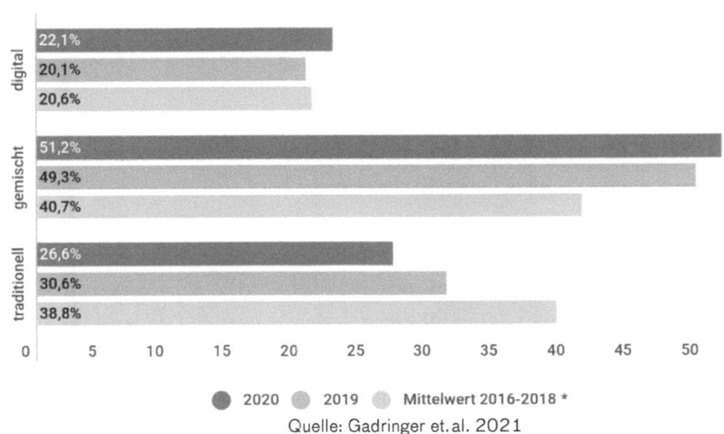

Quelle: Gadringer et. al. 2021

Politikberichterstattung

Ziel aller Akteur*innen im System der politischen Kommunikation ist es, dass ihre jeweilige Botschaft möglichst viele Menschen erreicht. Zur Erreichung dieses Ziels greifen die Akteur*innen unter anderem auf folgende Strategien zurück[93]:

93 Eine ausführliche Auseinandersetzung mit politischen PR-Strategien findet sich u. a. in Jarren und Donges (2011).

Agenda Setting. Unter Agenda Setting versteht man den Versuch der Beeinflussung der öffentlichen Meinung durch das Setzen von Themen in den Massenmedien. Politische Parteien oder andere Akteur*innen versuchen hierbei Themen zu forcieren, mit denen sie selbst positiv in Verbindung gebracht werden, bei denen ihnen Lösungskompetenz zugeschrieben wird und von denen in der Öffentlichkeit angenommen wird, dass das „ihr“ Thema sei („issue ownership“). Typische Beispiele für „issue ownership“ sind das Thema Zuwanderung für die FPÖ oder das Thema Umweltschutz für die Grünen. Die Selektionsfunktion von Medien kommt hier ins Spiel: Journalist*innen müssen unter einer Vielzahl von Themen entscheiden, welchem sie Platz in ihrem Medium einräumen. Durch ihre Auswahlentscheidung machen sie oft in den Medien erst auf ein Thema aufmerksam.

Framing. Hat es ein Thema auf die mediale Agenda geschafft und ist in der Öffentlichkeit präsent, so geht es für die politischen Akteur*innen nun darum, das Thema zu etikettieren und mit ihren eigenen Begriffen, Deutungen und Lösungsansätzen zu besetzen. Die Veränderung des globalen Klimas auf der Erde kann als „Klimawandel“, „Klimaerwärmung“, „Klimakrise“, Klimakatastrophe“, oder, aus einem anderen Blickwinkel, als „Klimalüge“ etikettiert werden. Mit jedem Begriff wird mittransportiert, wie der Absender der Botschaft zum Thema steht und wie groß die Bedrohung ist, die er oder sie dem Thema beimisst. Für Journalist*innen und Redaktionen ist es eine bewusst abzuwägende Entscheidung, welches Framing sie übernehmen.

Agenda Surfing. Politische Akteur*innen können aktuelle Ereignisse bewusst und gezielt nutzen, um die eigenen Themen in den Vordergrund zu bringen oder die Kandidat*innen vorteilhaft zu positionieren. Oft handelt es sich hier um tragische Ereignisse wie Naturkatastrophen (z. B. das Hochwasser an der Elbe im Herbst 2002, welches der deutsche Bundeskanzler Schröder nutzte, um sich in Gummistiefeln als starker, handlungsfähiger Kanzler zu präsentieren) oder technische Katastrophen (wie der Zwischenfall im japanischen Atomkraftwerk Fukushima im Jahr 2011, der weltweit die Debatte über die Nutzung von Atomkraft anschob und den Grünen in Deutschland mit zum ersten Ministerpräsidentenposten in Baden-Württemberg verhalf). Aber auch die Migrationsbewegungen im Jahr 2015 oder die Fridays-for-Future-Demonstrationen 2019 wurden von politischen Parteien als Vehikel für ihre Themen genutzt.

News Management. Regierungen und andere ranghohe Akteur*innen verfügen naturgemäß über verstärkte Ressourcen, um die mediale Agenda zu beeinflussen. Ziel jeder Regierung ist es, dass ihre Beschlüsse und Maßnahmen von der Bevölkerung so positiv wie möglich aufgenommen werden, sie verfolgen also das Ziel einer möglichst wohlwollenden Berichterstattung. In Mehrheits-Wahlsystemen mit einem starken Führungsakteur verfügt dieser meist über eine mit entsprechenden Führungskompetenzen und Ressourcen ausgestatte, zentrale PR-Organisation, die entsprechend agieren kann – führend ist hier das Weiße Haus mit seinem Kommunikationsapparat, wie z. B. den täglichen press briefings. In europäischen (Koalitions-)Regierungen wird der Ansatz aufgrund der abweichenden Voraussetzungen nicht so rigide umgesetzt. Vorwürfe wegen einer zu drastischen „message control" gibt es allerdings immer wieder, so beispielsweise gegenüber Tony Blair und seiner New Labour im Großbritannien der 1990er Jahre oder auch aktuell in Österreich gegenüber dem Kommunikationsapparat der Neuen Volkspartei.

Ereignis-Management. Um der Logik der Medien gerecht zu werden, werden Botschaften auch entsprechend verpackt und inszeniert. Manchmal sind es – geplante oder ungeplante – genuine Ereignisse, bei denen sich Politiker*innen in Szene setzen können, wie beispielsweise der Besuch einer Sportveranstaltung. Oft werden aber Ereignisse bewusst zum Zwecke der politischen Kommunikation inszeniert. So ist es bei Parteitagen heute eher eine Nebensache, welche Beschlüsse gefasst werden – wichtig ist, wie die Rede der Parteiobfrau aufgenommen wird und dass die Partei Werte wie Geschlossenheit und Stärke demonstriert. Während der Corona-Pandemie gewann das Format der Pressekonferenzen an Bedeutung: was eigentlich ausschließlich für Journalist*innen als Zielgruppe gedacht ist, wurde insbesondere in der ersten Phase der Pandemie im Frühjahr 2020 zum TV-Ereignis. Die Pressekonferenz zur Ankündigung des ersten „Lockdowns" am 13. März verfolgten über 1,3 Millionen Menschen live im Fernsehen.

Personalisierung. Die mediale Beachtung – nicht nur, aber insbesondere in Wahlkampfzeiten – gilt immer mehr dem Spitzenpersonal der Parteien anstatt den Kollektivorganen. Politische Kommunikation braucht Vermittler*innen, und für Medien ist es am erfolgreichsten, die prominentesten Vertreter*innen der Parteien zu Interviews und Statements laden zu können. Damit geht einher, dass das Image einzelner Personen ebenso wichtig für den politischen Erfolg wird wie die inhaltlichen Positionen. Dies betrifft weibliche Politikerinnen noch mehr als ihre männlichen Kollegen. Während der Regierungszeit von Angela Merkel in Deutschland beschäftigten sich Medien umfassend mit Merkels Kleidung, ihrem Auftreten oder ihrem persönlichen Verhältnis zu anderen Regierungschefs. Für Parteien bedeutet dies, dass Wechsel in der Führungsebene auch immer mit einer Neubewertung der Partei einhergehen.

Wahlkämpfe und politische Kommunikation

Wahlkampfpraktiken in Österreich

In Wahlkämpfen sind die Kommunikations-Aktivitäten von politischen Parteien besonders sichtbar und intensiv. Während natürlich die Auseinandersetzung um die meisten Wählerstimmen den Wahlkampf bestimmt, nützen Parteien die Vorbereitung auf Wahlkämpfe auch oft zur eigenen Standortbestimmung und die Kommunikation ihrer Positionen, z. B. durch den Beschluss eines Wahlprogramms.

Seit dem Parteiengesetz 2012 sind die Wahlkampfausgaben der Parteien bei 7 Millionen Euro gedeckelt. Die Ausgaben der politischen Parteien müssen im Laufe des folgenden Kalenderjahres an den Rechnungshof gemeldet werden, der die Rechenschaftsberichte auf seiner Website veröffentlicht. Wie Tabelle 32 zeigt, werden diese Ausgaben immer wieder weit überschritten, beispielweise vom Team Stronach 2013, der FPÖ 2017 oder der ÖVP 2013 und 2017. Dies bleibt – bis auf die öffentliche Aufmerksamkeit, die aber natürlich erst lange nach dem Wahlkampf entsteht – für die Parteien ohne gravierende Konsequenzen.

Tabelle 32: Wahlkampfausgaben der Parteien 2013–2019

	2013	2017	2019
ÖVP	11 275 498,43	12 959 301,71	---*
SPÖ	7 326 874,22	7 383 429,95	6 882 648,31
FPÖ	4 958 634,93	10 717 654,14	5 510 635,90
Grüne	5 393 041,62	5 223 797,14	2 706 853,97
NEOS	763 843,65	1 805 790,00	2 204 490,00
Pilz/Jetzt		220 897,57	
Team Stronach	13 544 227,13		

Quelle: Rechnungshof (2021); *Der Rechenschaftsbericht der ÖVP zur NRW 2019 ist bis Drucklegung nicht eingelangt.

Die Angaben sind naturgemäß mit Vorsicht zu genießen, da sie auf den Eigenangaben der Parteien beruhen und das PartG immer noch Möglichkeiten zur Umgehung offenlässt (z. B. Einsatz von Personal in den Landesparteien oder Teilorganisationen für den Wahlkampf, ohne dies als Querfinanzierung zu kennzeichnen; Datierung von Rechnungen vor bzw. nach die Wahlkampfphase). Sie ermöglichen jedoch eine Einschätzung der Effizienz des Wahlkampfeinsatzes einer Partei: Im von Tabelle 32 abgebildeten Zeitraum konnte die Liste Pilz 2017 acht Mandate erreichen, also einen Mitteleinsatz von gut 27.000 Euro pro Mandat. Das Team Stronach erreichte 2013 elf Mandate, gab jedoch dafür im Schnitt 1,2 Millionen Euro an Wahlkampfkosten aus.

Wahlkampfkommunikation

Die Wahlkampfkommunikation hat sich der Entwicklung von Kommunikation und Gesellschaft angepasst. Sie hat zum einen zum Ziel, neue Wähler*innen zu überzeugen, und zum anderen, bestehende Wähler*innen zu mobilisieren. Professionelle Wahlkampagnen müssen daher mehrere verschiedene Strategien gleichzeitig verfolgen, um verschiedene Zielgruppen entsprechend zu erreichen.

Wahlkampfkommunikation in Österreich zeichnet sich durch drei Merkmale aus: das Fehlen von Wahlwerbespots im Fernsehen; eine hohe Dichte an Wahlplakaten; und eine zögerliche Entwicklung der politischen Kampagnen auf Social Media.

Fernsehen, Radio und Printmedien. Bis 1994 gab es im Österreichischen Rundfunk die sogenannten Belangsendungen. Politischen Parteien wurden vor der Wahl jeweils einige Minuten an Sendezeit gewährt, die sie frei füllen konnten. Heute dürfen politische Werbespots nur mehr im Privatfernsehen und auf Online-Plattformen wie Youtube gesendet werden. Im Vergleich zu den Vereinigten Staaten oder Kanada wird also nur ein minimaler Teil der Wahlkampfbudgets für Werbespots ausgegeben; das Bewegtbild spielt in der österreichischen Wahlwerbung nur eine untergeordnete Rolle, wobei durch Plattformen wie Instagram oder TikTok vor allem sekundenkurze Clips als Werbespots an Bedeutung gewinnen werden.

Umso mehr wird die Fernsehzeit in Wahlkämpfen mit redaktionell generierten Politikinhalten gefüllt. Den Kern bilden hier die Zweierduelle der Spitzenkandidat*innen sowie die „Elefantenrunde", in der sich alle Obleute der Parlamentsparteien gegenüberstehen. Diese TV-Konfrontationen erfreuen sich hoher Zuseher*innenzahlen und generieren weitere Berichterstattung in Folgeformaten und anderen Medien. In den letzten vier Wochen vor der Nationalratswahl 2019 veranstalteten der ORF sowie Puls 4, ATV und Servus TV insgesamt über 40 solcher Konfrontationen.

Die Wahlkonfrontationen hinterließen so manchen Moment im kollektiven TV-Gedächtnis. Das allererste TV-Duell zwischen Bruno Kreisky und Josef Klaus 1970 verfolgten so wenige Zuseher, dass das Duell zwischen Kreisky und Josef Taus 1975[94] als Premiere der TV-Duelle gilt. Es verlief ohne Moderator (nur ein Licht zeigte an, wer am Wort war) und ohne vorgegebene Themen. Kreisky kam mit dem neuen Format wesentlich besser zurecht und galt als klarer Gewinner des Duells. In den 1990er Jahren begann Jörg Haider, die Auftritte in den TV-Duellen neu zu inszenieren – unter anderem mit den „Taferln", vor-

94 Das Duell ist in den historischen Beständen der ORF-TVThek verfügbar: https://tvthek.orf.at/profile/Archiv/7648449/TV-Duell-Kreisky-Taus/6240717

bereiteten Kartontafeln mit Statistiken und Grafiken, mit denen er im Gedächtnis bleibende Bilder erzeugen wollte. Im Nationalratswahlkampf 2013 verzweifelten Moderator*innen am Kandidaten Frank Stronach, der sich so gar nicht an die Konventionen eines politischen TV-Auftritts halten wollte und sich weder um die Moderation noch um eine Themenvorgabe sehr kümmerte. Im Bundespräsidentschaftswahlkampf 2016 schließlich wollte ATV das legendäre „unmoderierte Duell“ von 1975 nachbilden und lud die Präsidentschaftskandidaten Alexander Van der Bellen und Norbert Hofer dazu ein[95]. Das Experiment schlug große Wellen (und gewann den Fernsehpreis „Romy“ als „historischer TV-Moment“), geriet jedoch zwischendurch zu einem Duell unter der Gürtellinie, wofür sich beide Kandidaten im Nachhinein entschuldigten.

Das Radio spielt in der Wahlkampfkommunikation für die Parteien nur eine untergeordnete Rolle; die politische Berichterstattung im Radio, insbesondere das Ö1 Morgenjournal, hat allerdings noch immer hohe Agenda Setting Power. Printmedien stellen einerseits einen wesentlichen Faktor in der Wahlkampfberichterstattung dar, anderseits bieten sie auch eine Plattform für Wahlwerbung in Form von Inseraten, die zielgruppengerecht eingesetzt werden – und eine gewisse Form der Querfinanzierung von politischen an mediale Akteure darstellen. Bis dato konnte nur punktuell ein Zusammenhang zwischen Inseratenschaltungen und vorteilhafter Berichterstattung nachgewiesen werden. Allerdings sind nachvollziehbare Daten über das Gesamtvolumen politischer Inseratenvergabe nicht transparent verfügbar.

Wahlplakate und Inserate. Im Gegenzug ist Österreich gemeinsam mit Deutschland jenes europäische Land, in dem Wahlplakate am intensivsten eingesetzt werden. Hier gibt es überhaupt keine Beschränkungen: Zusätzlich zu kommerziell buchbaren Großplakat-Werbeflächen dürfen in den sechs Wochen vor dem Wahltag flächendeckend Dreiecksständer aufgestellt werden, die vornehmlich zur Präsentation der Kandidatinnen und Kandidaten genutzt werden. Wahlplakate sind der teuerste Posten in den Wahlkampfbudgets der Parteien. In den Nationalratswahlkämpfen 2013 und 2019 gaben die Parteien bis zu 50 Prozent ihrer Wahlkampfbudgets, also jeweils zwischen zwei und vier Millionen Euro, für Außenwerbung aus[96].

Nur dem Wahlplakat sind alle Wähler*innen im Wahlkampf potentiell ausgesetzt. Die meisten Wahlwerbeformen sind auf möglichst hohe Effizienz und

95 Das Duell ist zum Erscheinungszeitpunkt des Buches auf YouTube verfügbar: https://www.youtube.com/watch?v=AEo6NrhQF3s

96 Die Rechenschaftsberichte der Parteien zu den Wahlkampfausgaben sind – soweit vorhanden – auf den Websites des Rechnungshofs abrufbar.

möglichst wenig Streuverlust ausgelegt. Das bedeutet, dass ein bestimmtes Facebook-Posting nicht alle User, sondern nur bestimmte Zielgruppen zu sehen bekommen, und dass in einem Qualitätsmedium andere Inserate geschaltet werden als in einem Boulevardblatt. Wahlplakate sind in Österreich und zum Beispiel auch in Deutschland prägend für das Straßenbild während eines Wahlkampfes. Mit einer Reichweite von bis zu 87 Prozent[97] prägen Wahlplakate den politischen Diskurs in der Wahlkampfzeit stark mit.

Wahlplakate bleiben in Österreich auch mit zunehmender Digitalisierung der Wahlkampfkommunikation ein wichtiges Mittel zur Mobilisierung von Wähler*innen und Funktionär*innen. Oft werden Plakate in ihrer komprimierten Kommunikationsform auch dazu genutzt, einen medialen Diskurs anzustoßen oder dies zumindest zu versuchen. Beispiele hierfür sind die kontroversen Plakate der FPÖ unter Heinz-Christian Strache („Daham statt Islam", „Pummerin statt Muezzin").

Internet und Social Media[98]. Social Media Campaigning hat sich in Österreich erst zögerlich entwickelt. Bis auf wenige Ausnahmen werden die sozialen Netzwerke hauptsächlich genutzt, um klassische Kampagnen-Inhalte, also Plakat- oder Inseratensujets, online zu reproduzieren. Österreichische Politiker*innen und Parteien nutzen Facebook, Twitter und Instagram, vereinzelte Accounts findet man auf Youtube oder TikTok. Insgesamt werden Online-Plattformen stark von jungen Politiker*innen vornehmlich aus dem urbanen Raum genutzt. Auf Facebook sind Politiker*innen der FPÖ besonders aktiv. Die Fanseite von Heinz-Christian Strache war mit über 800.000 Followern für lange Zeit die erfolgreichste Social Media Präsenz in der österreichischen Politik; nach Straches Ausscheiden aus der Politik kam es zu einem Rechtsstreit mit der FPÖ über den Zugriff auf die Seite, der darin endete, dass die Seite vom Netz genommen wurde.

Twitter wird in Österreich stark von *communication professionals* genutzt, also von Journalist*innen und Pressesprecher*innen sowie Politiker*innen aus der zweiten und dritten Reihe, die ihre Accounts persönlich bespielen. Dadurch entwickelt sich ein Mikrokosmos an Meinungsbildung, der der Rolle der klassischen Pressemeldung oft den Rang abläuft, wenn Zeit eine Rolle spielt – immer öfter wird Twitter als das erste Medium zur Verkündung einer Neuigkeit gewählt und spielt inzwischen auch eine wesentliche Rolle im agenda building Prozess, vor allem – aber nicht nur – in Wahlkämpfen.

97 Daten aus dem Nationalratswahlkampf 1999 (Plasser, Ulram und Sommer 2000)

98 Das Themenfeld Politische Online-Kommunikation bringt am meisten neue und aktuelle Forschung hervor. Aktuelle Befunde für Österreich finden sich z. B. bei Dolezal (2015), Liebhart und Bernhardt (2017), Russmann (2018), Seethaler und Melischek (2019) oder Russmann (2020).

Ausblick

Das Feld der (politischen) Kommunikation ist ständiger Veränderung und Innovation unterworfen. In den kommenden Jahren werden neue Online-Plattformen entstehen, neue Methoden der Zielgruppensegmentierung entwickelt werden und sich neue Kommunikationstechnologien durchsetzen. Gleichzeitig werden „traditionelle Medien" wie Fernsehen, Radio und Printmedien weiter um Leser*innen, Hörer*innen und Seher*innen konkurrieren. Zum Kampf um Aufmerksamkeit von Seiten der politischen Akteure kommt der Kampf um Bedeutung von Seiten der Medien selbst. Für Politikvermittlung insgesamt ist die Herausforderung groß, dass Wähler*innen sich im medialen Überangebot nicht mehr zurechtfinden und Schwierigkeiten haben, politische Inhalte auf ihre Richtigkeit zu überprüfen („Faktencheck").

11. Gender und Politik

Unter Gender verstehen wir das soziale Geschlecht, die Kategorie Geschlecht im gesellschaftlichen Zusammenhang. Wir beschreiben damit die soziale, politische, ökonomische und kulturelle Zuschreibung zu Geschlecht, weil Macht und Rechte in diesen Bereichen mit Gender in Zusammenhang stehen und oft ungleich verteilt sind. Im Englischen beschreibt *sex* das biologische, *gender* hingegen das soziale Geschlecht.

Historisch sind politische Institutionen maskulin geprägt, es handelt sich um eine Vergeschlechtlichung des Politischen: in den politischen Institutionen und Vorgängen spiegelt sich nur ein Geschlecht wider. Um Gleichstellung in politischer Repräsentation zu schaffen, muss Geschlecht zum Thema gemacht werden. Zugleich betrifft diese Politisierung der Geschlechterverhältnisse nicht nur die politische Sphäre, sondern auch die private. Es braucht also eine Erweiterung des Politischen: Politische Handlungen greifen in den privaten Lebensbereich, wie Beziehung und Ehe, Kindererziehung, Arbeitsleben usw. ein.

Neuregelungen der Geschlechterverhältnisse im Politischen und Privaten gingen nicht immer mit derselben Geschwindigkeit vor sich: Während Frauen im Jahr 1918 das aktive und passive Wahlrecht erlangten, waren Arbeitsleben, Kindererziehung oder Pflegetätigkeiten noch lange Zeit ungleich zwischen Mann und Frau verteilt – und sind es bis heute.

Im Jahr 2021 sind 49,2% der Österreicher*innen Männer, 50,8% Frauen. Der Frauenanteil im Parlament lag nach der Nationalratswahl 2019 bei 39,3%, aktuell (Stand November 2021) liegt er bei 39,9%[99]. Das mittlere Bruttojahreseinkommen von Frauen beträgt nur 64% des mittleren Männereinkommens (selbst wenn nur Vollzeitbeschäftigte berücksichtigt werden, kommen Frauen lediglich auf 86% des Männereinkommens). Die gleiche Teilhabe ist also auf formaler Ebene seit über 100 Jahren erreicht, in der Praxis bleiben wir weiterhin ein gutes Stück davon entfernt.

Frauen in der Politik

Im Staatsgrundgesetz von 1867 wurde der Gleichheitsgrundsatz erstmals formuliert: Alle Bundesbürger sind vor dem Gesetz gleich. Bis 1908 jedoch blieb es „Ausländern, Frauenspersonen und Minderjährigen“ verboten, in politischen Vereinen mitzuwirken. Bis 1918 mussten Frauen aus dem Staatsdienst

99 FPÖ: 16,7%; Grüne 57,7%; SPÖ 50%; NEOS 46,7%; ÖVP 35,2%. https://www.parlament.gv.at/SERV/STAT/PERSSTAT/FRAUENANTEIL/frauenanteil_NR.shtml

ausscheiden, wenn sie heirateten (Zölibatsverordnung). 1918 wurde dann mit dem Gesetz über die Staats- und Regierungsform von Deutschösterreich das allgemeine und gleiche Wahlrecht eingeführt und Frauen waren damit in der politischen Partizipation formal gleichberechtigt. 1919 zogen acht Frauen (von 170 Abgeordneten) in den Nationalrat ein.

Die Weiterentwicklung der politischen Teilhabe von Frauen ging in Österreich um einiges langsamer vonstatten als in manchen anderen Staaten. Grund dafür sind die politischen Verhältnisse im „Ständestaat" und während der Zeit des Nationalsozialismus, als die Rolle der Frau ganz explizit als Produzentin von Nachwuchs für das Deutsche Reich benannt wurde, während der Staat von Männern gelenkt wurde. Die NSDAP verstand sich als Männerpartei; einzige zugelassene Frauenorganisation war die NS-Frauenschaft.

Bis in die 1980er Jahre lag der Anteil von Frauen an den Nationalratsabgeordneten bei unter zehn Prozent; heute liegt er bei knapp 40 Prozent. Ein ausgeglichenes Geschlechterverhältnis der Abgeordneten trägt auch zu einer ausgeglicheneren Gesetzgebung bei, da sich tendenziell weibliche Abgeordnete mehr mit frauenspezifischen Themen (sogenannten *soft issues*) beschäftigen bzw. solche Themen, die mehr als die Hälfte der Bevölkerung betreffen, erst in die politische Debatte einbringen. Dies schlägt sich auch in der Besetzung von parlamentarischen Ausschüssen nieder: So sind die Ausschüsse „Gleichbehandlung" und „Familie und Jugend" mehrheitlich mit weiblichen Abgeordneten besetzt, während diese in den Ausschüssen für Verkehr oder Finanzen nur ein Fünftel der Ausschussmitglieder stellen.

Tabelle 33: Erste Frauen in Spitzenpositionen

1951 Ludovica Hainisch, erste Kandidatur einer Frau für BP Wahl (2.132 Stimmen)	**1996** die erste Landeshauptfrau (**Waltraud Klasnic**, ÖVP Stmk)
1966 die erste Bundesministerin (**Grete Rehor**, ÖVP, Sozialministerium)	**2000** die erste Vizekanzlerin (**Susanne Riess-Passer**, FPÖ)
1986 die erste Frau im Nationalratspräsidium (**Marga Hubinek**, ÖVP, 2. NRPräs.)	**2003** erste Frau im Präsidium des VfGH (**Brigitte Bierlein**)
1986 die erste Klubobfrau (**Freda Meissner-Blau**, Grüne)	**2006** erste NR Präsidentin (**Barbara Prammer**)
1990 die erste Nationalbankpräsidentin (weltweit; **Maria Schaumayer**)	**2016** erste Rechnungshofpräsidentin (**Margit Kraker**)
1993 die erste Parteiobfrau (**Heide Schmidt**, LF)	**2018** erste Präsidentin des VfGH (**Brigitte Bierlein**)
1994 die erste Frau im Verfassungsgerichtshof (**Lisbeth Lass**)	**2019** erste Bundeskanzlerin (**Brigitte Bierlein**)

Quelle: eigene Zusammenstellung

Die verspätete Demokratie

Frauen hatten sich immer den bereits existierenden demokratischen Ritualen oder Formen zu unterwerfen. Als die demokratischen Institutionen entwickelt wurden, war Frauen die politische Mitbestimmung noch untersagt; später kamen sie in die bereits maskulin geprägten Strukturen. In den ersten Jahrzehnten des 20. Jahrhunderts erfuhren Frauen in Bezug auf politische Partizipation keine Gleichstellung, sondern eine reine Angleichung – mit dem allgemeinen Wahlrecht wurde ihnen endlich auch das gewährt, was Männern schon länger zustand. Als Frauen 1919 das erste Mal für das Parlament kandidieren durften, stellten sie 4,7 Prozent der Abgeordneten; dieser Anteil wurde erst Ende der 1970er Jahre signifikant überschritten und erst seit den 2000er Jahren stellen Frauen zumindest ein Drittel der Nationalratsabgeordneten (2002: 33,9%). Während der Zeit des „Ständestaats" und des Nationalsozialismus wurden Frauen von der politischen Teilhabe wieder gänzlich ausgeschlossen, und erst in den 1960er Jahren fassten Bemühungen der Gleichstellungspolitik wieder Fuß. Wiewohl als die formale politische Gleichstellung von Männern und Frauen seit 1918 institutionalisiert und im demokratischen System niemals in Frage gestellt worden ist, waren Politiker*innen immer mit dem Phänomen des „Dazukommens" konfrontiert, also der verspäteten Teilhabe in Institutionen und Strukturen, die sie nicht selbst mitprägen konnten.

Politische Ämter übernahmen Frauen in Österreich erst spät. 1966 wurde Grete Rehor als erste Ministerin angelobt und führte in der ÖVP-Alleinregierung das Sozialministerium. 1986 und 1993 folgten Freda Meissner-Blau (Grüne) und Heide Schmidt (Liberales Forum) als erste Klubobfrau bzw. erste Parteiobfrau. Waltraud Klasnic (ÖVP) wurde 1996 in der Steiermark zur ersten Landeshauptfrau* gewählt – sie selbst bestand allerdings auf der Anrede „Frau Landeshauptmann". Im Februar 2000 wurde mit der ersten schwarz-blauen Bundesregierung Susanne Riess-Passer (FPÖ) als erste und bisher einzige Vizekanzlerin angelobt. 2019 wurde schließlich Brigitte Bierlein, die ehemalige Präsidentin des Verfassungsgerichtshofs – auch in jener Funktion die erste Frau – als Bundeskanzlerin vereidigt; sie war jedoch Kanzlerin der nach dem Ibiza-Skandal eingesetzten ExpertInnen-Regierung. Eine Kanzlerin, die von einer Partei beschickt wurde, gab es in Österreich bislang noch nicht, ebensowenig wie eine Bundespräsidentin.

---

* In Salzburg und Niederösterreich hat es seither mit Gabi Burgstaller (SPÖ) und Johanna Mikl-Leitner (ÖVP) weitere Landeshauptfrauen gegeben.

In der Bundesregierung gab es bereits mehrfach eine 50:50-Besetzung der Ministerien, nämlich während der schwarz-blauen bzw. schwarz-orangen Bundesregierung Anfang der 2000er Jahre, sowie in der Expert*innen-Regierung unter Brigitte Bierlein (2019) und in der aktuellen türkis-grünen Regierung (seit 2020).

Tabelle 34: Parlamentarierinnen im Nationalrat[100].

Gesetzgebungsperiode	Anzahl Parlamentarierinnen	In %	ÖVP	SPÖ	FPÖ	Grüne	NEOS
5. (1945–1949)	9	5,45%	2	8	0	0	0
6. (1949–1953)	9	5,45%					
7. (1953–1956)	10	6,06%					
8. (1956–1959)	9	5,45%					
9. (1959–1962)	10	6,06%	3	8	0	0	0
10. (1962–1966)	10	6,06%					
11. (1966–1970)	10	6,06%					
12. (1970–1971)	8	4,85%					
13. (1971–1975)	11	6,01%					
14. (1975–1979)	14	7,65%	6	10	0	0	0
15. (1979–1983)	18	9,84%					
16. (1983–1986)	17	9,29%					
17. (1986–1990)	21	11,48%					
18. (1990–1994)	36	19,67%	11	28	9	3	0
19. (1994–1996)	40	21,86%					
20. (1996–1999)	47	25,68%					
21. (1999–2002)	49	26,78%					
22. (2002–2006)	62	33,88%					
23. (2006–2008)	57	31,15%	20	29	4	11	0
24. (2008–2013)	50	27,32%					
25. (2013–2017)	61	33,33%					
26. (2017–2019)	63	34,43%					
27. (2019 – ...)	72	39,34%	25	18	5	16	5

Quelle: https://www.parlament.gv.at/SERV/STAT/PERSSTAT/FRAUENANTEIL/entwicklung_frauenanteil_NR.shtml

100 Abweichungen können durch das vorzeitige Ausscheiden von Abgeordneten während der Legislaturperiode vorkommen.

Genderquoten

Dem Problem der ungleichen Repräsentation von Männern und Frauen werden in verschiedenen europäischen Ländern Quotenregelungen als Instrument entgegengesetzt. Der Ruf nach Frauenquoten wurde erstmals in den 1970er Jahren laut; damals war man überzeugt, dass es sich um eine vorübergehende Maßnahme handeln würde. Heute sind Geschlechterquoten ein wichtiges Steuerungsinstrument, um die Gleichstellung der Geschlechter sicherzustellen. Nicht nur in der Politik, sondern auch in der Wirtschaft: in Norwegen und in Deutschland gibt es beispielsweise Quoten für den Frauenanteil in den Aufsichtsräten börsennotierter Unternehmen (40 bzw. 30 Prozent).

Die politische Partizipation von Frauen wird in Österreich auch durch das Modell der Sozialpartnerschaft und die Struktur der traditionellen Parteien negativ beeinflusst, da sowohl Parteien als auch Verbände und Gewerkschaften alle auf männlich dominierten Netzwerken beruhen.

Quotenregelungen werden in Österreich den Parteien überlassen; in den Institutionen gibt es keine formellen Regelungen zur Geschlechterverteilung, wobei in den letzten Jahren zumindest informell ein Bewusstsein dafür wahrnehmbar ist.

Die ÖVP hat seit 1995 eine Mindestquote von einem Drittel Frauen in öffentlichen Positionen in ihrem Grundsatzprogramm; in den Statuten wurde eine Quote erst mit dem „Reißverschlusssystem" (abwechselnd ein Mann und eine Frau auf der Liste) der Neuen Volkspartei im Jahr 2017 eingeführt. Durch ein internes Vorzugsstimmensystem, welches tendenziell Männer bevorzugt, erreicht der ÖVP-Klub im Nationalrat die Quote jedoch nicht. Wiewohl insgesamt die sechs Bünde bei der Erstellung von Listen und der Vergabe von politischen Ämtern berücksichtigt werden, hat der Frauenbund hier wohl die schwächste Stellung. Obwohl der Frauenbund beinahe seit der Gründung der Partei existiert, hat er sich ursprünglich eher in der Tradition der katholischen Frauenbewegung verstanden und ein traditionelles, familienorientiertes Frauenbild vertreten. Ein Bekenntnis zur Geschlechtergleichstellung gibt es hier erst seit den 1980er Jahren.

In der SPÖ entstand in der Ära Kreisky ein „window of opportunity" für Frauen und Gleichstellungspolitik, mit der Einsetzung von Johanna Dohnal als erste Staatssekretärin für Frauenfragen und einem stärkeren Policy-Fokus auf Fragen der Frauenpolitik. 1985 wurde bei der SPÖ eine Quote von mindestens 25% Frauen auf Kandidat*innenlisten und für parteiinterne Funktionen eingeführt; heute sollen mindestens jeweils 40% Frauen und Männer vertreten sein. Hatten diese Quoten anfangs noch Empfehlungscharakter, so sind sie mittlerweile (auch für Länderorganisationen) verbindlich, was den Frauenanteil an den SPÖ-Abgeordneten deutlich erhöht hat.

Die Grünen haben seit ihren Gründungstagen in ihren Parteistatuten Frauenquoten verankert, sowohl für parteiinterne Funktionen als auch für die Erstellung von Kandidat*innenlisten. Bei den Grünen müssen mindestens 50% Frauen auf einer Liste vertreten sein, das bedeutet, dass auf einen Mann als Spitzenkandidaten jedenfalls mindestens zwei Frauen folgen müssen. Die Grünen sind die einzige Partei, die ihre Quote bei der Listenerstellung auch in die Zusammensetzung ihres Klubs übertragen kann und bis auf den ersten Grünen Klub (fast) immer mehr als die Hälfte weibliche Abgeordnete stellen konnte.

FPÖ und NEOS nutzen keine Quoten bei der Listenerstellung. Die FPÖ lehnt Frauenquoten (ebenso wie geschlechtergerechte Sprache und andere Instrumente der Frauenförderung) grundsätzlich ab; bei NEOS stünde eine Frauenquote der liberalen Ideologie, nach der der Staat möglichst wenig ordnend einzugreifen hat, entgegen. Die Partei versucht mit internen Mentoring-Programmen, den Frauenanteil an ihren Kandidat*innen über Anreize zu steigern.

Gender-Repräsentation hat inzwischen eine Erweiterung erfahren um queere und nicht-binäre Geschlechtsidentitäten. Dem österreichischen Nationalrat gehören derzeit (2021) sieben offen homosexuelle Abgeordnete an; Iris Rauskala (Wissenschaftsministerin in der Expert*innenregierung Bierlein) war das erste offen homosexuelle Regierungsmitglied. Auch Bundesrat Mario Lindner – er war Bundesratspräsident im zweiten Halbjahr 2016 – bekannte sich offen zu seiner Homosexualität. Seit 2019 besteht die Möglichkeit, „divers“ als dritte Geschlechtsoption im Zentralen Personenstandsregister eintragen zu lassen[101] – auch für diese Personengruppe sollte es über kurz oder lang eine Vertretung im Parlament geben.

Wahrnehmungen von Politikerinnen und Politikern

Die Klischees, mit denen die Rollen von Frauen und Männern im privaten Bereich verbunden sind, übertragen sich auch auf die Erwartungen an Frauen und Männer im politischen Betrieb. Frauen werden mit Aufgaben wie Kinderbetreuung, Pflege älterer Menschen oder der Organisation des Haushalts assoziiert. Dementsprechend, wird von Frauen in der Öffentlichkeit erwartet, dass sie persönliche Eigenschaften wie Wärme, Sensibilität, Leidenschaft und Kompromissbereitschaft in Konfliktsituationen aufweisen. Von Männern hingegen wird erwartet, dass sie die Familie versorgen und das politische Leben organisieren. Aufgrund dessen sieht die Logik der Stereotypisierung vor, dass Männer Eigenschaften wie Stärke, Wettbewerbsfähigkeit, Durchsetzungsvermögen, Handlungsfähigkeit und Aggression aufweisen.

101 Wie viele Personen das sind, kann derzeit von der Statistik Austria noch nicht erhoben werden.

Diese Stereotypisierung von männlichen und weiblichen Politiker*innen schlägt sich in der politischen Kampagnenführung, in der politischen Berichterstattung, aber auch in der politischen Kultur allgemein nieder[102].

Wenn es um „negative campaigning" in Wahlkämpfen geht, finden sich Belege dafür, dass Frauen seltener zu Angriffen greifen als Männer. Während nicht festzustellen ist, dass Männer Frauen weniger häufig angreifen, zeigt sich umgekehrt, dass Frauen Männer seltener angreifen. Ein Grund dafür könnte sein, dass Geschlechterstereotype Frauen stärker davon abhalten, Männer anzugreifen, aber weniger stark, wenn sie sich mit weiblichen Konkurrentinnen anlegen.

Die (geringe) Präsenz von Frauen in politischen Ämtern oder Partei-Spitzenfunktionen schlägt sich auch in der medialen Berichterstattung nieder. In der Berichterstattung zu Nationalratswahlkämpfen spielen Politikerinnen nur in sechs Prozent der Beiträge eine Hauptrolle – Frauen kommen in der Berichterstattung nur dann vor, wenn sie in Spitzenfunktionen sind, als Spitzenkandidatinnen oder Ministerinnen. Zudem werden – ähnlich wie bei den Ausschussbesetzungen – Frauen in der Berichterstattung mit weichen Themen wie Kinderbetreuung in Zusammenhang gebracht, während ihre männlichen Kollegen zu Finanzen, Wirtschaft oder Verkehr zu Wort kommen.

In einer Studie zur Negativität in Parlamentsdebatten zeigt sich, dass Frauen im Parlament sich einer weniger negativen Sprache bedienen als Männer, gleichzeitig jedoch, dass eine ausgewogenere Geschlechterverteilung in einer Parlamentsfraktion die geschlechtsspezifischen Unterschiede in der Negativität verringert. Dieses Muster stützt das Argument, dass sich die politische Kultur mit dem Einzug von Frauen in ein Parlament verändert, da männliche Abgeordneten ihr Verhalten ändern. Im Gegensatz dazu neigen weibliche Abgeordnete dazu, ihren eigenen Stil auch in einem Umfeld mit überwiegend männlichen Rednern beizubehalten und sich nicht an den rhetorisch aggressiveren Stil der männlichen Kollegen anzupassen. Die zunehmende Präsenz von Frauen in den Parlamenten scheint sich also positiv auf die politische Kultur auszuwirken, in diesem Fall auf den Ton der Parlamentsdebatten.

Frauen- und Gleichstellungspolitik

Seit Ende der 1970er Jahre wird die Frauen- und Gleichstellungspolitik als eigener Politikbereich betrachtet, allerdings auch immer wieder bewertet und in Frage gestellt. So wurde das Feld der Frauenpolitik bei so mancher Novelle

102 Siehe hierzu die aktuellen Studien von Ennser-Jedenastik, Dolezal und Müller (2017), Hayek und Russmann (2020) und Haselmayer, Dingler und Jenny (2021).

des Bundesministeriengesetzes unterschiedlich zugeordnet – mal als eigenes Ministerium oder Staatssekretariat, mal als Teil des Familienministeriums. Im Jahr 2000 wurde mit Sozialminister Herbert Haupt gar ein Mann zum Frauenminister.

Zum Politikbereich der Frauen- und Gleichstellungspolitik gehört sowohl der private Bereich im Sinne von Themen der Ehe/Beziehung, Kindererziehung oder Pflege, der Bereich der Wirtschaft und Arbeitswelt, was Aufstiegschancen oder gleiche Bezahlung betrifft, und der politische Bereich rund um Partizipation und Repräsentation. Als Metathemen geht es um die Hierarchisierung der Geschlechterverhältnisse und die Diskriminierung bei der Verteilung von kultureller, politischer, ökonomischer und symbolischer Macht und Rechte.

Die Institutionalisierung der Geschlechterpolitik liegt in Österreich am Beginn der 1970er Jahre. Die UNO rief 1975 die „Dekade der Frau" aus, was zu weltweiter Aufmerksamkeit für Frauen- und Gleichstellungspolitik führte. Mitte der 1970er Jahre wurde in Österreich endlich das Familienrecht mit seinen bis ins Jahr 1811 zurückreichenden Wurzeln reformiert. Unter anderem wurde mit dem Bundesgesetz über die Neuordnung der persönlichen Rechtswirkungen der Ehe die Gleichberechtigung in der ehelichen Partnerschaft festgelegt – bisher war der Ehemann das Oberhaupt der Familie gewesen und hatte seiner Frau verbieten können, berufstätig zu sein. Auch das Kindschafts-, Scheidungs- und eheliche Güterrecht wurden reformiert, um die bis dahin vorherrschende Entscheidungsgewalt des Ehemannes in diesen Belangen zu beenden.

Insgesamt brachten die 1970er Jahre gesamtgesellschaftlich, aber auch innerhalb der Parteien ein Klima der Modernisierung mit sich. Bruno Kreisky setzte 1979 mit Johanna Dohnal erstmals eine Staatssekretärin für allgemeine Frauenfragen ein – Dohnal wurde 1990 unter Franz Vranitzky dann auch zur ersten Frauenministerin. Frauen- und Gleichstellungspolitik wurden schrittweise institutionalisiert, jedoch ließen die konkreten Verbesserungen auf sich warten. Unter der schwarz-blauen Regierung ab dem Jahr 2000 wurde Frauenpolitik zum größten Teil als Familienpolitik abgehandelt, als größte politische Handlung ist hier das Kinderbetreuungsgeld zu nennen. Während die schwarz-blaue Regierung in ihrer Politik eine traditionelle Geschlechterverteilung fortschrieb, leiteten in der Regierung selbst erstmals weibliche Regierungsmitglieder einige nicht „typisch weibliche" Ressorts wie das Justiz- oder Verkehrsministerium.

2004 wurde das seit 1979 bestehende „Gesetz zur Gleichbehandlung von Frau und Mann im Arbeitsleben" (Gleichbehandlungsgesetz) um die Diskriminierungsgründe der ethnischen Zugehörigkeit, der Religion oder der Weltanschauung, des Alters und der sexuellen Orientierung erweitert. Entsprechend dem EU-Gemeinschaftsrecht unterscheidet das Gesetz zwischen unmittelbarer

Diskriminierung (Benachteiligung unmittelbar wegen des Geschlechts, z. B. bei Schwangerschaft) und mittelbarer Diskriminierung (Benachteiligung wegen eines Merkmals, welches insbesondere Frauen betrifft, z. B. Schlechterstellung von Teilzeitabgeordneten). Zudem schreibt das Gleichbehandlungsgesetz vor, dass Arbeitsstellen diskriminierungsfrei ausgeschrieben werden müssen. Seit der Einführung der dritten Geschlechtsoption im Jahr 2019 müssen Stellenanzeigen nun also den Hinweis „männlich/weiblich/divers" oder ähnliches enthalten. Im Bundeskanzleramt sowie in den Bundesländern wurden Gleichbehandlungsanwaltschaften eingerichtet, um als Anlaufstelle bei Beschwerden rund um das Thema fungieren zu können.

Seit 2000 bekennt sich die Bundesregierung zu Gender Mainstreaming – dies zielt darauf ab, dass bei der Planung politischer Strategien die Besonderheiten, Interessen und Wertvorstellungen aller Geschlechter berücksichtigt werden. Gender Budgeting als das finanzpolitische Instrument dazu ist seit 2009 in der Bundesverfassung verankert: „Bund, Länder und Gemeinden haben bei der Haushaltsführung die tatsächliche Gleichstellung von Frauen und Männern anzustreben" (Art 13 Abs. 3 B-VG).

12. Bevölkerung, Gesellschaft, Zusammenleben

Der Begriff der „Bevölkerung“ wird immer wieder kontrovers diskutiert. Wer genau ist die „Bevölkerung“ eines Staates? Alle Staatsbürger*innen, oder alle, die hier leben und arbeiten? Gleichzeitig sind demographische Daten, also Daten über Merkmale der Zusammensetzung der Bevölkerung, eine wichtige Grundlage für politische Entscheidungen. Zahlen zur Arbeitslosigkeit, zur Entwicklung der Altersstruktur, dem Anteil von Nicht-Österreicher*innen oder Religionsgemeinschaften führen dazu, dass bestimmte *Policies* implementiert werden oder eben nicht. Gleichzeitig entwickelt sich entlang dieser Linien auch ein politischer Wettbewerb, indem Parteien versuchen, einzelne Bevölkerungsgruppen besonders anzusprechen. Die großen politischen Herausforderungen für ein Land lassen sich anhand demographischer Zahlen und Prognosen ablesen, beispielsweise die Entwicklung des Pensionssystems, die Notwendigkeit von Integrationsmaßnahmen, die Entwicklung des Wohnungs- und Arbeitsmarktes oder die Gleichstellung von Männern und Frauen.

Die Bundesanstalt Statistik Österreich (Statistik Austria) besorgt die Aufgaben der amtlichen Statistik auf Bundesebene: die Erhebung, Sammlung, Analyse und Veröffentlichung amtlicher Daten und Statistiken für Österreich. Rechtsgrundlage hierfür ist das Bundesstatistikgesetz sowie zunehmend mehr EU-Normen, die zur Zusammenarbeit der statistischen Bundesämter mit dem europäischen Statistikamt *Eurostat* führen.

Die Bevölkerung Österreichs im Überblick

Bis zum Jahr 2001 wurden in Österreich in Zehnjahresabständen in einer Volkszählung die wichtigsten Bevölkerungsdaten erhoben, indem alle Haushalte einen auszufüllenden Fragebogen erhielten. Seit 2011 werden das Zentrale Melderegister sowie das Gebäude- und Wohnungsregister, das Unternehmensregister und das Bildungsstandregister, das Register des Dachverbandes der österreichischen Sozialversicherungsträger und die Daten des Arbeitsmarktservice für die sogenannte Registerzählung herangezogen, die öfter und wesentlich kostengünstiger erfolgen kann.

Die durchschnittliche Bevölkerungsdichte beträgt ca. 100 Einwohner*innen pro Quadratkilometer. 35 Prozent der Bevölkerung wohnen in Städten, allein 20% in Wien. 38% leben am Land, die restlichen 27% in der Zwischenregion, also im Wesentlichen in den suburbanen Speckgürteln rund um die Städte.

Bevölkerungsentwicklung

Die Einwohnerzahl Österreichs wächst stetig an. In den vergangenen Jahren zeigen die westlichen Bundesländer eine starke Bevölkerungszunahme, der Osten rund um Wien eine leichte Zunahme und im Süden nimmt die Bevölkerung leicht ab. Das Bevölkerungssaldo ergibt sich aus Geburten minus Sterbefällen, sowie der Zu- und Abwanderung (in ein anderes Bundesland oder ins Ausland). Bevölkerungsprognosen der Statistik Austria[103] antizipieren, dass die Bevölkerung Österreichs bis 2080 knapp an der 10-Millionen-Marke kratzen wird. Die Trendberechnungen erwarten, dass dieser Bevölkerungszuwachs ausschließlich durch Wanderbewegungen erfolgen wird, dass die Gruppe der Menschen im Pensionsalter weiter wachsen und jene im erwerbsfähigen Alter weiter sinken wird.

Alterung der Bevölkerung

Ein zweiter wesentlicher demographischer Trend betrifft die Alterung der Gesellschaft. Unter Alterung wird dabei die Erhöhung des Durchschnittsalters der Bevölkerung bzw. das Ansteigen des relativen Gewichts der älteren und alten Menschen an der Wohnbevölkerung verstanden. Dieser Prozess entsteht, weil auf der einen Seite eine erhöhte Lebenserwartung dafür sorgt, dass mehr Menschen älter werden, auf der anderen Seite führt der Fertilitätsrückgang zu weniger Geburten, Kindern, Jugendlichen und jungen Erwachsenen als „Gegengewicht" zur steigenden Zahl alter Menschen.

Flexibilisierung der Lebensformen

Ein wichtiger Indikator zur Bewertung einer Gesellschaft sind die gewählten Lebensformen bzw. die Größe eines Haushaltes. Die Kernfamilie mit Mann, Frau und mindestens einem Kind hat ihre empirische Dominanz eingebüßt. Bis vor wenigen Jahrzehnten waren Ehe und Familie die soziale Norm; Menschen heirateten relativ früh und Frauen brachten Kinder zur Welt. Die durchschnittliche Haushaltsgröße in Österreich hat zwischen 1985 und 2020 von 2,7 auf 2,2 Personen kontinuierlich abgenommen. Die Anzahl der Haushalte von Alleinlebenden („Single-Haushalte") sowie von Haushalten mit nicht verheirateten Partnerschaften ohne Kinder hat stark zugenommen; die durchschnittliche Zahl der Kinder pro Familie sank im selben Zeitraum von 1,82 auf 1,67. Die Zahl der Ein-Eltern-Haushalte hatte in den 2000er Jahren einen Höhepunkt erreicht und seitdem wieder leicht abgenommen.[104]

---

103 https://www.statistik.at/web_de/statistiken/menschen_und_gesellschaft/bevoelkerung/demographische_prognosen/bevoelkerungsprognosen/index.html

104 Alle Daten von Statistik Austria, Bevölkerungsstatistik, https://www.statistik.at/web_de/statistiken/menschen_und_gesellschaft/bevoelkerung/index.html

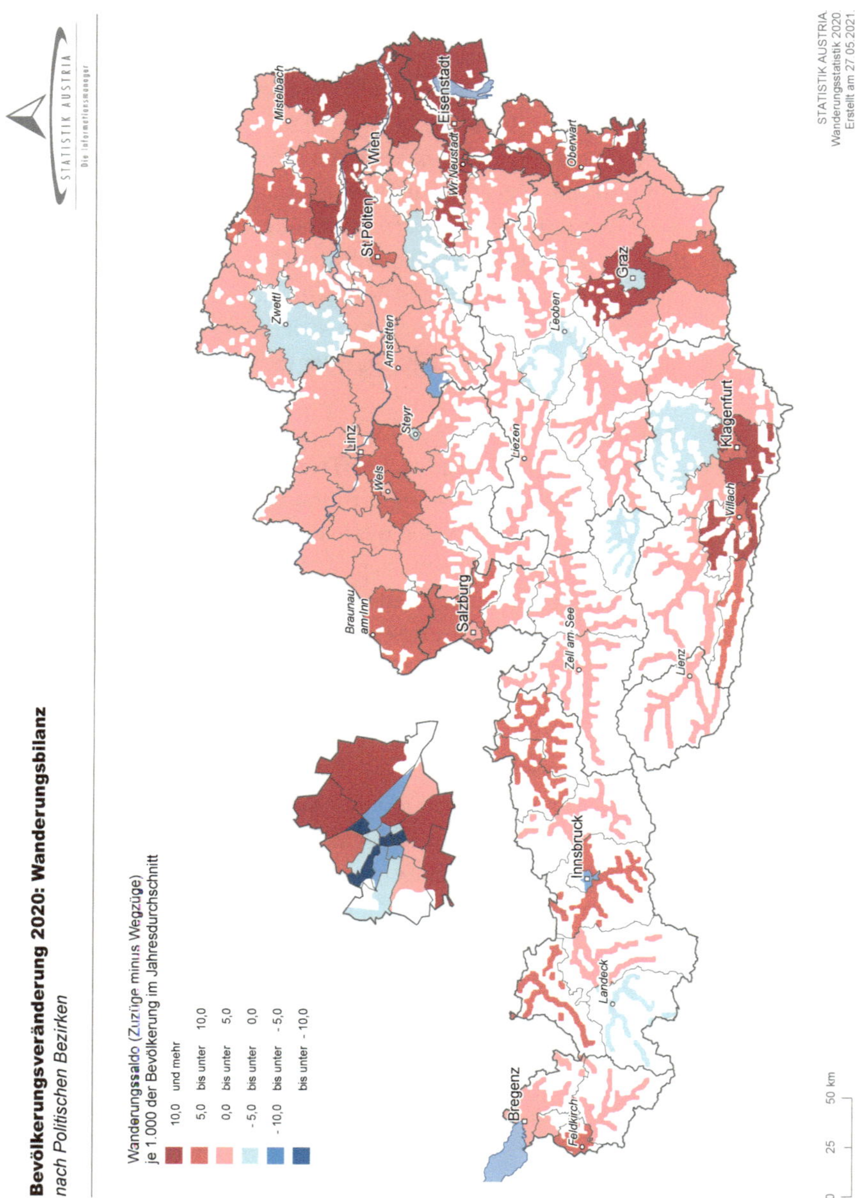

Abbildung 12: Bevölkerungsveränderung 2020

Quelle: https://www.statistik.at/wcm/idc/groups/zd/documents/webobj/mdaw/mti1/~edisp/125357.jpg

Im Jahr 2019 heirateten Frauen in Österreich im Schnitt in erster Ehe erst mit 30,8 Jahren und Männer mit 33,3. Anfang der 70er Jahre (1971) lag das durchschnittliche Erstheiratsalter noch bei 21,7 bei den Frauen und bei 24,4 bei den Männern. Der wachsende Anteil junger Frauen und Männer, die einen Maturaabschluss machen und danach ein Studium beginnen, bewirkt automatisch einen Aufschub der Familiengründung. Dazu kommt, dass die soziale Notwendigkeit, zu heiraten, nicht mehr im selben Maße gegeben ist, weiters eine zunehmende Akzeptanz der Lebensform „Single" und eine größere Vielfalt an Lebensformen (Patchwork-Familien, Berufstätigen-Wohngemeinschaften usw.).

Migration und Integration

Wie die Statistiken zeigen, hat die Migration von Menschen nach Österreich einen hohen Stellenwert für die zukünftige Bevölkerungsentwicklung – daher werfen wir einen genaueren Blick auf die Migrationsdaten, aber auch auf die damit einhergehenden Herausforderungen. Rund ein Viertel der Menschen, die in Österreich leben, hat einen Migrationshintergrund, d.h. dass beide Elternteile oder sie selbst im Ausland geboren wurden. Rund ein Drittel dieser Menschen sind „Migrant*innen zweiter Generation", also selbst bereits in Österreich geboren; zwei Drittel gehören zur „ersten Generation", sind also selbst zugewandert. 40 Prozent haben einen Migrationshintergrund aus EU-Staaten, weitere 40 Prozent aus der Türkei und dem ehemaligen Jugoslawien.[105]

Der Wirtschaftsaufschwung der 1960er Jahren führte zu einem Mangel an Arbeitskräften in Österreich wie auch anderen Industrieländern. Vor allem aus Jugoslawien, aber auch aus der Türkei wurden sogenannte „Gastarbeiter" rekrutiert. Mit der Ölkrise 1973 endete die aktive Rekrutierung von Gastarbeitern, und wurden Anreize gesetzt, in das Ursprungsland zurückzukehren; gut die Hälfte blieb jedoch in Österreich. Aus dem kommunistischen Ungarn (1956), der Tschechoslowakei (1968) und Polen (1981) gab es größere Flüchtlingsbewegungen, die meisten dieser Flüchtlinge nutzten Österreich jedoch hauptsächlich als Transitland, um in andere europäische Staaten zu gelangen. Der Fall des Eisernen Vorhangs sowie der erste Irak- und der Jugoslawienkrieg zwangen wiederum mehr Menschen zur Flucht, von denen sich einige dauerhaft in Österreich niederließen. Seit dem „war against terror" der frühen 2000er Jahre kommt ein großer Teil der Flüchtlinge in Österreich wie im Rest Europas aus Afghanistan, Irak und Syrien; dazu kommt die durch Hunger, Klimawandel

105 Quelle: Statistik Austria, Bericht Migration & Integration 2021, https://www.statistik.at/wcm/idc/idcplg?IdcService=GET_PDF_FILE&RevisionSelectionMethod=LatestReleased&dDocName=126220

und regionale Konflikte bedingte Migration aus ostafrikanischen Staaten wie Somalia.

Tabelle 34: Asylanträge nach Staatsangehörigkeit, 2000–2020

Staatsangehörigkeit	2000	2005	2010	2015	2020
Insgesamt	18 284	22 461	11 012	88 340	14 775
Afghanistan	4 205	923	1 582	25 563	3 137
Syrien	160	77	194	24 547	5 121
Russische Föderation	270	4 358	2 322	1 698	493
Irak	2 360	221	336	13 633	724
Indien	2 440	1 530	433	448	189
Iran	2 560	306	387	3 426	381
Nigeria	390	880	573	1 385	193
Türkei	590	1 064	369	221	313
Pakistan	625	498	276	3 021	187
Georgien	374	954	370	406	120
Somalia	185	89	190	2 073	705
staatenlos	210	377	165	2 235	361

Quelle: https://www.statistik.at/web_de/statistiken/menschen_und_gesellschaft/bevoelkerung/wanderungen/asyl/index.html

Die Zahl der Asylanträge (Tabelle 34) spiegelt einerseits diese globalen Konflikte und Fluchtgründe wider, andererseits auch die Implementierung von Regelungen auf österreichischer und europäischer Ebene, die den Zuzug in die EU erschweren. Österreich hat unter unterschiedlichen Regierungen immer ein recht rigoroses Asyl-Regime vertreten; zusätzlich sind gemäß der Dublin-III-Verordnung Asylwerber*innen verpflichtet, in jenem EU-Staat einen Asylantrag zu stellen, in welchen sie als erstes eingereist sind – naturgemäß ist das selten Österreich als Binnenstaat. Die Flüchtlingskrise 2015 zeigte einen sprunghaften Anstieg der Asylanträge in Österreich, insbesondere aus Afghanistan, Syrien und dem Irak. Im Jahr 2020 sind die Anträge bereits beinahe wieder auf Vorkrisenniveau – was allerdings nicht bedeutet, dass es weniger Flüchtlingsbewegungen gibt, sondern nur, dass die Flüchtlinge bereits in der Türkei oder spätestens in Griechenland nicht mehr weiterkommen. Ein gemeinsamer Schlüssel zur gerechten Verteilung von Flüchtlingen unter den EU-Staaten ist seit vielen Jahren in Diskussion, kommt aber noch nicht zur Umsetzung.

Tabelle 35: Österreichs Bevölkerung - demographische Daten

Aktuelle Einwohnerzahl	8.894.380					
Herkunftsland	Österreich	EU-26	Deutschland	Frankreich	Italien	Rumänien
	7.134.670	818.379	244.947	9.639	35.927	134.206
Geschlecht	Männlich			Weiblich		
	4.374.484			4.519.896		
Altersgruppe	0–14	15–29	30–39	50–64	65–84	85+
	1.284.402	1.556.259	2.404.537	1.957.936	1.464.595	226.651

Brutto Durchschnitts-einkommen	Bis 19		20–29		30–39		40–49		50–59		60+	
	Männer	Frauen	Männer	Frauen	Männer	Frauen	Männer	Frauen	Männer	Frauen	Männer	Frauen
	2.014	1.868	25.317	17.495	36.582	20.808	40.561	25.428	44.079	28.661	49.236	44.349

Beschäftigungsverhältnis	Erwerbstätige Personen	Nicht-Erwerbstätige Personen				
	Erwerbstätig	Arbeitssuchend	Unter 15	Pensionsbezug	In Ausbildung	Sonstige
	4.411.612	293.515	1.280.791	190.3397	337.986	658.184

Bildungsgrad	Pflichtschule	Matura		Berufsbildende Mittlere Schule	Akademische Ausbildung	
		AHS	BHS		Hochschule	Akademie
	1.907.832	508.591	658.522	1.055.527	958.121	139.026

Religion	Kath. Christen	Orthodox	Muslime	Evang. Christen	Aleviten	Buddhisten	Zeugen Jehovas	Hindus	Sikhs	Juden
	4.910.000	775.000	700.000	278.605	60.000	30.000	20.795	11.000	9.000	8.117

Quelle: Statistik Austria, eigene Zusammenstellung

Integrationsbemühungen und -maßnahmen

Bis 2011 wurde das Thema Integration politisch vom Innenministerium mit bearbeitet und Integration damit hauptsächlich aus dem Blickwinkel der Asylanträge (und Abschiebungen) betrachtet. 2011 wurde ein Staatssekretariat für Integration eingerichtet – erster Staatssekretär war Sebastian Kurz. Heute ist Integration ein Teil des im Bundeskanzleramt angesiedelten Frauen- und Gleichstellungsministeriums. Die Integrationsstrategie ist in einem Nationalen Aktionsplan Integration festgehalten und dreht sich um Themen wie Spracherwerb, Bildung, Frauenförderung und der Vorbeugung von Radikalisierung. Zudem bietet der Österreichische Integrationsfonds im Auftrag der Bundesregierung Werte- und Orientierungskurse für Asylberechtigte an. Zentrale Inhalte der Kurse sind die Grundwerte der österreichischen Verfassung wie Gleichberechtigung von Mann und Frau, Menschenwürde und demokratische Prinzipien.

Politische Sozialisation und Politische Kultur

Der Bevölkerungswandel schlägt sich auch nieder in einem soziostrukturellen und soziokulturellen Wandel der österreichischen Gesellschaft. In den 1950er und 1960er Jahren waren die sozialen und politischen Bindungen relativ konstant, soziale Klassen und politische Einstellungen hingen fest zusammen, ein Wechsel zwischen den Lagern fand kaum statt.

Ab Mitte der 1980er Jahre beschleunigt sich die politische Entbindung der Wähler*innenschaft ebenso wie der Zerfall der traditionellen Parteiapparate (von SPÖ und ÖVP): Während der Anteil an emotional gebundenen Wähler*innen, d. h. Wähler*innen, die sich eindeutig mit einer Partei identifizieren können, in den drei Jahrzehnten zwischen 1954 und 1986 von drei Viertel auf 60 Prozent zurückgeht, fällt er in den nächsten eineinhalb Jahrzehnten in Richtung der 50-Prozent-Marke. Ebenso halbiert sich die Zahl der Parteimitglieder. Die Anzahl der klassischen Arbeiter*innen wird immer geringer, genauso wie es immer weniger Bauern und Bäuerinnen gibt – die traditionellen Parteibasen der Großparteien erodieren. Dies eröffnet die Möglichkeit für neue Parteien und Bewegungen, sich zu positionieren und entlang neuer Konfliktlinien Wähler*innen zu gewinnen.

Cleavages

Unter politischen Cleavages[106] versteht man Bruchlinien in der Gesellschaft, entlang derer politische Parteien entstehen, wachsen und ihre Politikfelder und Ideologien entwickeln können. Die Konfliktlinien in Österreichs Gesellschaft sind vergleichbar mit jenen in anderen westlichen Ländern. In den 1950er und 1960er Jahren organisierten sich die drei politischen Lager entlang dreier Konfliktlinien: der religiöse Cleavage verlief zwischen Katholik*innen und Nicht-Gläubigen, der soziale Cleavage zwischen Arbeit und Kapital, und der „nationale" Cleavage zwischen Menschen, die sich als Österreicher*innen oder als zugehörig zur deutschen Nation identifizierten.

Als an sozioökonomisch und religiös-kulturelle Cleavages angelagerte Subkulturen bieten vor allem die beiden Großparteien, das sozialdemokratische und christlich-konservative Lager, ihren Mitgliedern weltanschaulich-symbolische, durch soziale und organisatorische Netzwerke, die weit über das Parteipolitische hinausgehen. „Von der Wiege bis zur Bahre" konnte man in allen Lebensbereichen auf eine parteinahe Organisation zurückgreifen.

Während die „deutschnationale" Konfliktlinie heute nicht mehr als relevant betrachtet werden kann, zeigen sich im heutigen Vielparteiensystem andere Bruchlinien: ein Bildungs-Cleavage zwischen höhergebildeten ÖVP-, Grünuns NEOS-Wähler*innen und niedriger gebildeten FPÖ- und SPÖ-Parteigänger*innen; ein Cleavage zwischen urbanen und ländlichen Gegenden, wobei die ÖVP in den ländlichen Gegenden durchgehend am stärksten ist; oder der Cleavage zwischen Ökonomie und Ökologie, entlang dessen die Grün-Bewegung entstanden ist.

Vergangenheitspolitik und Erinnerungskultur

Das Selbstverständnis der österreichischen Gesellschaft der Zweiten Republik ist stark durch die Ereignisse während der Zeit des Nationalsozialismus geprägt. Auf der Mikro-Ebene führten der Verlust von Familienmitgliedern im Krieg, das Verhältnis zwischen Männern und Frauen, der Einbruch sowie das Wiedererstarken von Wirtschaft und Arbeitsmarkt und der Wiederaufbau im allgemeinen dazu, dass die Gesellschaftsstruktur eine ganz andere war als zuvor. Gesamtgesellschaftlich galt es, sich mit der Verantwortung für die Ereignisse der Diktatur des Nationalsozialismus auseinanderzusetzen – eine Aufgabe, für deren Bewältigung Österreich mehrere Jahrzehnte brauchte.

Die Entnazifizierungsmaßnahmen direkt nach dem Ende des Krieges schlossen ehemalige registrierte Nationalsozialisten von ihrem Wahlrecht oder von einigen Berufen aus. Schon 1949 wurde dieses Verbot für einen großen Teil die-

106 Die Cleavage-Theorie wurde 1967 von Seymour Martin Lipset und Stein Rokkan entwickelt.

ser Gruppe wieder gelockert, die dadurch Lehrer*innen oder Politiker*innen werden und das Narrativ zur österreichischen Rolle im Nationalsozialismus selbst mitbestimmen konnten. Im Staatsvertrag 1955 wurde die Mitschuld Österreichs nicht festgehalten, sondern nur „daß Hitler-Deutschland am 13. März 1938 Österreich mit Gewalt annektierte und sein Gebiet dem Deutschen Reich einverleibte“[107]. In der Zeit zwischen dem Staatsvertrag und der so genannten Waldheim-Affäre wurde diese Zurückweisung jeglicher österreichischen Mitverantwortung am Nationalsozialismus weiter verfestigt und weitgehend tabuisiert – weder in der öffentlichen Debatte noch im Schulunterricht wurde das Thema behandelt.

Die Diskussionen während des Bundespräsidentschaftswahlkampfes 1986 um die Kriegsvergangenheit von Kurt Waldheim waren der Ausgangspunkt für eine vergangenheitspolitische Trendwende. Waldheims Aussage, er habe eben in der Wehrmacht „seine Pflicht als Soldat getan“, brachte die „Opferthese“ von Österreich als Opfer des Nationalsozialismus ins Wanken. Im Laufe der 1990er Jahre gab es erstmals Eingeständnisse der Mitschuld von Österreichern an den Verbrechen des NS-Regimes, so etwa durch Bundeskanzler Franz Vranitzky: „Es gibt eine Mitverantwortung für das Leid, das zwar nicht Österreich als Staat, wohl aber Bürger dieses Landes über andere Menschen und Völker gebracht haben. […] Wir bekennen uns zu allen Taten unserer Geschichte und zu den Taten aller Teile unseres Volkes, zu den guten wie zu den bösen; und so wie wir die guten für uns in Anspruch nehmen, haben wir uns für die bösen zu entschuldigen – bei den Überlebenden und bei den Nachkommen der Toten.“[108] Ebenso erst in den 1990er Jahren wurde ein Fonds zur Entschädigung von NS-Opfern eingerichtet, sowie – auf internationalen Druck – das Kunstrückgabegesetz beschlossen, wodurch Kunstgegenstände, die in der NS-Zeit geraubt oder enteignet worden waren, zu ihren rechtmäßigen Eigentümer*innen zurückgelangen sollten.[109] Weitere Gruppen kämpften noch jahrzehntelang um Entschädigung oder zumindest Anerkennung, beispielsweise Deserteure aus der Deutschen Wehrmacht – ein Denkmal für diese wurde erst 2014 in Wien enthüllt. Der Prozess der Vergangenheitsbewältigung ist also bis heute nicht abgeschlossen.

107 Präambel zum Staatsvertrag, 15. Mai 1955

108 Vranitzky vor dem österreichischen Nationalrat, 8.Juli 199: https://www.politik-lexikon.at/oesterreich1918plus/1991/1

109 In Deutschland wurde ein ähnliches Gesetz bereits 1957 beschlossen.

13. Charakteristika der Zweiten Republik – Ausblick

Charakteristisch für die Anfangszeit der Zweiten Republik war der Konsens der politischen Eliten. Die katastrophalen Erfahrungen mit der Dollfuß-Schuschnigg-Diktatur und mit dem Nationalsozialismus waren zu einschneidend gewesen, und die Gräben und Animositäten zwischen den Parteien sollten vermieden und damit ähnliche Katastrophen verhindert werden. Anders als in der Ersten Republik sollte die Zusammenarbeit der (damals großen und dominanten) Parteien ÖVP und SPÖ im Vordergrund stehen.

So entstand, was bis in die 2000er Jahre als die österreichische Konsensdemokratie verstanden wurde: als der Versuch, trotz ideologischer Unterschiede das gemeinsame, den kleinstmöglichen Konsens in den Mittelpunkt zu stellen. Das österreichische Proporzsystem ist ein Ausdruck dieser Positionierung, ein weiteres klares Signal war die lange Zeit der Großen Koalition. Obwohl in dieser Zeit (bis zur ersten Alleinregierung 1966) auch kleine Koalitionen – ÖVP und FPÖ oder SPÖ und FPÖ – möglich gewesen wären, wurden diese nicht umgesetzt. Man vertraute einander – und kontrollierte einander. Dies ist auch vor dem Hintergrund der damals nach wie vor existierenden politischen Lager zu verstehen. Die Parteien konnten sich ihrer Stammklientel sicher sein, die Verschiebungen zwischen den Parteien – von der ÖVP zur SPÖ und umgekehrt – waren minimal. Und die FPÖ, die nach dem Ausscheiden der KPÖ als dritte Partei im Nationalrat verbleiben war, hatte mit ihrer Geschichte, vor allem der Involvierung zahlreicher ihrer Proponenten in den Nationalsozialismus, wesentlich mehr zu kämpfen als ÖVP und SPÖ. Dieser Konsens blieb auch während der Zeit der Alleinregierungen bestehen, wenngleich die FPÖ salonfähiger und schließlich 1983 erstmals in eine Regierung eingebunden wurde.

Ausdruck der Konsensdemokratie war auch die Sozialpartnerschaft, die zwar nicht in der Verfassung verankerte, aber dennoch institutionalisierte Zusammenarbeit von Arbeitgeber- und Arbeitnehmerverbänden zur Regelung wirtschaftlicher Interessen. Dass die Zweite Republik eine wirtschaftliche Erfolgsgeschichte wurde, ist nicht zuletzt diesem Neokorporatismus zu verdanken. Wirtschaftliche Kontroversen wurden hinter verschlossenen Türen diskutiert und Lösungen wurden dort ausgehandelt; Streiks und andere offene Arbeitskonflikte blieben in der Regel die Ausnahmen.

Der Konsens blieb, solange weitgehende politische Berechenbarkeit vorherrschte: Wechselwählen war der Ausnahmefall, Parteimitgliedschaften waren der Regelfall; das politische Geschehen war weitgehend vorhersehbar, weil die parteiinternen Strategien auch für den politischen Kontrahenten nachvollziehbar blieben und weil politische Konkurrenz weit und breit nicht zu sehen war.

Regierung, Parlament und Sozialpartner wurden von zwei Parteien beschickt, die den Elitenkonsens in den Mittelpunkt ihres Handelns gestellt hatten.

Konsens bedeutete aber auch, sich mit der Zeit des Nationalsozialismus und ebenso mit der Zeit der Dollfuß-Schuschnigg-Diktatur nicht über ein unbedingt notwendiges Maß hinaus zu beschäftigen.

Mitte der 1980er Jahre kam aus mehreren Gründen Bewegung in die politische Arena. Kurz zuvor hatten die Proteste gegen die Kraftwerke in Zwentendorf und Hainburg gezeigt, dass einerseits die Allmacht von Regierung und Sozialpartnern an Grenzen stieß, andererseits neue bzw. geänderte politische Parteien auf die Bühne traten. Die Inbetriebnahme von Zwentendorf scheiterte am zivilgesellschaftlichen Protest (mit nicht unbedingt so gewollter Unterstützung durch die ÖVP bei der Volksabstimmung 1978). In Hainburg konnten auch von Sozialpartnern mobilisierte Gruppen im Endeffekt den Protesten von Umweltschützern wenig bis nichts entgegenstellen. Die Verhandlungsergebnisse der Eliten wurden von nicht geringen Teilen der Zivilbevölkerung nicht mehr mitgetragen. Die (logische) Folge war der Einzug der Grünen in den Nationalrat und in weiterer Folge in die Landtage.

Und die FPÖ wechselte von einem halbherzigen Versuch, in den späten 1960ern und den 1970er Jahren liberale Politik zu machen, zu einem dezidiert rechtspopulistischen bzw. rechtsextremen Kurs. Damit erfolgreich zu sein, war auch vor dem Hintergrund der sich in den späten 1980er Jahren auflösenden politischen Lager möglich. Seit damals ist Bewegung in der politischen Landschaft. Verluste bzw. Gewinne politischer Parteien spielen sich nicht mehr nur im unteren einstelligen Prozentbereich ab. Als aktuelles Beispiel dazu: in Oberösterreich verliert die FPÖ bei den Landtagswahlen 2021 mehr als 10% im Vergleich zu 2015, in Graz die ÖVP knapp 12% im Vergleich zur Gemeinderatswahl von 2017. In Wien verliert die FPÖ 2020 gar 23,7%, die ÖVP gewinnt 11,2%. Zahlreiche ähnliche Ergebnisse könnten hier aufgelistet werden.

Ein weiteres Beispiel für die Bewegung in der Parteienlandschaft ist die Bundespräsidentschaftswahl von 2016. Obwohl dies eine Personenwahl ist, stellten bis 2016 ausschließlich Kandidaten von ÖVP und SPÖ die jeweiligen Amtsinhaber. 2016 schafft es nicht nur keiner der beiden in die Stichwahl, Hundstorfer (SPÖ) und Khol (ÖVP) bleiben mit 11,3% bzw. 11,1% abgeschlagen hinter Van der Bellen, Hofer und Griss zurück.

Geändert hat sich die Rolle der politischen Parteien. Sie sind nicht mehr Mitgliederparteien, sie sind ideologisch nicht mehr annähernd so stringent wie in den Anfangsjahrzenten der Zweiten Republik und sie sind einem wesentlich stärkeren Wettbewerb ausgesetzt. Parteien kommen (Grüne, LiF, BZÖ, NEOS, Teams Stronach, Liste Pilz) und viele verschwinden rasch wieder (LiF, BZÖ, Team Stronach, Liste Pilz) – auf Landesebene ist ähnliches beobachtbar.

Relativ neu ist die Infragestellung der Justiz. Mehr oder weniger subtile Angriffe auf deren Unabhängigkeit lassen Parallelen zu Vorgängen wie in Ungarn oder Polen erkennen, und bedeuten nichts weniger als eine Abkehr von bislang bestehenden Selbstverständlichkeiten, wenngleich etwa die Angriffe Jörg Haiders auf den VfGH und dessen damaligen Präsidenten 2001 schon in diese Richtung deuteten.[110]

Entwickelt hat sich die Rolle des Parlaments. Im Sinne der Gewaltenteilung von Locke und Montesquieu als eigene Gewalt neben Exekutive und Judikative betrachtet, verschwimmt die Trennung Exekutive-Legislative in parlamentarischen bzw. gemischten Systemen. Gewaltenteilung wird temporär – von Wahl zu Wahl – und besteht zwischen Parlamentsmehrheit (= Regierung) und Parlamentsminderheit (= Opposition). In diesem Sinne wird ein Parlament stärker, wenn es weniger von der Regierungsmehrheit abhängig ist und Rechte und Möglichkeiten der Opposition gestärkt werden. Aufgrund der nach wie vor informell bestehenden Fraktionsdisziplin weiß jede Regierung ihre Macht über das Parlament zu wahren, gleichzeitig ist aber die 2014 eingeführte Möglichkeit, Untersuchungsausschüsse durch ein Viertel der Abgeordneten einzusetzen, eine wesentliche Stärkung dieser Minderheits- bzw. Kontrollrechte. Die Nervosität speziell der ÖVP gegenüber dem Untersuchungsausschuss „zur mutmaßlichen Käuflichkeit der türkis-blauen Bundesregierung (Ibiza-Untersuchungsausschuss), eingesetzt am 22. Jänner 2020 aufgrund eines ausreichend unterstützten Verlangens von SPÖ und NEOS" ist vor diesem Hintergrund besser zu verstehen. Die Veröffentlichung von Chat-Nachrichten aus dem Umfeld von Sebastian Kurz, die die mögliche Beeinflussung von medialer Berichterstattung zum Inhalt hatten, zogen nicht nur den Rücktritt von Bundeskanzler Kurz nach sich, sondern legten auch den Grundstein für einen weiteren „ÖVP-Untersuchungsausschuss".

Geändert hat sich auch die Struktur der politischen Ebenen. Mit dem EU-Beitritt 1995 wurde eine neue, supranationale Ebene eingezogen; ein Großteil der politischen Entscheidungen finden nun auf europäischer Ebene statt, was weniger Entscheidungsautonomie auf Bundesebene und darunter zur Folge hat. Überdies ist die grenzüberschreitende Zusammenarbeit einerseits durch den EU-Beitritt, andererseits durch das Ende der kommunistischen Systeme 1989/1990 leichter möglich: So bestehen mit österreichischer Beteiligung u. a. die Euregio Bodensee, die Euregio Tirol-Südtirol-Trentino, die Euregio

110 Vgl. dazu https://www.derstandard.at/story/825741/haider-vs-adamovich Haider über Adamovich bei der Aschermittwochrede 2002: „Wenn einer schon Adamovich heißt, muss man sich zuerst einmal fragen, ob er eine aufrechte Aufenthaltsberechtigung hat." Zit. nach https://www.profil.at/oesterreich/fpoe-und-hoechstrichter-es-ist-kompliziert/400887851

Adria-Alpe-Pannonia, die Euregio Centrope (Europa Region Mitte), die Euregio Silva-Nortica, die Europaregion Donau-Moldau oder die Euregio Inntal.

In einer Zeit häufig wechselnder Mehrheiten, mit weniger werdender Wahrscheinlichkeit von absoluten Mehrheiten und mit mehr Parteien im Nationalrat werden Regierungsbildungen schwieriger. Dies könnte dazu führen, dass dem*der Bundespräsident*in Zukunft eine wichtigere Rolle zukommt. Bereits in der ersten Funktionsperiode von Alexander Van der Bellen wird diese Änderung sichtbar: erstmals wird einem Bundeskanzler und seiner Regierung das Misstrauen ausgesprochen (2019), erstmals wird von einem Bundespräsidenten (mit Zustimmung der Parlamentsparteien) eine Expert*innen- bzw. Beamtenregierung eingesetzt; erstmals muss im Oktober 2021 ein Bundeskanzler während der laufende Legislaturperiode nicht ganz freiwillig, sondern aufgrund größer werdenden Drucks zurücktreten. Wechsel im Kanzleramt hatte es auch vorher gegeben (Raab – Gorbach 1961; Gorbach – Klaus 1964; Sinowatz – Vranitzky 1986; Vranitzky – Klima 1997; Faymann – Kern 2016), diese Wechsel waren aber – anders als beim Rücktritt von Sebastian Kurz – innerparteilich weitgehend vorbereitet (wenngleich nicht immer friktionsfrei) gewesen.

Alexander Van der Bellen hatte sich bereits nach der Erscheinung des Ibiza-Videos und ebenso nach Bekanntwerden der Machenschaften rund um die innerparteiliche Demontage von Rudolf Mitterlehner 2016/2017 deutlich zu Wort gemeldet und Entschuldigungen nachgeliefert, die eigentlich von den beteiligten Akteur*innen zu erwarten gewesen wären. Die Regierungsbildung 2000 mit der nachfolgenden ÖVP-FPÖ Koalition war noch an Bundespräsident Thomas Klestil vorbei inszeniert worden. Ihm blieben Verärgerung und Unmut über diesen Vorgang und dies wurde bei der Angelobung am 04.02.2000 deutlich sichtbar.

Das Mediensystem war im Laufe der Zweiten Republik rasanten Veränderungen unterworfen. Fernsehen, Internet und Soziale Netzwerke sind als neue Medien entstanden, der Zeitungsmarkt hat sich stark verbreitert, gleichzeitig sind Parteizeitungen bis auf ganz wenige Ausnahmen in der Versenkung verschwunden und internationale Medien buhlen ebenso um Aufmerksamkeit. Die Geschwindigkeit der politischen Kommunikation hat sich erhöht – Kommunikationsstrategien und deren Umsetzung sind heute mindestens so wichtig wie politische Inhalte selbst.

Deutlich geändert hat sich im Lauf der Jahrzehnte der Zweiten Republik auch die soziodemografische Struktur Österreichs. Ein nicht unwesentlicher Teil der Wohnbevölkerung ist von politischer Teilhabe ausgeschlossen (etwa 15% bei der Nationalratswahl 2019; etwa 30% bei der Gemeinde- und Landtagswahl in Wien 2020). Österreich ist mehr und mehr sowohl Einwanderungs- als auch Auswanderungsland; auf diese Entwicklung hat aber weder die österreichische, noch die europäische Politik bislang ausreichende Antworten gefunden. Geändert haben sich im Lauf der Jahre ebenso die Familienstruktur und das Familienrecht, die Rolle von Frauen im Erwerbsleben, die Alterspyramide oder der Zugang zu Aus- bzw. Weiterbildung. All diese Faktoren haben Auswirkungen auf das politische System, Struktur und Funktionen politischer Institutionen oder Parteien.

Insgesamt ist das politische System Österreichs volatiler und weniger berechenbar geworden. Wahlen bringen größere Wähler*innenwanderungen als früher, und dadurch, dass die FPÖ nicht mehr grundsätzlich als Koalitionspartner ausgeschlossen wird, gibt es mehr Koalitionsoptionen. Medien, und Bevölkerung sind diverser geworden, die zunehmende Globalisierung trägt das ihre dazu bei. Gerade die vergangenen Jahre seit 2016 haben einiges mit sich gebracht, das wenige Jahrzehnte vorher undenkbar gewesen wäre: die überlange Bundespräsidentschaftswahl mit einem Gewinner, der nicht den beiden Großparteien angehört, das erste Misstrauensvotum gegen eine Bundesregierung, die erste Regierungsbeteiligung der Grünen. Das politische System Österreichs ist heute ein dynamisches System, welches der traditionellen Einordnung nicht mehr entspricht, sondern laufend neu bewertet werden muss.

14. Literatur

Adamovich, Ludwig; Cede, Franz; Prosl, Christian (2017). Der österreichische Bundespräsident. Das unterschätzte Amt, Innsbruck: Studienverlag.

Ahrens, Petra; Chmilewski, Katja; Lang, Sabine; Sauer, Birgit (2020). Gender Equality in Politics: Implementing Party Quotas in Germany and Austria. Cham: Springer International Publishing AG. Accessed July 19, 2021. ProQuest Ebook Central.

Bates, Katie; Hayek, Lore (2021). Austria: A ski resort as Europe's virus slingshot. In: Lilleker, Darren; Coman, Joana; Gregor, Miloš; Novelli, Edoardo (Hrsg.). Political Communication and Covid-19: Governance and Rhetoric in Times of Crisis. London: Routledge.

Beckermann, Ruth (2018). Dokumentarfilm „Waldheims Walzer", https://waldheimswalzer.at

Bischof, Günter, et al. (2016). The Schüssel Era in Austria. Innsbruck: Innsbruck University Press.

Bischof, Günter; Rupnow, Dirk (Hrsg.) (2017). Migration in Austria. Contemporary Austrian Studies, volume 26. New Orleans: UNO Press.

BMI: https://www.bmi.gv.at/

Bruckmüller, Ernst (2019). Die Zweite Republik. In: Österreichische Geschichte. Wien: Böhlau Verlag, S. 571–638.

Bruckmüller, Ernst; Diem, Peter (2020). Das österreichische Nationalbewusstsein. Ergebnisse einer empirischen Untersuchung im Jahre 2019, Wien: new academic press

Bundesgesetz über die Geschäftsordnung des Nationalrates (Geschäftsordnungsgesetz 1975), htn tps://www.parlament.gv.at/PERK/RGES/GOGNR/index.shtml

Bundeskanzleramt (2021). Regierungen seit 1945. https://www.bundeskanzleramt.gv.at/bundest kanzleramt/geschichte/regierungen-seit-1945.html

Bundes-Verfassungsgesetz, https://www.ris.bka.gv.at/GeltendeFassung.wxe?Abfrage=Bundesnors men&Gesetzesnummer=10000138

Chorherr, Thomas (2005). Eine kurze Geschichte der ÖVP. Ereignisse – Persönlichkeiten – Jahreszahlen. Wien: Ueberreuter.

Die Grünen (2001). Grundsatzprogramm der Grünen. https://www.gruene.at/partei/programm/parteiprogramm/gruenes-grundsatzprogramm-1.pdf

Die Grünen (2021). Satzungen der Partei. https://www.gruene.at/partei/organisation/die-gruenen/statuten.pdf

Dingler, Sarah C.; Kröber, Corinna (2018). Warum sich der Gender Gap durch den Reißverschluss nicht schließen lässt. Eine Analyse der Repräsentation von Frauen im österreichischen Nationalrat. In: JBZ Arbeitspapiere 46, https://jungk-bibliothek.org/wp-content/uploads/2018/09/AP46_Dingler_Kroeber_final.pdf

Dolezal, Martin (2015). ‚Online Campaigning by Austrian Political Candidates: Determinants of Using Personal Websites, Facebook, and Twitter: Online Campaigning by Austrian Political Candidates'. Policy & Internet 7 (1): 103–19. https://doi.org/10.1002/poi3.83.

Durrer De La Sota, Carmen; Gethin, Amory; Martínez-Toledano, Clara (2021). ‚Party System Transformation and the Structure of Political Cleavages in Austria, Belgium, the Netherlands and Switzerland, 1967–2019'. PSE Working Paper. HAL. https://econpapers.repec.org/paper/halpsewpa/halshs-03165720.htm.

Ennser-Jedenastik, Laurenz; Dolezal, Martin; Müller, Wolfgang C. (2017). Gender Differences in Negative Campaigning: The Impact of Party Environments. Politics & Gender 13: 81–106. doi: 10.1017/S1743923X16000532.

Fallend, Franz; Heinisch, Reinhard (2016). ‚Collaboration as Successful Strategy against Right-Wing Populism? The Case of the Centre-Right Coalition in Austria, 2000–2007'. Democratization 23 (2): 324–44. https://doi.org/10.1080/13510347.2015.1060223.

Fassmann, Heinz (2006). Demographischer und sozialer Wandel. In: Dachs, Herbert et. al. (Hrsg.) Politik in Österreich. Das Handbuch, Wien: Manz, 52–63.

Filzmaier, Peter; Plaikner, Peter; Duffek, Karl A. (Hrsg.)(2007). Mediendemokratie Österreich. Edition Politische Kommunikation 1. Wien: Böhlau.

Forum Politische Bildung (Hrsg.). (2012). *Das Parlament im österreichischen politischen System.* Informationen zur Politischen Bildung 36.

Gadringer, Stefan; Holzinger, Roland; Sparviero, Sergio; Trappel, Josef; Schwarz, Christoph (2021). Digital News Report Austria 2021. Detailergebnisse für Österreich. Zenodo. https://doi.org/10.5281/zenodo.4775408

Gamper, Anna (2004). Legislative and Executive Governance in Austria. Wien: Braumüller.

Gärtner, Reinhold (2002). The Development of FPÖ from 1986 to 1996. In: Eliason, Leslie; Bøgh Sørensen, Lene (Hrsg). Fascism, Liberalism and Social Democracy in Central Europe: Past and Present; Aarhus: Aarhus University Press; 83–94

Gärtner, Reinhold (2019). Anton Pelinka – That's Politics. Gedanken zur Zweiten Republik, Wien: new academic press

Gavenda, Mario; Umit, Resul (2016). The 2016 Austrian Presidential Election: A Tale of Three Divides, Regional & Federal Studies, 26: 3, 419–432, DOI: 10.1080/13597566.2016.1206528

Gehler, Michael (2007). „... eine grotesk überzogene Dämonisierung eines Mannes ...". Die Waldheim-Affäre 1986–1992. In: Michael Gehler; Sickinger, Hubert (Hrsg). Politische Affären und Skandale in Österreich, Innsbruck; Wien [u. a.], 2007, S. 614–665

Gehler, Michael (2006). Die Zweite Republik – zwischen Konsens und Konflikt, In: Dachs, Herbert et. al. (Hrsg.) Politik in Österreich. Das Handbuch, Wien: Manz, 35–51

Gender Quotas Database (2021), https://www.quotaproject.org

Haller, Max (2008). Die österreichische Gesellschaft: Sozialstruktur und sozialer Wandel. Frankfurt/Main: Campus Verlag.

Haselmayer, Martin; Jenny, Marcelo (2018). ‚Friendly Fire? Negative Campaigning among Coalition Partners'. Research & Politics 5 (3): 205316801879691. https://doi.org/10.1177/2053168018796911.

Haselmayer, Martin; Dingler, Sara C.; Jenny, Marcelo (2021). How Women Shape Negativity in Parliamentary Speeches – A Sentiment Analysis of Debates in the Austrian Parliament, In: *Parliamentary Affairs*, https://doi.org/10.1093/pa/gsab045

Haselmayer, Martin; Meyer, Thomas M.; Wagner, Markus (2019). ‚Fighting for Attention: Media Coverage of Negative Campaign Messages'. Party Politics 25 (3): 412–23. https://doi.org/10.1177/1354068817724174.

Hayek, Lore; Russmann, Uta (2020). Those who have the power get the coverage. Female politicians in campaign coverage in Austria over time. In: *Journalism*. doi: 10.1177/1464884920916359

Hayek, Lore (2016). Design politischer Parteien. Wahlplakate in österreichischen Nationalratswahlkämpfen. Wien: Lit Verlag

Jarren, Otfried; Donges, Patrick (2011). *Politische Kommunikation in der Mediengesellschaft. Eine Einführung.* Wiesbaden: VS Verlag. https://doi.org/10.1007/978-3-531-93446-4

Karmasin, Matthias; Oggolder, Christian (Hrsg.) (2019). Österreichische Mediengeschichte. Band 2: Von Massenmedien zu sozialen Medien (1918 bis heute). Wiesbaden: Springer VS

Kaiser, Wolfram et al (1995): Die EU-Volksabstimmungen in Österreich, Finnland, Schweden und Norwegen. Verlauf, Ergebnisse, Motive und Folgen. IHS Political Science Series, Working Paper 23, March 1995; https://irihs.ihs.ac.at/id/eprint/827/1/pw_23.pdf

Karner, Stefan (2015). Die Österreichische Volkspartei – ein Abriss ihrer Entwicklung von 1945 bis 2000. In: Lopatka, Reinhold et. al. (Hrsg.) „70 Jahre Österreichische Volkspartei", Wien: Verlag noir.

Knight, Robert (1988). „Ich bin dafür, die Sache in die Länge zu ziehen." Wortprotokolle der österreichischen Bundesregierung von 1945–1952 über die Entschädigung der Juden, Frankfurt/Main: athenäum

Kriechbaumer, Robert (1985). Von der Illegalität zur Legalität. Die ÖVP im Jahr 1945. Wien: Multiplex Media Verlag.

Kriechbaumer, Robert (2014). „... ständiger Verdruss und viele Verletzungen." Die Regierung Klima/Schüssel und die Bildung der ÖVP-FPÖ-Regierung. Österreich 1997–2000. Wien: Böhlau Verlag

Kritzinger, Sylvia (2014). Die Nationalratswahl 2013: Wie Parteien, Medien und Wählerschaft zusammenwirken. Wien: Böhlau Verlag.

Lengauer, Günther (2007). *Postmoderne Nachrichtenlogik. Redaktionelle Politikvermittlung in medienzentrierten Demokratien.* Wiesbaden: Springer VS

Liebhart, Karin; Bernhardt, Petra (2017). „Political Storytelling on Instagram: Key Aspects of Alexander Van Der Bellen's Successful 2016 Presidential Election Campaign." Media and Communication, 5, no. 4: 15–25. https://doi.org/https://doi.org/10.17645/mac.v5i4.1062.

Magin, Melanie (2019). ‚Attention, Please! Structural Influences on Tabloidization of Campaign Coverage in German and Austrian Elite Newspapers (1949–2009)'. Journalism 20 (12): 1704–24. https://doi.org/10.1177/1464884917707843.

Manoschek, Walter; Geldmacher, Thomas (2006). Vergangenheitspolitik, In: Dachs, Herbert et. al. (Hrsg.) Politik in Österreich. Das Handbuch, Wien: Manz, 577–593

Marik-Lebeck, Stephan (2009). ‚Einwanderungsland Österreich: Strukturen und Trends'. Standort 33 (3): 63–70. https://doi.org/10.1007/s00548-009-0116-2.

Müller, Wolfgang C. (2006). Der Bundespräsident, In: Dachs, Herbert et. al. (Hrsg.) Politik in Österreich. Das Handbuch, Wien: Manz, 188–200

Müller, Wolfgang C. (2006). Regierung und Kabinettsystem, In: Dachs, Herbert et. al. (Hrsg.) Politik in Österreich. Das Handbuch, Wien: Manz, 168–187

Obermayer, Bastian; Obermaier, Frederik (2019). Die Ibiza-Affäre. Innenansichten eines Skandals. Köln: Kiepenheuer & Witsch.

Österreichische Volkspartei (2015). Grundsatzprogramm 2015. https://www.dieneuevolkspartei.at/Files/Grundsatzprogramm-0KoYDM.pdf

Österreichische Volkspartei (2021): Bundespartei-Organisationsstatut

Parlament erklärt, https://www.parlament.gv.at/PERK/

Parlament: https://www.parlament.gv.at/index.shtml

Peintinger, Teresa (2012.) ‚Demographics of Immigration: Austria'. SSRN Electronic Journal. https://doi.org/10.2139/ssrn.1990224.

Pelinka, Anton (1995). Die Kleine Koalition. In: Sieder, Reinhard et. al. (Hrsg.) Österreich 1945–1995. Gesellschaft – Politik – Kultur. Wien: Verlag für Gesellschaftskritik.

Pelinka, Anton (2017). Die gescheiterte Republik. Kultur und Politik in Österreich 1918–1938, Wien: Böhlau

Pensold, Wolfgang (2018). Zur Geschichte des Rundfunks in Österreich: Programm für die Nation. Wiesbaden: Springer VS.

Plasser, Fritz; Lengauer, Günther (2010) „Die österreichische Medienarena: Besonderheiten des politischen Kommunikationssystems". In: Politik in der Medienarena. Praxis Politischer Kommunikation in Österreich, Wien: Facultas, pp. 19–52.

Plasser, Fritz; Pallaver, Günther (2017). Österreichische Medien und politische Kommunikation in komparativer Sicht. In: Helms, Ludger; Wineroither , David M. (Hrsg.) Die österreichische Demokratie im Vergleich. Baden-Baden: Nomos, pp. 249–268

Plasser, Fritz; Ulram, Peter A.; Sommer, Franz (2000). „Do Campaigns Matter? Massenmedien und Wahlentscheidung im Nationalratswahlkampf 1999“. In: Fritz Plasser; Ulram, Peter A.; Sommer, Franz (Hrsg.): Das österreichische Wahlverhalten. Wien: Signum-Verlag

Plasser, Fritz; Sommer, Franz (2018). Wahlkampf im Schatten der Flüchtlingskrise, Wien: facultas

Politiklexikon für junge Leute: https://www.politik-lexikon.at/

Pruckner, Othmar (2005). Eine kurze Geschichte der Grünen. Ereignisse – Persönlichkeiten – Jahreszahlen. Wien: Ueberreuter.

Rechnungshof (2021). Parteien und Wahlen, https://www.rechnungshof.gv.at/rh/home/was-wir-tun/was-wir-tun_5/Kontrolle_der_Parteien.html

Rechnungshof, http://www.rechnungshof.gv.at

Rosenberger, Sieglinde (1999). Das halbierte Leben, die verspätete Demokratie, die doppelte Arbeit, In: Gärtner, Reinhold (Hg.), Blitzlichter. Österreich am Ende des Jahrhunderts, Studien-Verlag, Innsbruck/Wien, 117–133.

Rosenberger, Sieglinde (2006). Frauen- und Gleichstellungspolitik, In: Dachs, Herbert et. al. (Hrsg.) Politik in Österreich. Das Handbuch, Wien: Manz, 743–752

Russmann, Uta; Hametner, Markus; Posch, Eduard (2020). „Tax-Funded Digital Government Communication in Austria: Members of the Government on Facebook.“ European Journal of Communication 35, no. 2: 140–64. https://doi.org/10.1177/0267323119894484.

Russmann, Uta (2018). ‚Going Negative on Facebook: Negative User Expressions and Political Parties‘ Reactions in the 2013 Austrian National Election Campaign‘. International Journal of Communication 12 (0): 21.

Saalfeld, Thomas (2007). „Koalitionsstabilität in 15 Europäischen Demokratien von 1945 Bis 1999: Transaktionskosten und Koalitionsmanagement.“ Zeitschrift Für Parlamentsfragen 38, no. 1: 180–206. http://www.jstor.org/stable/24238012.

Schandl, Franz; Schattauer, Gerhard (1996). Die Grünen in Österreich. Entwicklung und Konsolidierung einer politischen Kraft. Wien: Promedia Druck.

Schefbeck, Günther (2006). Das Parlament, In: Dachs, Herbert et. al. (Hrsg.) Politik in Österreich. Das Handbuch, Wien: Manz, 139–187

Seethaler, Josef; Melischek, Gabriele (2006). ‚Die Pressekonzentration in Österreich im europäischen Vergleich‘. Österreichische Zeitschrift für Politikwissenschaft 35 (4): 337–60. https://doi.org/10.15203/ozp.896.vol35iss4.

Seethaler, Josef; Melischek, Gabriele (2019). ‚Twitter as a Tool for Agenda Building in Election Campaigns? The Case of Austria‘. Journalism 20 (8): 1087–1107. https://doi.org/10.1177/1464884919845460.

Senn, Martin; Eder, Franz; Kornprobst, Markus (2022). Handbuch zur Außenpolitik Österreichs. Wiesbaden: Springer VS

Sickinger, Hubert (2000). Die Funktion der Nationalratsausschüsse im Prozess der Bundesgesetzgebung. Österreichische Zeitschrift für Politikwissenschaft 29(2): 157–76. https://doi.org/10.15203/ozp.743.vol29iss2

Sozialdemokratische Partei Österreichs: https://www.spoe.at/

Statistik Austria. n. d. ‚Statistik Austria – Bevölkerungsstruktur‘. Accessed 9 May 2021. http://www.statistik.at/web_de/statistiken/menschen_und_gesellschaft/bevoelkerung/bevoelkerungsstruktur/index.html.

Steininger, Barbara (2006). Frauen im Regierungssystem, In: Dachs, Herbert et. al. (Hrsg.) Politik in Österreich. Das Handbuch, Wien: Manz, 247–264

Steininger, Barbara (2006). Gemeinden, In: Dachs, Herbert et. al. (Hrsg): Politik in Österreich. Das Handbuch, Wien: Manz; 990–1007

Strohmer, Michael (2005). Die Sozialpartnerschaft in Österreich: Vergangenheit – Gegenwart – Zukunft. Frankfurt a. M.: Lang.

Tálos, Emmerich (Hrsg.) (2019). Die schwarz-blaue Wende in Österreich. Eine Bilanz. Wien: Lit Verlag.

Trilling, Damian; Schönbach, Klaus (2013). ‚Patterns of News Consumption in Austria: How Fragmented Are They?' International Journal of Communication 7 (0): 25.

Uhl, Heidemarie (2001). Das „erste Opfer". Der österreichische Opfermythos und seine Transformationen in der Zweiten Republik. Österreichische Zeitschrift für Politikwissenschaft 30(1), https://doi.org/10.15203/ozp.765.vol30iss1

Ulram, Peter A. (2016). ‚Political Culture in Austria'. In: Austrian Studies Today, edited by Günter Bischof and Ferdinand Karlhofer, 25: 269–80. University of New Orleans Press. https://doi.org/10.2307/j.cttln2txjc.25.

Ulram, Peter A. (2006). Politische Kultur der Bevölkerung. In: Dachs, Herbert et. al. (Hrsg.) Politik in Österreich. Das Handbuch, Wien: Manz, 512–524.

Volksanwaltschaft, http://www.volksanwaltschaft.gv.at

Vonbun, Ramona; Schönbach, Klaus (2014). ‚Wer ist politisch aktiv im Social Web?' Publizistik 59 (2): 199–212. https://doi.org/10.1007/s11616-014-0200-x.

Weisskircher, Manès (2019). „The Electoral Success of the Radical Left: Explaining the Least Likely Case of the Communist Party in Graz." Government and Opposition 54, no. 1: 145–66. doi: 10.1017/gov.2017.14.

Welan, Manfried (1992). Der Bundespräsident: Kein Kaiser in der Republik. Studien zu Politik und Verwaltung 40. Wien: Böhlau.

Wodak, Ruth; Pelinka, Anton (Hrsg.) (2006). The Haider Phenonemon in Austria. New Brunswick [u. a.]: Transaction Publ.